Katja Crone
Identität von Personen

HUMANPROJEKT
Interdisziplinäre Anthropologie

Im Auftrag der Berlin-Brandenburgischen
Akademie der Wissenschaften
herausgegeben von Detlev Ganten, Volker Gerhardt,
Jan-Christoph Heilinger und Julian Nida-Rümelin

Band 10

Katja Crone
Identität von Personen

Eine Strukturanalyse des biographischen
Selbstverständnisses

DE GRUYTER

Diese Publikation wurde mit Mitteln des Bundesministeriums für Bildung und Forschung unter dem Förderkennzeichen 01 GWS 061 gefördert.
Die Verantwortung für den Inhalt dieser Veröffentlichung liegt bei der Autorin.

GEFÖRDERT VOM

Bundesministerium
für Bildung
und Forschung

ISBN 978-3-11-063427-3
e-ISBN (PDF) 978-3-11-024651-3
e-ISBN (EPUB) 978-3-11-038500-7
ISSN 1868-8144

Library of Congress Cataloging-in-Publication Data
A CIP catalog record for this book has been applied for at the Library of Congress.

Bibliografische Information der Deutschen Nationalbibliothek
Die Deutsche Nationalbibliothek verzeichnet diese Publikation in der Deutschen Nationalbibliografie; detaillierte bibliografische Daten sind im Internet über http://dnb.dnb.de abrufbar.

© 2018 Walter de Gruyter GmbH, Berlin/Boston
Dieser Band ist text- und seitenidentisch mit der 2016 erschienenen gebundenen Ausgabe.
Einbandgestaltung: Martin Zech, Bremen
Druck und Bindung: Hubert & Co. GmbH & Co. KG, Göttingen

♾ Gedruckt auf säurefreiem Papier
Printed in Germany

www.degruyter.com

Vorwort

Personen verstehen sich als konkrete Individuen und beziehen sich dabei oftmals auf frühere Episoden ihres Lebens. Dieses auf den ersten Blick selbstverständliche Alltagsphänomen basiert auf komplexen Fähigkeiten. In dem vorliegenden Buch untersuche ich die elementaren Eigenschaften und Bedingungen des Selbstverständnisses von Personen, darunter insbesondere Formen des Selbstbewusstseins, den Zusammenhang zur transtemporalen Identität und den Bezug auf vergangene Lebensereignisse. Der Fokus liegt auf analytischen, phänomenologischen und empirischen Argumenten, die in einen explanatorischen Zusammenhang gebracht werden.

Bei dem Buch handelt es sich um eine überarbeitete Fassung meiner 2014 von der Philosophischen Fakultät der Humboldt-Universität zu Berlin angenommenen Habilitationsschrift. Die Arbeiten an dieser Schrift habe ich im Rahmen der interdisziplinären Forschergruppe „Funktionen des Bewusstseins" an der Berlin-Brandenburgischen Akademie der Wissenschaften begonnen und in meiner Zeit als wissenschaftliche Mitarbeiterin an der Humboldt-Universität sowie der Berlin School of Mind and Brain beendet. Viele Personen haben erheblich zum Ergebnis der Arbeit beigetragen. Ihnen möchte ich an dieser Stelle herzlich danken. Zuerst möchte ich Michael Pauen nennen. Mit ihm habe ich die Grundidee und weite Teile des Buchs intensiv diskutiert. Er hat mich von Anfang an mit vielen wertvollen Ratschlägen und Anregungen unterstützt. Dieter Sturma verdanke ich viele grundlegende Hinweise, vor allem in der Entstehungsphase; zudem habe ich in der von ihm geleiteten Nachwuchsgruppe „Humanität und Lebensform" Ideen und Auszüge des Textes zur Diskussion gestellt und hilfreiches Feedback erhalten. Tobias Rosefeldt danke ich für seine pointierten Kommentare. Jan Heilinger hat mich nicht nur inhaltlich, sondern auch bei der Publikation des Buches unterstützt. Veronika Sager danke ich für ihre tatkräftige Mitwirkung im Vorfeld der Drucklegung. Bei Studierenden meiner Lehrveranstaltungen in Berlin, Osnabrück und Mannheim bedanke ich mich für all die lebendigen und bereichernden Diskussionen zu einzelnen Themen des Buches. Matthäus Ochmann danke ich für die Korrektur und Einrichtung des Manuskripts. Am meisten danke ich Jens Eder, der mir durch inhaltlichen Rat, konstruktive Kritik und Ermutigungen in jedem Stadium der Arbeit eine unschätzbare Hilfe war.

Berlin, im September 2015
Katja Crone

Inhalt

Einleitung —— 1
1 Selbstbezugnahmen: Die erstpersonale Perspektive —— 5
2 Biographische Selbstzuschreibungen —— 6
3 Methode: Integration von phänomenologischer Beschreibung und philosophischer Analyse —— 10
4 Aufbau der Untersuchung —— 12

I Erstpersonale Perspektive, Selbstbezugnahmen und Selbstbewusstsein

1 Selbstreferenz und erstpersonale Identitätsaussagen —— 17
1.1 Essenzielle indexikalische Ausdrücke —— 19
1.2 Kriterienlose Selbstreferenz und das Prinzip der Irrtumsimmunität —— 23
1.3 Privilegierter Zugang und die Autorität der Perspektive der ersten Person —— 26
1.4 Epistemisches Privileg und die Einbettung erstpersonaler Identitätsaussagen —— 30
1.5 Zusammenfassung —— 34

2 Phänomenale Eigenschaften des Selbstbewusstseins —— 36
2.1 Vorklärungen —— 38
2.2 Eigenschaften des präreflexiven Selbstbewusstseins: vier Hauptmerkmale —— 41
2.2.1 Zeitliches Erleben —— 42
2.2.2 Präreflexive Selbstvertrautheit —— 44
2.2.3 Meinigkeit —— 47
2.2.4 Perspektivität —— 49
2.3 Zusammenfassung —— 51

3 Erklärung von Selbstbezüglichkeit durch ein empirisches Modell —— 53
3.1 Exkurs: Subjektives Erleben als „hartes Problem"? —— 54
  Die Untrennbarkeit von phänomenalen und kausalen Eigenschaften —— 57
  Vom subjektiven Erleben zur funktionalistischen Beschreibung —— 59

3.2 Damasios Unterscheidung verschiedener Ebenen des Bewusstseins —— 62
3.3 Zusammenfassung —— 66

4 Vom präreflexiven zum reflektierten Selbstbewusstsein: Intersubjektivität und Entwicklung —— 68
4.1 Stufen der Reflektiertheit und ihre Übergänge —— 69
4.2 Die Unterscheidung zwischen Subjekt und Welt —— 70
4.2.1 Körperwahrnehmung —— 71
4.2.2 Körperbewegung —— 72
4.3 Die Unterscheidung zwischen Subjekt und Subjekt in der sozialen Interaktion —— 73
4.4 Theory of Mind —— 74
4.5 Metarepräsentation und Metakognition —— 81
4.6 Zusammenfassung —— 84

II Transtemporale Identität und transtemporales Identitätsbewusstsein

5 Transtemporale Identität von Personen: Identitätsurteile und ihre Vorannahmen —— 87
5.1 Das Problem der transtemporalen Identität von Personen —— 89
5.2 Allgemeine Überlegungen zum Begriff der transtemporalen Identität —— 89
5.3 Identische Gegenstände, identische Personen —— 95

6 Bedingungen transtemporaler Identität von Personen —— 101
6.1 Erkenntnistheoretische, ontologische und strukturelle Probleme der Bestimmung transtemporaler Identität —— 102
6.2 Alltagspraktische Konsequenzen reduktionistischer Theorien —— 109
6.3 Probleme dualistischer Ansätze —— 112

7 Transtemporales Identitätsbewusstsein —— 115
7.1 Synchrone Einheit des Bewusstseins —— 116
7.2 Transtemporale Identität des Subjekts —— 123
7.2.1 Transtemporale Identität und die Bedeutung phänomenaler Eigenschaften —— 124
7.2.2 Das „Brückenproblem" —— 129
7.2.3 Probleme mit der Lösung des Brückenproblems —— 132

7.3 Phänomenale Kontinuität und erlebnishafte Eigenschaften der Erinnerung —— 136
7.4 Zusammenfassung —— 142

III Biographische Selbstzuschreibungen

8 Selbst-Narrationen und Identität —— 147
8.1 Transtemporale numerische Identität und „biographische" Identität —— 149
8.2 Biographische Repräsentationen und Selbst-Narrationen —— 153
8.2.1 Deskriptive und normative Theorien der Selbst-Narrativität —— 154
8.2.2 „Narrativität" als strukturelle Eigenschaft —— 159

9 Biographische Repräsentationen: Konstruktionsprinzipien der eigenen Geschichte —— 162
9.1 Explanatorische Einheit und Kohärenz —— 162
9.2 Selbst-Narrativität als „Leistung" —— 165
9.3 Intersubjektivität und die soziale Einbettung von Selbst-Narrationen —— 167
9.4 Das Verhältnis von Handlungen und Selbst-Narrationen —— 170
9.4.1 Unterstellung minimaler Rationalität —— 170
9.4.2 Aneignung früherer Handlungsmotive —— 172
9.4.3 Die Fähigkeit zu praktischen Selbst-Evaluationen —— 172
9.5 Zusammenfassung —— 176

10 Selbst-Narrativität und episodisch-autobiographisches Gedächtnis – begriffliche Präzisierungen —— 177
10.1 Die Rolle autobiographischer Erinnerungen und der Begriff des „Selbst" —— 177
10.2 Das Verhältnis von transtemporalem Identitätsbewusstsein und Selbst-Narrationen —— 184
10.3 Kritik und Präzisierung des Ausdrucks „narrative Identität" —— 188

Zusammenfassung und Integration der Strukturmerkmale —— 191
1 Grundstruktur des Zielphänomens: Selbstbewusstsein —— 192
2 Konstitutive Komponenten des Zielphänomens: Transtemporale numerische Identität und Zeitbewusstsein —— 196
3 Strukturelle Komponenten des Zielphänomens: Eigenschaften von biographischen Selbst-Narrationen —— 199

Literaturverzeichnis —— 203

Personenregister —— 213

Sachregister —— 216

Einleitung

Personen haben die Fähigkeit zu einem komplexen Selbstverständnis. Sie wissen, dass sie als Individuen über die Zeit hinweg existieren; sie vergegenwärtigen sich ihre Lebensgeschichte, um sich als Individuen zu charakterisieren, sich Charaktereigenschaften und Charakterveränderungen zuzuschreiben. Personen leben also nicht nur in der Zeit, sondern haben auch ein Bewusstsein ihrer zeitlichen Existenz. Die vorliegende Untersuchung befasst sich mit der Frage, was es eigentlich genau heißt, dass Personen ein biographisches, zeitlich strukturiertes Selbstverständnis haben. Untersucht werden die Strukturen und Bedingungen dieses Phänomens.

In der philosophischen Diskussion gibt es zu einzelnen Aspekten dieses Phänomens, etwa zum Selbstbewusstsein, zum Zeitbewusstsein oder zur Narrativität mentaler Gehalte, bereits intensive und konturierte Auseinandersetzungen. Allerdings, so die Ausgangsthese der vorliegenden Untersuchung, erfassen entsprechende Theorien nur einzelne Facetten des biographischen Selbstverständnisses, nicht aber das gesamte Phänomen. Die vorliegende Untersuchung bringt daher relevante Problembereiche, die bislang isoliert voneinander behandelt werden, erstmals in einen systematischen, explanatorischen Zusammenhang. Sie führt wichtige vorliegende Erkenntnisse bestehender Theorien zusammen und klärt zu diesem Zweck wesentliche Grundlagen. Es wird ein integrativer methodologischer Ansatz gewählt, um die einzelnen Strukturbedingungen und ihr Verhältnis zueinander analysieren. Warum ein solcher Ansatz nicht nur sinnvoll, sondern angesichts der existierenden Diskussionslage notwendig ist, soll im Folgenden genauer erläutert werden.

Man stelle sich folgende Szene vor: Eine Gruppe Freunde sieht sich zusammen Fotos an. Die Fotos stammen sichtbar aus vergangenen Zeiten. Eine der Anwesenden greift ein Foto heraus, auf dem mehrere Kinder abgebildet sind, zeigt auf eines der Kinder und fragt: Wer ist denn das? Und eine andere Person antwortet: Das bin *ich!*

Die beschriebene, scheinbar ganz selbstverständliche Szene gibt ein interessantes Phänomen zu erkennen. Schließlich unterscheiden sich die erwachsene Person und das Kind erheblich. Was ist mit dem – in diesem Kontext – formulierten Satz „Das bin ich" genau gemeint? Welche weiteren Annahmen sind darin enthalten bzw. vorausgesetzt?

Ganz allgemein gesagt, hat die Äußerung die Struktur einer Selbstbezugnahme: Der Sprecher bezieht sich mit dem Satz auf sich selbst und nicht auf ein Objekt oder eine andere Person. Bei näherer Betrachtung bezieht der Sprecher sich aber nicht einfach nur auf sich selbst, sondern – stärker – er *identifiziert* sich selbst: Er erkennt sich *als* er selbst.

Bemerkenswert ist an diesem Phänomen darüber hinaus, dass niemand in einer solchen Situation sagen würde „Das *war* ich"; immerhin handelt es sich um eine Abbildung aus vergangener Zeit. Vielmehr sagt man mit aller Selbstverständlichkeit „Das *bin* ich". Offensichtlich will der Sprecher damit sagen, dass es sich bei der abgebildeten Person und ihm selbst um *dieselbe* Person handelt, obwohl der aktuelle Zeitpunkt und der Abbildungs-Zeitpunkt weit auseinander liegen. Die abgebildete Person ist er selbst und nicht eine andere Person, z. B. sein Bruder. Nehmen wir nun zusätzlich an, das Foto würde eine frühere Situation wiedergeben, an die sich der Sprecher lebhaft erinnert. Möglicherweise war es sogar so, dass sich der Sprecher beim Anblick des Bildes nicht nur an den damaligen Kontext, ein Kindergartenfest, erinnert; zusätzlich stand ihm vor Augen, was für ein launisches und aufmüpfiges Kind er damals war, und zugleich die Tatsache, heute ein eher gelassener Mensch zu sein. Vielleicht gingen diese Überlegungen der oben beschriebenen Selbst-Identifikation voraus.

Berücksichtigt man diese weiteren Bedingungen, so wird deutlich, dass die Äußerung des Urteils „Das bin ich" voraussetzungsreich ist und verschiedene mentale oder epistemische Fähigkeiten zu erkennen gibt. Hier stellt sich die Frage, wie man die Fähigkeiten von Personen, sich selbst zu verstehen und sich als eine konkrete Person zu identifizieren, näher charakterisieren könnte.

Personen sind imstande, auf sich selbst Bezug zu nehmen, sich selbst zu thematisieren, sich selbst zum Gegenstand von Überlegungen und Betrachtungen zu machen. Darüber hinaus haben sie eine mehr oder weniger genaue Vorstellung von sich als konkreter Person. Sie verstehen sich als Individuen und schreiben sich Charaktereigenschaften zu, etwa zurückhaltend und schüchtern zu sein. Sie grenzen sich auf diese Weise von den Eigenschaften anderer Individuen ab. Dabei spielen auch zeitliche und autobiographische Aspekte eine Rolle: Um sich selbst zu definieren, um zu beschreiben, wer sie sind und was sie als Individuen ausmacht, beziehen sich Personen oftmals auf die eigene Lebensgeschichte, mehr noch: sie konstruieren und interpretieren sie. Meist fassen sie ihr Leben als mehr oder weniger kohärentes Ganzes auf. Sie vergegenwärtigen sich frühere Situationen ihres Lebens und identifizieren wiederkehrende Themen. Sie bringen Veränderungen, z. B. ihrer Vorlieben, ihrer Interessen und ihrer Persönlichkeit zum Ausdruck. Und trotzdem betrachten sich Personen über die Zeit hinweg als numerisch *eine* Person.

Diese kurze Charakterisierung des Zielphänomens macht – neben der grundlegenden Fähigkeit zu Selbstbezugnahmen – zwei strukturelle Dimensionen erkennbar, und zwar die Aspekte der Gleichheit und der Verschiedenheit. Sie stehen in einem eigentümlichen Spannungsverhältnis zueinander: Zum einen verbindet sich mit der Selbstzuschreibung von Charaktereigenschaften die Funktion, sich von anderen Personen abzuheben; man bringt damit eine charakterliche Kontur zum Ausdruck, die eine Differenz markiert. Diese Differenzierung kann auch intrapersonal vollzogen werden, was z. B. dann geschieht, wenn eine Person sich von früheren Selbstzuschreibungen distanziert oder sich aus der aktuellen Perspektive mit Blick auf einen früheren Zeitpunkt anders charakterisiert („Früher war ich F, heute bin ich eher G").[1] Zum anderen spielt der Aspekt der Selbstgleichheit eine wichtige Rolle; denn der Bezugspunkt für Zuschreibungen von Charaktereigenschaften, die z. B. im Rückgriff auf Repräsentationen vergangener Episoden epistemisch unterstützt werden („Ich war schon zu Schulzeiten F"), ist das numerisch identische Subjekt.

Die kurze Phänomenbeschreibung deutet bereits an, welche psychischen Aspekte und Dimensionen für die Strukturanalyse relevant sind und im Folgenden einer genaueren Untersuchung bedürfen. Es sind vor allem drei Aspekte: (1) Selbstbezugnahmen; (2) transtemporales Identitätsbewusstsein und (3) biographische Selbstzuschreibungen. Diese drei Aspekte werden typischerweise im Kontext von drei umfassenderen Problembereichen der Philosophie des Geistes im weitesten Sinn untersucht: Selbstbezugnahmen werden in Theorien des Selbstbewusstseins geklärt; das transtemporale Identitätsbewusstsein hängt mit dem Problem der personalen Identität über die Zeit hinweg zusammen; und biographische Selbstzuschreibungen werden in Theorien zur sog. narrativen Identität behandelt. Die Untersuchungen dieser einzelnen Probleme können teilweise auf eine lange Tradition zurückblicken und haben wichtige Erkenntnisse hervorgebracht, von denen auch die vorliegende Untersuchung profitiert. Allerdings wird hier von der These ausgegangen, dass die drei Problemkomplexe bislang weitgehend getrennt voneinander diskutiert wurden und dass die Einzelerkenntnisse – in Isolation voneinander – wichtige Dimensionen des Selbstverständnisses von Personen nicht hinreichend klären können. Einzelanalysen können beispielsweise die Frage nach dem begrifflichen und sachlichen Zusammenhang von transtemporaler ‚numerischer' Identität („Persistenz") und biographischer Iden-

---

[1] Ich verstehe „Charakter" in einem umfassenden Sinn und verstehe darunter eine Menge psychischer dispositionaler Eigenschaften, die eine Person von einer anderen unterscheidbar macht. Im Folgenden werde ich „Charaktereigenschaften" und „Persönlichkeitseigenschaften" synonym verwenden, was weitgehend der alltagssprachlichen Verwendung entspricht. In der philosophischen Diskussion sind es hauptsächlich tugendethische Ansätze, die sich mit dem Begriff des Charakters befassen, so dass man meinen könnte, „Charakter" sei enger gefasst als „Persönlichkeit" und würde sich auf *moralisch* relevante dispositionale Eigenschaften beziehen. In der philosophischen Literatur findet sich aber neben der eher gängigen Bezeichnung „moral *character*" auch die Bezeichnung „moral *personality*" (z. B. Flanagan 2009).

tität (Selbstzuschreibungen im Rückgriff auf eine „Selbst-Narration") nicht beantworten. Die Klärung dieses Zusammenhangs ist für ein strukturelles Verständnis des Gesamtphänomens jedoch unerlässlich. Ein weiteres Beispiel für die Schwierigkeiten, die sich aus der getrennten Behandlung der drei genannten Fragen ergeben, ist der problematische Anspruch von Theorien zur sog. narrativen Identität (z. B. Carr 1986; Bruner 1990; Schechtman 1996). Eine Grundannahme dieser Ansätze besteht darin, dass das, was im vorliegenden Zusammenhang „biographisches Selbstverständnis" genannt wird, allein im Rückgriff auf Strukturen einer Selbst-Narration geklärt werden kann. Dies führt jedoch, wie ich zeigen werde, zu einer einseitigen und vagen Beschreibung des Phänomens. Nicht erhellt werden kann beispielsweise die Tatsache, dass Personen nicht immer über ein explizites Selbstverständnis verfügen, sondern dass dies in vielen Phasen lediglich als eine Disposition vorhanden ist. Der Aufweis von mentalen Grundbedingungen ist insofern von zentraler Bedeutung.

Das Ziel der vorliegenden Untersuchung besteht in einer fundierten Phänomenbeschreibung, die sich auf die zentralen strukturellen Dimensionen konzentriert. Mit diesem bewusst eng gewählten Fokus geht einher, dass die Einzelanalysen sich auf die wichtigsten für die Untersuchung relevanten Argumente beschränken und andere in der Diskussion befindliche Positionen ausklammern. Die Untersuchung ist empirisch informiert. An wichtigen Stellen bezieht sie Erkenntnisse aus der Psychologie (vor allem der Entwicklungspsychologie und Gedächtnisforschung), den Neurowissenschaften und den Sozialwissenschaften mit ein oder zeigt entsprechende Berührungspunkte auf. Die grundlegende Phänomenbeschreibung ist daher für disziplinübergreifende Diskussionen anschlussfähig, die sich mit Aspekten der Thematik befassen.

Das Thema und die damit verbundene philosophische Fragestellung sollen im Folgenden näher erläutert werden. Ich beginne mit einer kurzen Betrachtung grundlegender Eigenschaften der Perspektive der ersten Person, um deren Relevanz für das biographische Selbstverständnis von Personen zu verdeutlichen. Denn die Fähigkeit zu Selbstbezugnahmen (Selbstbewusstsein) ist eine notwendige Bedingung dafür, sich als konkrete Person mit spezifischen Charakter- und Persönlichkeitseigenschaften zu begreifen und dies über die Vergegenwärtigung von autobiographischen Episoden zu veranschaulichen, zu erklären und zu rechtfertigen (Selbstverständnis). In diesem Zusammenhang geht es u. a. um die Fragen, was es heißt, dass Personen sich mental auf sich selbst beziehen können, und warum Personen mit Selbstzuschreibungen von Charakter- und Persönlichkeitseigenschaften einen besonderen Anspruch erheben. Anschließend werde ich mich dem biographischen Selbstverständnis im engeren Sinn zuwenden, den mehrdeutigen Begriff der Identität in diesem Kontext erläutern und die allgemeine Problemstellung der vorliegenden Untersuchung explizieren. Abschließend werde ich kurz die gewählte Methodologie begründen und den Aufbau des Buchs skizzieren.

1 Selbstbezugnahmen: Die erstpersonale Perspektive

Gegenstand dieser Untersuchung ist die Struktur und Funktion der erstpersonalen Perspektive, die ein biographisches Selbstverständnis ermöglicht. Die Perspektive von Personen beeinflusst nicht nur, wie diese die Dinge der Welt wahrnehmen, sondern beinhaltet auch eine Sichtweise auf sich selbst. Personen verfügen über die philosophisch interessante Fähigkeit, sich in unterschiedlicher Weise auf sich selbst zu beziehen, sich z. B. zum Gegenstand von Überlegungen und Betrachtungen zu machen und sich als konkrete Individuen zu verstehen. Was genau heißt es, dass jemand nicht nur über Gegenstände der Welt urteilt, sondern auch über sich selbst? Viele selbstreferenzielle Äußerungen sind Ausdruck von psychischen Zuständen, in denen sich ein Sprecher befindet. Sie werden ermöglicht durch die Fähigkeit zu Selbstbezugnahmen. Zu beachten ist jedoch, dass Selbstbezugnahmen unterschiedlich strukturiert und unterschiedlich komplex sind. Die Untersuchung geht von der Annahme aus, dass biographische Selbstzuschreibungen – ausgedrückt in Sätzen wie „Schon damals in der Schule habe ich mich besonders für naturwissenschaftliche Themen interessiert" – Eigenschaften von einfachen Selbstzuschreibungen implizieren. Um diese Eigenschaften zu verdeutlichen, wird in der vorliegenden Untersuchung an sprachanalytische Argumente angeknüpft, die über Semantik, Funktion und epistemische Eigenschaften indexikalischer Ausdrücke Auskunft geben. Aufschlussreich ist dabei die Frage, in welcher Hinsicht man sich über erstpersonale Zuschreibungen täuschen kann, in welcher Hinsicht dagegen nicht. Relevant sind hier vor allem die Unterscheidung zwischen dem Subjektgebrauch und dem Objektgebrauch von „ich" (Wittgenstein 1984a), das Argument der Immunität gegen Irrtum durch Fehlidentifikation bezüglich der ersten Person (Shoemaker 1963; 1968, Bermúdez 1998; 2001) und schließlich die Funktion essenzieller indexikalischer Ausdrücke (Perry 1979; Castañeda 1966; Baker 2000; 2012).

Darüber hinaus werde ich die Frage diskutieren, inwiefern sich behaupten lässt, dass man zu biographischen selbstreferenziellen Gehalten einen privilegierten Zugang hat. Für die Beantwortung dieser Frage sind Argumente zur Autorität der ersten Person (z. B. Davidson 1984; Moran 2001; Pauen 2010) grundlegend. Die Auswertung der Argumente in Bezug auf biographische Selbstzuschreibungen ist insofern aufschlussreich, als sie deutlich macht, warum Personen üblicherweise einen besonderen epistemischen Anspruch erheben, wenn sie über sich und ihre Persönlichkeitseigenschaften urteilen, und warum einem solchen Anspruch zugleich Grenzen gesetzt sind.

Die vorliegende Untersuchung geht ferner davon aus, dass sich die semantischen und epistemischen Eigenschaften von erstpersonalen Zuschreibungen weiter erklären lassen. Zu diesem Zweck werden zum einen phänomenale Eigenschaften des Selbstbewusstseins analysiert, etwa präreflexive Selbstvertrautheit, Meinigkeit und Perspektivität von mentalen Zuständen (Zahavi/Parnas 1998; Zahavi 2007b; Gallagher/Zahavi 2008; Metzinger 2000a). Zum anderen werden empirische Erklärungsansätze aus den Neurowissenschaften (z. B. Damasio 1999; 2000; Newen/Vogeley 2007) und der Entwicklungspsychologie (z. B. Lang/Perner 2002; Wimmer/Perner 1983) herangezogen, welche die Analyse phänomenaler Eigenschaften empirisch bestätigen und zugleich eine naturalistische Beschreibung von biographischen Selbstzuschreibungen ermöglichen.

Grundlegende strukturelle Eigenschaften von Selbstbezugnahmen können das Zielphänomen allerdings nicht erschöpfend erklären. Vor allem stellt sich die Frage, was es heißt, ein *biographisches* Selbstverständnis zu haben und welche weiteren Bedingungen hierfür erfüllt sein müssen.[2]

2 Biographische Selbstzuschreibungen

Selbstzuschreibungen, die in Sätzen wie „Ich war früher sehr schüchtern" zum Ausdruck gebracht werden, sind komplex und voraussetzungsreich. Personen verstehen sich als konkrete Individuen, indem sie sich Eigenschaften wie etwa Geselligkeit, Nachdenklichkeit und Neugier zuschreiben. Interessant ist dabei die Art und Weise, wie sie dies tun: Oftmals setzen sich Personen zu ihrer Lebensgeschichte in ein bewusstes Verhältnis, vergegenwärtigen sich bestimmte Lebensepisoden, lassen andere dagegen außen vor. Sie versuchen, ihr Leben als kohärentes Ganzes aufzufassen. „Brüche" in der eigenen Biographie werden rückblickend oft ausgeblendet oder als notwendige Wendepunkte interpretiert, schwierige Phasen als notwendige Lernprozesse betrachtet. Personen bilden auf dieser Grundlage Vorstellungen und Überzeugungen über sich selbst – als konkrete Individuen mit einem bestimmten Charakter.

---

[2] Vorgreifend möchte ich an dieser Stelle darauf hinweisen, dass ich bewusst den Ausdruck „biographisches" und nicht „autobiographisches" Selbstverständnis wähle, um zum einen die überflüssige Doppelung von „selbst" in der zweiten Formulierung zu vermeiden und zum anderen der Tatsache Rechnung zu tragen, dass der Gehalt von Repräsentationen eigener Lebensepisoden in einer sozialen Umgebung entsteht und durch sie bedingt ist; dies wird in Teil III. genauer dargelegt.

Theorien der so genannten „narrativen Identität" gehen von der Annahme aus, dass das biographische Selbstverständnis eine narrative Struktur aufweist (Schechtman 1996; Bruner 1990; Carr 1986; Goldie 2004; 2012; Henning 2009). Damit wird behauptet, dass Personen sich ihre Lebensgeschichte in einer Form vergegenwärtigen, in der sich bestimmte Strukturmerkmale identifizieren lassen, wie z. B. temporal und kausal miteinander verknüpfte Handlungsabfolgen sowie Episoden mit einem Anfang, einer Mitte und einem Ende. Die meisten Ansätze machen darüber hinaus die starke Annahme, dass sich das biographische Selbstverständnis auf Selbst-Narrativität reduzieren lässt. Die vorliegende Untersuchung wendet sich gegen eine solche enge Auffassung. Es wird u. a. argumentiert, dass der Gehalt des Selbstverständnisses von Personen zwar narrative Strukturen aufweist, die sich erhellen lassen, indem Konstruktionsprinzipien von Selbst-Narrationen identifiziert werden; darüber hinaus ist es aber auch durch nichtnarrative erlebnishafte Eigenschaften gekennzeichnet. Neben den bereits erwähnten phänomenalen Eigenschaften der erstpersonalen Perspektive spielt hierfür ebenso der phänomenale Charakter von episodisch-autobiographischen Erinnerungen eine wichtige Rolle. Im Rückgriff auf Studien der Gedächtnisforschung (vor allem Tulving 1985; 2000) lässt sich zeigen, dass phänomenale Eigenschaften von episodisch-autobiographischen Erinnerungen als Informationsquelle für das biographische Selbstverständnis fungieren, und zwar für dessen zeitlichen Gehalt: Personen schreiben sich Charaktereigenschaften über einen längeren Zeitraum zu, was bedeutet, dass sie „wissen", über die Zeit hinweg als *eine* (numerisch identische) Person zu existieren.

Dies wirft die Frage auf, wie sich das Bewusstsein zeitübergreifender Identität zum Selbstverständnis einer Person mit wechselnden Charaktereigenschaften begrifflich verhält. In der vorliegenden Untersuchung wird argumentiert, dass dieser zentrale Zusammenhang nur einsichtig gemacht werden kann, wenn man zuvor zwei verschiedene Bedeutungen von „Identität" unterscheidet, die jeweils auf unterschiedliche Phänomene verweisen. Theorien zur so genannten „narrativen Identität" verwenden den Ausdruck zumeist in einem Sinn, der Ähnlichkeit mit der alltagssprachlichen Bedeutung von „Identität" aufweist. Hier wird der Ausdruck typischerweise gebraucht, um auf die Persönlichkeit oder den Persönlichkeitskern einer Person zu verweisen: Was eine Person ausmacht, sie von anderen unterscheidet, ist ihre „Identität". Diese Identität kann gefährdet sein, man kann in eine Identitätskrise geraten, man kann seine Identität verlieren oder wieder finden. Diese Bedeutung von „Identität" hängt mit der Semantik von „Persönlichkeit" zusammen. Allerdings wird dieser Wortsinn in den Ansätzen oft vermengt mit einer gänzlich anderen Bedeutung von „Identität", die wiederum in den Debatten der Philosophie des Geistes unter dem Stichwort „personale Identität über die Zeit hinweg" diskutiert wird.³ In den Debatten geht es um die metaphysische Frage, welche Bedingungen erfüllt sein müssen, damit man sagen kann, dass es sich bei einer Person zu t_1 und einer Person zu t_2 um ein und dieselbe handelt. Hier wird „Identität" in der Bedeutung von „numerischer" Identität verwendet, was in den englischsprachigen Debatten auch als *sameness* („Selbigkeit") bezeichnet wird.

Der semantische Unterschied wird anhand von Sätzen sichtbar, die unterschiedliche Identitätsurteile ausdrücken, z. B.:

(1) Ich habe meine Neigung zu Wutausbrüchen inzwischen überwunden.

(2) Ich bin diejenige, die auf Deiner Party vor sechs Jahren als einzige ohne Verkleidung erschien.

Der erste Satz drückt die Selbstzuschreibung einer Charaktereigenschaft aus. Es wird eine Aussage über ein Merkmal der eigenen Persönlichkeit gemacht, das mit einem biographischen Aspekt verbunden wird; denn der Satz impliziert, dass der Sprecher sich diese Neigung in früheren Phasen seines Lebens zugeschrieben hatte, zum Zeitpunkt der Äußerung dagegen nicht mehr. Derartige Sätze werden in der vorliegenden Untersuchung als *Urteile biographischer Identität* bezeichnet.

Der zweite Satz formuliert dagegen ein *Urteil transtemporaler numerischer Identität*. Behauptet wird, dass es sich bei der Sprecherin des Satzes (zu t_2) und der darin thematisierten Person – in der berichteten früheren Situation (zu t_1) – um dieselbe handelt.

Bei vielen Identitätsurteilen ist diese Unterscheidung auf den ersten Blick allerdings weniger eindeutig zu treffen, z. B.:

(3) Zu Schulzeiten war ich ein rebellischer Mensch.

Auch in diesem Satz wird die Selbstzuschreibung einer Charaktereigenschaft zum Ausdruck gebracht. Diese ist indirekt, insofern die Äußerung die Zuschreibung einer Kontrast-Eigenschaft von <rebellisch sein> nahelegt, also etwa <langmütig sein>. Und es wird ein zeitlicher Bezug hergestellt: <zu Schulzeiten>. Allerdings kann der Satz auch als ein Urteil numerischer Identität gelesen werden: „Ich bin diejenige [dieselbe] Person, die zu einem früheren Zeitpunkt (zu Schulzeiten) existiert hat und damals rebellisch war". Interessant an dem Beispiel ist zum

---

3 Beispiele für Positionen, die die zwei Bedeutungen von „Identität" nicht hinreichend voneinander unterscheiden, sind Schechtman 1996; Dennett 1991; Carr 1991 (Ansätze zur „Selbst-Narrativität"). Der semantische Unterschied wird dagegen klar herausgearbeitet z. B. von Gunnarsson 2010; Quante 2002; Nida-Rümelin 2006 – dies sind Ansätze, die sich mit dem Problem der transtemporalen numerischen Identität von Personen befassen.

einen, dass der Satz offenbar beide Aussagen enthält; zum einen geben solche Äußerungen zu erkennen, dass Personen sich über die Zeit hinweg verändern, ohne dass hiervon die numerische Identität über die Zeit hinweg berührt wäre. Dies weist auf einen begrifflichen Zusammenhang hin, der in der vorliegenden Untersuchung mit Bezug auf das psychische Phänomen des Selbstverständnisses analysiert wird, indem bestimmte mentale Strukturen in den Blick genommen werden. Argumentiert wird, dass das numerische Identitätsbewusstsein zwar grundsätzlich die Voraussetzung für biographische Selbstzuschreibungen ist. Allerdings ist es auch denkbar, dass die konkrete Vorstellung, als numerisch identisches Subjekt über die Zeit hinweg zu existieren, sich als Folge von biographischen Selbstvergegenwärtigungen einstellt. Typische Beispiele hierfür sind Selbstzuschreibungen, die durch eine zeitliche Komponente wie „immer schon" oder „schon in meiner Kindheit" ergänzt werden. Solche Selbstrepräsentationen verstärken den Eindruck, als numerisch identische Person über die Zeit hinweg zu existieren. Um diese verschiedenen Formen der Selbstvergegenwärtigung genauer zu explizieren, werden Strukturbeschreibungen der Perspektive der ersten Person erneut herangezogen; explanatorisch relevant ist hier vor allem die Unterscheidung zwischen implizitem und explizitem Selbstbezug.

Bevor ich auf die Methode dieses Ansatzes zu sprechen komme, möchte ich kurz anmerken, worum es in dieser Untersuchung *nicht* gehen wird: Das Selbstverständnis von Personen lässt sich unter verschiedenen Aspekten betrachten: z. B. unter dem Aspekt situativer Verhaltensweisen, bestimmter Bedürfnisse, emotionaler Einstellungen oder zukünftiger Erwartungen. Die vorliegende Strukturanalyse konzentriert sich dagegen auf das Selbstverständnis unter dem Aspekt biographischer Selbstzuschreibungen. Andere Perspektiven werden dementsprechend ausgeklammert oder nur an manchen geeigneten Stellen angedeutet (besonders in Teil III.), um damit Anknüpfungspunkte für weitere Untersuchungen zu ermöglichen. Darüber hinaus wird das Hauptaugenmerk auf kognitive und evaluative Bedingungen und Komponenten des Selbstverständnisses gelegt. Die hiermit zusammenhängenden affektiven Bedingungen müssten in einer eigenen Untersuchung behandelt werden, ebenso wie die damit verbundenen Aspekte der Selbstachtung und des Selbstwerts, die z. B. in der psychologischen Selbstkonzeptforschung thematisch sind.

Ferner fokussieren die nachfolgenden Analysen die Bedingungen von Selbstzuschreibungen, die Personen in der *Gegenwart* tätigen und sich dabei auf Repräsentationen ihrer *Vergangenheit* beziehen. Selbstprojektionen in die *Zukunft* und ihre Funktion für das Selbstverständnis werden im Folgenden weitestgehend außer Acht gelassen bzw. für Anschlussdiskussionen an einigen Stellen (ebenfalls in Teil III.) angedeutet. Es kann aber davon ausgegangen werden, dass die hier untersuchten, sehr grundlegenden Bedingungen auch zum besseren Verständnis solcher Aspekte und Phänomene beitragen.

Aus den bisherigen Erläuterungen dürfte bereits deutlich geworden sein, dass sich die vorliegende Untersuchung nicht mit der Struktur von ganzen Lebensentwürfen oder komplexen autobiographischen Erzählungen und Erzählstrategien befasst, die man etwa im Film und in der Literatur antreffen kann. Entsprechend werden Einsichten der literatur- und medienwissenschaftlichen Narratologie nicht zentral behandelt, sondern lediglich bei der Klärung grundlegender Konstruktionsprinzipien von Selbst-Narrativität in Teil III. hinzugezogen.

3 Methode: Integration von phänomenologischer Beschreibung und philosophischer Analyse

Wie erwähnt, wird in der vorliegenden Untersuchung von der psychischen Tatsache ausgegangen, dass Personen – zumindest normalerweise – über ein zeitlich strukturiertes Verständnis ihrer selbst verfügen. Sie betrachten sich als über die Zeit hinweg fortdauernd (persistierend) und setzen sich zu ihrem Leben in ein bestimmtes Verhältnis: Sie betrachten ihr Leben oder Episoden ihres Lebens unter dem Aspekt der Kohärenz und bilden auf dieser Grundlage Überzeugungen über ihre Charaktereigenschaften, die sie sich zuschreiben. Es stellt sich allerdings die Frage, was es genau heißt, ein solches Selbstverständnis zu haben. Diese allgemeine Frage umfasst verschiedene Teilfragen. Die wichtigsten sind:
- Was sind die Voraussetzungen eines solchen Selbstverständnisses? Welche mentalen Fähigkeiten sind hierfür notwendig?
- Was heißt es, dass Personen ein Bewusstsein ihrer zeitübergreifenden numerischen Identität haben, obwohl sie zugleich wissen, dass sie sich verändern?
- Welche strukturellen Merkmale charakterisieren die Art und Weise, wie sich Personen ihre eigenen Lebensgeschichten vergegenwärtigen und sie interpretieren? Welche Konstruktionsprinzipien lassen sich identifizieren?
- Welche Rolle spielt die soziale Umwelt, und welche Funktion kommt dem sog. episodisch-autobiographischen Gedächtnis zu?

Um diese Fragen zu beantworten, werden Theorieansätze miteinander kombiniert, die auf unterschiedlichen methodologischen Annahmen basieren. Die vorliegende Untersuchung ist von der Überzeugung geleitet, dass eine Integration dieser methodischen Perspektiven ein genaueres Verständnis des Zielphänomens ermöglicht. Im Folgenden wird im Wesentlichen auf zwei verschiedene Methoden zurückgegriffen, die geeignet sind, das Phänomen des zeitlich strukturierten

Selbstverständnisses von Personen genauer zu betrachten und zu erklären. Bei der einen Methode (1) handelt es sich um eine an der Phänomenologie orientierte Beschreibung, bei der anderen (2) um ein explanatorisch-analytisches Verfahren.

(1) *Phänomenbeschreibung:* Hierbei gilt es, das zu untersuchende Phänomen – das zeitlich strukturierte Selbstverständnis – möglichst präzise zu beschreiben. Dabei geht es weniger um eine *Erklärung* des Zielphänomens, es wird also nicht nach notwendigen Voraussetzungen gesucht, auf die sich das Phänomen zurückführen ließe. Vielmehr soll das Phänomen möglichst detailreich beleuchtet werden, seine Strukturen und Facetten sollen genannt und in ihrem Zusammenhang betrachtet werden. Die phänomenologische Methode setzt typischerweise bei der Perspektive der ersten Person an: Fokussiert wird die Art und Weise, wie sich etwas im subjektiven Erleben manifestiert oder darstellt. Ziel eines solchen Ansatzes ist es, charakteristische Strukturen von Bewusstseinszuständen sichtbar und einer intersubjektiven Verständigung zugänglich zu machen. Die Methode macht die Annahme, dass Personen mit bestimmten Erfahrungstypen, die charakterisiert werden sollen, bekannt sind: Das ist die Voraussetzung dafür, dass Typen von mentalen Zuständen identifiziert und beschrieben werden können. Bezogen auf das vorliegende Thema bedeutet das: Man betrachtet das biographische Selbstverständnis von Personen als ein mentales Phänomen, zu dem Personen normalerweise fähig sind. Dabei wird die Annahme gemacht, dass Personen grundsätzlich ein reflektierter Zugang zu ihrem eigenen Selbstverständnis möglich ist, wodurch prinzipiell eine genauere Beschreibung dieses mentalen Zustands erreicht werden kann. Gemeint ist damit nicht der Inhalt eines solchen Selbstverständnisses, also etwa bestimmte Charaktereigenschaften und deren Entwicklung, sondern die Form, die Art und Weise, wie sich ein solches Selbstverständnis im eigenen Erleben zeigt oder manifestiert. Es ist das Ziel eines solchen Zugriffs, einzelne Aspekte eines Gesamtphänomens, wie etwa die spezifische Zeitlichkeit und die Art der Selbstbezugnahme, ans Licht zu befördern.

Ein weiterer Bereich dieser Methode betrifft die Herausarbeitung von Konstruktionsprinzipien der eigenen Geschichte bzw. einzelner Episoden. Das spezifische Selbstverständnis, das näher untersucht werden soll, impliziert, wie bereits erwähnt, einen Bezug zur eigenen Biographie. Was heißt das genau? Personen definieren sich über ihre Lebensgeschichte, und sie tun dies, indem sie Lebensepisoden und -ereignissen gegenüber eine interpretierende Haltung einnehmen. Es stellt sich die Frage, welche Strukturmerkmale für die Interpretation, Rekonstruktion und Konstruktion vergangener Episoden maßgeblich sind. Ermittelt wird dabei, wie Personen typischerweise Geschichten über sich konstruieren und welche Merkmale für eine solche Konstruktion charakteristisch sind.

(2) *Analyse von Bedingungen eines gegebenen Phänomens:* Die Methode der philosophischen Analyse stellt die Frage, welche Bedingungen – explizit oder

implizit – für das Vorliegen eines bestimmten Phänomens erfüllt sein müssen. Idealerweise besteht eine solche Analyse in der Angabe von notwendigen und hinreichenden Bedingungen, was allerdings in der Regel nicht erreichbar ist. Typischerweise werden einfachere strukturelle Eigenschaften gesucht, von denen sich zeigen lässt, dass das Zielphänomen notwendigerweise auf ihnen basiert. Darüber hinaus gilt es, Beziehungen zwischen den grundlegenden Eigenschaften aufzuzeigen, die das zu erklärende Phänomen weiter erhellen. Bezogen auf das vorliegende Thema heißt das Folgendes: Mittels dieser Methode kann man die Frage nach grundlegenden mentalen Fähigkeiten beantworten, die für das biographische Identitätsbewusstsein notwendige Voraussetzungen darstellen. Dabei gilt es zu zeigen, dass ein solches Selbstverständnis von Personen nicht verständlich wäre, wenn bestimmte grundlegende mentale Fähigkeiten fehlen würden. Positiv gewendet soll gezeigt werden, womit ein Wesen notwendigerweise ausgestattet sein muss, um ein biographisches Selbstverständnis zu haben. Solche grundlegenden Merkmale und Fähigkeiten werden im Folgenden Schritt für Schritt expliziert, sie werden mit phänomenologischen Beschreibungen und empirischen Erkenntnissen angereichert und mit dem Zielphänomen in einen explanatorischen Zusammenhang gebracht.

4 Aufbau der Untersuchung

Die Untersuchung analysiert das biographische Selbstverständnis von Personen im Rückgriff auf die bereits genannten drei Problembereiche, die in der Philosophie in der Regel getrennt voneinander diskutiert werden: Selbstbewusstsein, transtemporales Identitätsbewusstsein und biographische Selbstzuschreibungen. In den einzelnen Kapiteln werden relevante Begriffe und grundlegende Argumente in den Fokus genommen, um sie als strukturelle Bedingungen des Zielphänomens sichtbar zu machen. Diese Art von Konzentration hat für die Einzelanalysen zur Folge, dass an vielen Stellen auf weiter führende philosophische Auseinandersetzungen nur hingewiesen werden kann. Dies gilt auch für die vielfältigen interdisziplinären Anschlussmöglichkeiten, die im Rahmen der Untersuchung nur angedeutet werden können.

Der erste Hauptteil (1. bis 4.) befasst sich mit der grundlegenden Fähigkeit zu Selbstbezugnahmen (Selbstbewusstsein). Hier werden charakteristische Merkmale der erstpersonalen Perspektive identifiziert und der Unterschied zwischen Selbst- und Fremdzuschreibungen herausgearbeitet. Bezogen auf das Zielphänomen werden Argumente diskutiert, die aus unterschiedlichen Traditionen stammen: sprachanalytische (Kap. 1.), phänomenologische (Kap. 2.) und empirische Argumente (Kap. 3., 4.). Diese Erkenntnisse dienen als Grundlage für einen weiteren Problemaspekt, der im zweiten Hauptteil (5. bis 7.) behandelt wird: Untersucht wird hier der systematische Zusammenhang zwischen der Perspektive der ersten Person und dem Problem der transtemporalen „numerischen" Identität. Was heißt es, dass Personen „wissen", als numerisch identische Subjekte über die Zeit hinweg zu existieren? Der dritte Hauptteil (8. bis 10.) wendet sich der Struktur und Funktion von Selbst-Narrationen zu. Argumentiert wird, dass der Bezug zur eigenen Geschichte für das Selbstverständnis nicht nur inhaltlich relevant ist, sondern zudem die epistemische Funktion hat, Selbstzuschreibungen zu erklären und zu rechtfertigen. Zum Schluss werden die drei Problembereiche integriert und in einen explanatorischen Zusammenhang gebracht. Ausgewertet wird der Beitrag, den die einschlägigen Theorien leisten, um das Zielphänomen, das biographische Selbstverständnis – von seinen mentalen und strukturellen Bedingungen her – besser verständlich zu machen. Es ist das übergreifende Ziel dieser grundlegenden Klärung, eine theoretische Basis für weitere Auseinandersetzungen mit der Thematik zu schaffen.

I Erstpersonale Perspektive, Selbstbezugnahmen und Selbstbewusstsein

1 Selbstreferenz und erstpersonale Identitätsaussagen

Personen, so wurde gesagt, haben ein Bewusstsein ihrer eigenen Identität über die Zeit hinweg, und sie schreiben sich Charaktereigenschaften zu, indem sie sich ihre Lebensgeschichte vergegenwärtigen. Sie führen sich dazu Lebensepisoden vor Augen, interpretieren ihr eigenes Verhalten in früheren Situationen, ihre Vorlieben und Abneigungen und identifizieren typische Muster. Dies führt zu Aussagen wie: „Ich konnte noch nie gut mit Kritik umgehen" oder „Ich bin ein abenteuerlustiger Mensch". Sie entwickeln ein Selbstbild von sich als konkreter Person. Diese Beschreibung lenkt den Blick bereits auf verschiedene Strukturmerkmale. Ein zentrales und allgemeines Merkmal ist dabei die Eigenschaft der Reflexivität, der Selbstbezugnahme. Ein komplexes Selbstbild zu haben setzt die allgemeine Fähigkeit zu Selbstbezugnahmen, kurz: zu Selbstbewusstsein voraus. Was genau heißt es, dass jemand über Selbstbewusstsein verfügt? Wie lässt sich Selbstbewusstsein adäquat beschreiben? Und wie hängt es mit dem Zielphänomen zusammen? Warum Personen mit Selbstzuschreibungen von Eigenschaften oftmals einen besonderen Anspruch erheben und warum dieser Anspruch in vielen Fällen nicht berechtigt ist, lässt sich, so eine These des vorliegenden Kapitels, anhand von Theorien des Selbstbewusstseins verdeutlichen.

Um diese Grundbedingungen angemessen zu klären, muss etwas weiter ausgeholt werden. Selbstbewusstsein – im philosophischen Sinn – schreiben wir jemandem zu, der ein Bewusstsein seiner eigenen Zustände und Eigenschaften hat. Bei diesen Eigenschaften handelt es sich aber weniger um physische Eigenschaften, wie etwa dunkelhaarig und groß zu sein, sondern vielmehr um psychische Zustände, z. B. hungrig zu sein oder einen bestimmten Gedanken zu haben (Newen/Vogeley 2000, 20 f.). Selbstzuschreibungen psychischer Zustände werden mithilfe des Indexwortes *ich* sowie psychologischer Prädikate zum Ausdruck gebracht, zum Beispiel „wissen", „glauben", „Hunger haben", „einen Gedanken haben".

Sprachanalytische Ansätze gehen entsprechend davon aus, dass Selbstbewusstsein aufgrund einer typischen Form sprachlicher Äußerungen aufgezeigt und analysiert werden kann. Von seiner ganzen Anlage her bindet ein solcher Ansatz die Fähigkeit des Selbstbewusstseins an das Sprachvermögen, da es in Abhängigkeit von sprachlichen Repräsentationsformen betrachtet wird. Das bedeutet aber, dass Selbstbewusstsein nur Lebewesen mit Sprache zugeschrieben werden kann; Kindern im vorsprachlichen Alter oder Tieren mit nachweislich hoch entwickelten kognitiven Fähigkeiten müsste man die Fähigkeit zu Selbstbewusstsein also absprechen. Genau dies scheint jedoch eine fragwürdige Einengung zu sein. Ich werde an späterer Stelle auf schwächere Formen von Selbstbewusstsein eingehen, um diesem Problem zu begegnen. Dennoch möchte ich mit sprachanalytischen Ansätzen, die insofern von einer starken Form des Selbstbewusstseins ausgehen, beginnen, da man an ihnen grundsätzliche, spezifische Eigenschaften von Selbstbewusstsein demonstrieren kann.

In sprachanalytischen Ansätzen wird Selbstbewusstsein aufgefasst als bewusste Kenntnis der eigenen (mentalen) Zustände und Eigenschaften:[3]

Ich glaube/weiß, dass ich hungrig bin.

Ich glaube/weiß, dass ich über X nachdenke.

Sätze, in denen sich Selbstbewusstsein ausdrückt, haben also typischerweise die Form: „Ich weiß/glaube, dass ich ψ" (wobei ψ ein psychologisches Prädikat darstellt, wie „durstig sein", „fröhlich sein", „etwas denken"). Beispiele für Selbstbewusstsein sind demnach Gedanken, die mithilfe von Sätzen dieser Form ausgedrückt werden.

Die Analyse solcher Sätze macht besondere semantische und epistemische Eigenschaften erkennbar. Da die Fähigkeit zu Selbstbezugnahmen der Annahme nach dem Selbstverständnis notwendigerweise zugrunde liegt, soll im Folgenden gezeigt werden, wie semantische und erkenntnistheoretische Analysen zur Klärung des Gesamtphänomens beitragen. Wenn jemand eine autobiographisch gestützte Aussage über sich als Person macht, dann hat das grundsätzlich einen anderen Charakter, als wenn eine außenstehende Person dieselbe Aussage macht. Aussagen darüber, was für eine Person man ist, welche konkreten Charaktereigenschaften einen auszeichnen, sind oftmals mit einem besonderen erkenntnistheoretischen Anspruch verbunden. Es gibt offenbar einen Unterschied zwischen erstpersonalen und drittpersonalen Zuschreibungen. Der Sprecher der Äußerung „Ich habe seit einigen Jahren eine völlig veränderte Selbstwahrnehmung" ist, gegenüber Dritten in einer privilegierten Position. Auf welcher Grundlage und mit welchem Recht könnte ein Außenstehender die Wahrheit des Satzes anzweifeln? Ein damit verbundenes Spezifikum solcher Sätze besteht darin, dass das Referenzobjekt von „ich" notwendigerweise der Sprecher ist, dieser sich hierüber auch nicht täuschen kann (was genau hier „notwendigerweise" heißt, wird noch zu klären sein).

Drei Aspekte von Selbstbewusstsein, die in sprachanalytischen Debatten hervorgehoben werden, sollen im Folgenden im Hinblick auf das Zielphänomen untersucht werden: die essenzielle Bedeutung von „ich"; die kriterienlose

---

[3] „Kenntnis haben von X" wird hier in einem weiten Sinn verstanden und umfasst auch epistemisch schwache Relationen wie „Notiz nehmen von X" oder „sich X gewahr sein".

Selbstreferenz und die Autorität der ersten Person. Das Kapitel wird entsprechend drei Teile haben: Im ersten Abschnitt werde ich ein Argument von John Perry vorstellen; darin geht es um die Frage, ob sich die Bedeutung und Aussage eines Satzes, in dem das Indexwort „ich" vorkommt, ändert, wenn man „ich" durch andere, koreferenzielle Ausdrücke ersetzt. Im zweiten Abschnitt werde ich Positionen diskutieren, die sich mit der Frage der Referenz von indexikalischen Ausdrücken wie „ich" und „mein" befassen. Im dritten und vierten Abschnitt werde ich Argumente für die These der Autorität der ersten Person diskutieren. Darin geht es um die Frage, ob sich aus der besonderen Art erstpersonaler Zuschreibungen ein epistemisches Privileg ableiten lässt.

Es muss nicht erwähnt werden, dass es zu allen drei Themen inzwischen extensive philosophische Auseinandersetzungen gibt. Die folgende Auswertung und Diskussion konzentriert sich – der methodischen Gesamtausrichtung des Buches gemäß – auf die zentralen Begriffe und Argumente, um auf diese Weise relevante Eigenschaften des Zielphänomens erkennbar zu machen.

1.1 Essenzielle indexikalische Ausdrücke

Die Bedeutung des Indexwortes „ich" wird, wie im Falle anderer Indexwörter wie z. B. „hier", „heute", „jetzt", durch den jeweiligen Kontext konstituiert. Wenn zwei verschiedene Personen den Satz „Ich bin groß" äußern, dann haben die Sätze in Bezug auf das Indexwort „ich" eine je unterschiedliche Bedeutung. Die Bedeutung von „ich" variiert je nach Gebrauch und Situation, da der Ausdruck „ich" kontextsensitiv ist.

Inwiefern trägt aber die Analyse von „ich" sowie von Äußerungen, in denen „ich" nicht nur an der Subjektstelle steht, zum Verständnis von Selbstbezugnahmen bei? Was sind die Besonderheiten des Gebrauchs von „ich" im Vergleich zu anderen indexikalischen Ausdrücken? Über diese Thematik ist bereits viel diskutiert worden, worauf im Einzelnen hier nicht eingegangen werden soll.[4] Die Diskussion kreist vor allem um die Frage, was für „ich" bedeutungskonstitutiv ist. Dazu wird untersucht, ob sich der indexikalische Ausdruck „ich" in einem Satz durch andere Ausdrücke ersetzen lässt, ohne seine Bedeutung zu ändern oder zu verlieren. Bei diesen ersetzenden Ausdrücken muss es sich um koreferenzielle Ausdrücke handeln, um Ausdrücke also, die auf das Referenzobjekt von „ich" verweisen, zum Beispiel ein Eigenname oder eine Personenbeschreibung. In den Diskussionen ist man sich überwiegend einig, dass eine solche Ersetzung ohne

---

4 Die wichtigsten und bekanntesten Positionen sind: Perry 1979; Castañeda 1966; 1967.

Bedeutungsverlust *nicht* möglich ist. Ich-Gedanken lassen sich demnach nicht auf andere Gedanken reduzieren, die mithilfe von koreferenziellen Termen ausgedrückt werden. Es stellt sich die Frage, was sich hieraus – allgemein – über Selbstbezugnahmen ableiten lässt. Daran angeschlossen ist zu klären, in welcher Hinsicht dies Aufschluss über das biographische Selbstverständnis von Personen gibt.

Anschaulich beschreibt John Perry in seinem Aufsatz „The Problem of the Essential Indexical" (1979) ein (fiktives) Erlebnis in einem Supermarkt: Perry erblickt auf dem Boden des Supermarktes eine Zuckerspur, die sich durch mehrere Gänge hindurch zieht. Um dem ahnungslosen Verursacher der Spur Bescheid zu geben, verfolgt Perry die Spur, bis er feststellen muss, dass er selbst, Perry, der Verursacher war.

Perry beschreibt hier, wie sich seine Überzeugungen über die Geschehnisse ändern und welche Konsequenzen sich hieraus ergeben: Ursprünglich ausgegangen war er von der Annahme, dass ein nichts ahnender Kunde Zucker auf dem Boden verstreut, der die aufgerissene Zuckertüte in seinem Einkaufswagen schlicht nicht bemerkt (Überzeugung A). Als ihm jedoch auffällt, dass er *selbst* derjenige ist, der Zucker verstreut, hat er nicht nur eine andere Überzeugung (Überzeugung B), sondern es ändert sich auch sein Verhalten. Denn die Einsicht, selbst der Verursacher der Zuckerspur zu sein, veranlasst ihn, die Zuckerspur nicht weiter zu verfolgen und die Zuckertüte im eigenen Einkaufswagen anders hinzulegen. Die Verhaltensänderung lässt sich also im Rückgriff auf die geänderte Meinung oder Überzeugung *erklären*. Es stellt sich nun die Frage, welche Eigenschaft der neuen Überzeugung, eine so genannte *Überzeugung de se*, für die Erklärungsfunktion verantwortlich ist.

Nach Perry hängt die Erklärungsfunktion mit dem Indexwort „ich" der Proposition („dass *ich* das Chaos anrichtete") zusammen. Denn dieser Ausdruck hat in der gegebenen Situation die Eigenschaft, essenziell zu referieren. Gemeint ist damit, dass der indexikalische Ausdruck in dem geschilderten Kontext strikt auf Perry als Subjekt der Überzeugung verweist. Die indexikalische Funktion kommt ausschließlich dem Ausdruck „ich" in diesem Kontext zu, was heißt, dass er nicht gegen einen anderen Ausdruck ausgetauscht werden könnte. Denn würde der Ausdruck „ich" durch einen anderen Ausdruck ersetzt, gäbe es keine eindeutige Referenz zum Subjekt der Überzeugung. Ersetzt man in dem genannten Satz beispielsweise „ich" durch „der einzige Philosoph im Supermarkt mit Bart", erhält man folgende Aussage: „Mir wurde klar, dass der einzige Philosoph im Supermarkt mit Bart das Chaos anrichtete". Das Problem ist hier, dass es zwar tatsächlich der Fall ist, dass Perry Philosoph ist und einen dunklen Bart trägt; es aber dennoch vorstellbar ist, dass er (Perry) den Satz äußert und der Meinung ist, er habe sich an dem Morgen gründlich rasiert. Die beiden Sätze hätten also nicht dieselbe Bedeutung und hätten demzufolge auch nicht *beide* die erklärende Funktion für die Änderung von Perrys Verhalten. Ganz ähnlich verhält es sich mit der Möglichkeit, das Wort „ich" der Proposition durch den Namen *John Perry* zu ersetzen, von dem man annehmen würde, dass er eindeutig auf den Sprecher des Satzes (Perry) referiert. Aber auch hier wäre es vorstellbar, dass Perry zuvor einen partiellen Gedächtnisverlust erlitten hat und nicht mehr weiß, dass er *John Perry* heißt. Die Umstellung der Sätze, die Ersetzung von „ich" durch koreferenzielle Terme, hätte zur Folge, dass die Bedeutung sich änderte sowie die erklärende Funktion der Überzeugung verloren ginge. Dies zeigt auch, dass die durch den Satz ausgedrückte Überzeugung nicht verallgemeinerbar ist. Denn würde der Satz von einer anderen Person geäußert, würde damit etwas anderes behauptet. Selbst wenn die Person sich in einer ähnlichen Situation und in einem Zustand desselben Typs befände, würde sie etwas anderes als Perry glauben. Aufgrund des Indexwortes „ich" hat Perrys Überzeugung „exklusive" Gültigkeit, insofern ihre Wahrheit und Funktion strikt an den geschilderten Kontext gebunden ist.[5] Das Fazit lautet: Überzeugungen, deren Propositionen mithilfe eines „ich"-Satzes[6] gebildet werden, kann nur die betreffende Person selbst haben.

Perrys Argumentation gibt Aufschluss über die besondere Semantik von „ich"-Sätzen und expliziert somit eine wichtige grundlegende Eigenschaft von Selbstbezugnahmen. Als solche trägt sie zur Explikation des biographischen Selbstverständnisses in entscheidender Weise bei: Denn sie macht einen grundlegenden semantischen Unterschied zwischen erstpersonalen und drittpersonalen Charakterisierungen erkennbar. Autobiographisch gestützte „ich"-Sätze wie „Ich erinnere mich, dass ich früher ängstlich und schüchtern war" haben eine besondere sprecher- und kontextabhängige Bedeutung. Darüber hinaus zeigt Perrys Argument, dass die Präsenz des indexikalischen Ausdrucks „ich" einen praktisch-psychologischen Effekt haben kann, der sich in einer Verhaltensänderung manifestiert. Erstpersonale Aussagen, die den essenziellen indexikalischen Ausdruck „ich" enthalten, haben eine eigene semantische Kraft, die auch in Selbstzuschreibungen von z. B. Charaktereigenschaften und autobiographischen Aussagen zum Tragen kommt.

---

5 Die Nichtverallgemeinerbarkeit von Überzeugungen, die sich auf Proposition beziehen, die einen essenziellen indexikalischen Ausdruck enthalten, stellt ein Problem für z.B. die auf Frege zurück gehende Standardauffassung über Propositionen dar. Perrys Auseinandersetzungen hiermit sind für den vorliegenden Zusammenhang aber nicht weiter relevant.
6 Nach korrekter Schreibweise müsste „ich" an dieser Stelle eigentlich groß geschrieben werden („Ich"-Satz). Mit der Kleinschreibung möchte ich – im Sinne Tugendhats – die hier thematische sprachanalytische Perspektive unterstreichen (Tugendhat 1979, 68 ff.).

Der semantische Unterschied zwischen erstpersonalen und drittpersonalen Äußerungen lässt sich noch weiter analysieren. Hector-Neri Castañeda, an dessen Thesen Perrys Argument eng angelehnt ist, zeigt, dass sich das Indexwort „ich" nicht ohne Bedeutungsverlust z. B. durch einen Eigennamen oder eine andere personale Charakterisierung ersetzen lässt. Darüber hinaus weist Castañeda auf eine weitere semantische Sonderrolle von „ich"-Sätzen hin, und zwar anhand von solchen, die eine indirekte Selbstbezugnahme ausdrücken (Castañeda 1966; 1967). Dieser Gedanke wird in den neueren Debatten von Lynne Baker aufgegriffen und weiterentwickelt (z. B. Baker 2000; 2007; 2012). Baker argumentiert, dass die Perspektive der ersten Person vor allem durch eine komplexe Fähigkeit der Selbstreferenz gekennzeichnet ist.[7] Personen sind nicht nur in der Lage, in einfacher und *direkter* Weise auf sich Bezug zu nehmen, wie es etwa der Satz „ich habe Durst" wiedergibt; sie sind darüber hinaus imstande, sich selbstreferenzielle Gedanken zuzuschreiben. Ein Beispiel hierfür ist der Satz „*ich* wollte, *ich* wäre groß". In Anlehnung an Castañeda bezeichnet Baker solche Sätze als „ich*-Sätze". Das Schema eines solchen Satzes ist: „Ich Φ, dass ich* ...", wobei „Φ" für ein linguistisches oder psychologisches Verb (denken, hoffen etc.) steht und „ich* ..." einen Satz mit einer erstpersonalen Referenz bezeichnet (Baker 2000, 64–65). Die in solchen Sätzen ausgedrückte Fähigkeit, in *indirekter* Weise auf sich Bezug zu nehmen, ist nach Baker ein Indiz dafür, dass Personen nicht nur zwischen sich und anderen Personen unterscheiden, sondern diese Unterscheidung auch *begrifflich* fassen können. Das heißt, sie können sich *als* sie* selbst begreifen. Es manifestiert sich hier also eine kognitiv anspruchsvolle Form der Selbstreferenz.[8] Um ich*-Gedanken zu haben, muss man sich allerdings nicht mithilfe von drittpersonal referierenden Termen wie Eigennamen oder konkreten Beschreibungen identifizieren. Dass Paula sich auf sich bezieht, wenn sie ich*-Gedanken hat, setzt keine epistemische Relation zwischen *Paula* und *ich* voraus. Was das genau bedeutet, wird im folgenden Abschnitt genauer untersucht.

Insgesamt ist festzuhalten: Dass „ich"-Gedanken nicht reduzierbar sind auf solche, die mithilfe von koreferenziellen singulären Termen (Eigennamen, Personenbeschreibungen) ausgedrückt werden, ist eine grundlegende und zentrale Eigenschaft von kognitiv anspruchsvollen Selbstbezugnahmen, die auch für das biographische Selbstverständnis charakteristisch sind.

---

[7] Baker unterscheidet zwischen einer „robusten" und einer „rudimentären" erstpersonalen Perspektive. Letztere, die kognitiv weniger anspruchsvoll ist und in entwicklungstheoretischer Hinsicht die Voraussetzung für die robuste erstpersonale Perspektive ist, lässt sich Baker zufolge Säuglingen und einigen nichtmenschlichen Lebewesen zuschreiben (Baker 2012, 20).
[8] Bakers Begriff des Selbstbewusstseins ist eng gefasst; im nächsten Unterkapitel werde ich für eine weitere Auffassung von Selbstbewusstsein argumentieren.

Wie an anderen Stellen bereits angedeutet, besteht eine Funktion der Selbstzuschreibung von Charaktereigenschaften darin, sich von anderen Personen abzugrenzen. Die Zuschreibung der Eigenschaft <introvertiert> impliziert zwar (in einem trivialen Sinn) die Abwesenheit der Komplementäreigenschaft <extrovertiert>. Wer sich als „introvertierte Person" bezeichnet, will damit allerdings eine Eigenheit zum Ausdruck bringen und explizit einen Unterschied zu anderen Personen markieren. Dies setzt voraus, was Baker als zentrale Bedingung einer (robusten) erstpersonalen Perspektive bezeichnet, nämlich dass Personen nicht nur zwischen sich und anderen Personen unterscheiden können, sondern den Unterschied auch begrifflich fassen können.

1.2 Kriterienlose Selbstreferenz und das Prinzip der Irrtumsimmunität

Dieser und die nächsten beiden Abschnitte befassen sich vor allem mit epistemologischen Besonderheiten erstpersonaler Sätze: mit dem speziellen epistemischen Status, der mit der Verwendung des Indexwortes „ich" verbunden ist. Das Selbstverständnis von Personen, so wurde gesagt, artikuliert sich u. a. durch Selbstzuschreibungen von Charaktereigenschaften wie „scheu" oder „neugierig" zu sein. Solche Urteile implizieren oft Aussagen über die eigenen Biographie, was durch zeitliche Ausdrücke wie „immer schon" oder „früher stärker" signalisiert werden kann. Mit Aussagen dieser Art erhebt der Sprecher in der Regel einen bestimmten Anspruch. Er „weiß", wovon er spricht: Er muss sich keine Rechenschaft darüber abgeben, wer mit „ich" gemeint ist. Und er glaubt, über den Inhalt solcher Zuschreibungen am besten Bescheid zu wissen. Wie lässt sich dieses Phänomen besser verstehen?

Viele alltägliche Äußerungen enthalten Ausdrücke, mit deren Hilfe auf ein Objekt, ein konkretes Einzelding Bezug genommen wird: Der Satz „Der Hund befindet sich in seiner Hundehütte" referiert u. a. auf einen konkreten Hund als Einzelding. Und der Begriff „Hund" definiert Bedingungen, die ein Einzelding erfüllen muss, um als Instanz des Begriffs „Hund" zu gelten. Welches Einzelding mit dem Satz „Der Hund befindet sich in der Hundehütte" gemeint ist, ist dann unproblematisch, wenn das betreffende Einzelding erstens eindeutig als Hund identifizierbar ist und zweitens nur ein Einzelding (und nicht zwei oder drei) als Referenzobjekt der Aussage in Frage kommen. Würden sich dagegen an dem gegebenen Ort und zur selben Zeit mehrere Hunde aufhalten, wäre die Aussage unklar, und man müsste zur Klärung z. B. fragen: „Welchen Hund meinst Du?" Genau diese Unklarheiten, die im Alltag häufig anzutreffen sind, gibt es in Bezug auf den indexikalischen Ausdruck „ich" nicht. Hierauf weist Wittgenstein im

Blauen Buch (1984a, 105–110) hin. Er trifft dort die wichtige Unterscheidung zwischen dem Objektgebrauch und dem Subjektgebrauch von „ich". Ein Beispiel für den Objektgebrauch ist der Satz „Ich habe eine Beule an der Stirn", ein Beispiel für den Subjektgebrauch „Ich habe Zahnschmerzen". Im ersten Fall (Objektgebrauch) ist es erforderlich, dass man eine bestimmte Person erkennt, auf die das Prädikat zutrifft. Es könnte durchaus sein, dass ich (als Sprecherin des Satzes) der Meinung bin, eine Beule an der Stirn zu haben, weil ich eine Stirn mit Beule in einem Spiegel sehe und diese Stirn – fälschlicherweise – für meine Stirn halte. Ich kann mich in einem solchen Fall also über die Referenz von „ich" täuschen. Anders im Fall des Subjektgebrauchs von „ich". Wenn ich beispielsweise den Satz „Ich habe Zahnschmerzen" äußere, dann gibt es hinsichtlich des Satzsubjekts eine spezifische Eindeutigkeit: Die Korrektheit des Satzes setzt keine Identifizierung einer konkreten Person voraus, die als Referenzobjekt des Ausdrucks „ich" geltend gemacht werden müsste. Das heißt, ich muss mich nicht erst als Objekt von „ich" identifizieren, etwa mithilfe einer Zeigehandlung oder der Nennung meines Namens, damit der Bezug zu mir als Sprecherin des Satzes eindeutig ist.[9] In einem solchen Fall ist es unmöglich, eine andere Person für mich selbst zu halten. Dafür gibt es folgendes Indiz: Wenn ich sage „Ich habe Zahnschmerzen", wären bestimmte Fragen, die jemand anschließen könnte, unsinnig, zum Beispiel: „Bist du sicher, dass *du* es bist, die Zahnschmerzen hat?" oder „Wer ist denn die Person, die Zahnschmerzen hat?" (Wittgenstein 1984a, 106 f.). Die Besonderheit wird deutlicher, wenn man sich zum Vergleich den Satz „Peter hat Zahnschmerzen" ansieht. Angenommen, der Satz wird von einer Person namens Kurt geäußert. Hier wäre es durchaus konsistent zu fragen „Bist du sicher, dass es Peter ist, der Zahnschmerzen hat?", oder „Wer ist Peter?" Analog zum Objektgebrauch von „ich" hängt die Wahrheit des Satzes „Peter hat Zahnschmerzen" u. a. von der korrekten Identifikation der Person „Peter" ab, und diese Identifikation ist insofern ein Fall von Wissen. In einem weitem Sinn bedeutet dies, dass Kriterien angelegt werden können, die erfüllt sein müssen, damit die Identifikation korrekt ist: Die Referenz auf eine konkrete Person mit dem Namen „Peter" ist genau dann korrekt, wenn eine konkrete Person existiert, die „Peter" heißt und die in der Aussage gemeint ist. Dagegen sind keine Kriterien erforderlich, wenn der Satz von einem Sprecher mithilfe des Indexwortes „ich" zum Ausdruck gebracht wird. Wenn ich im Beisein mehrerer Personen den genannten Satz äußere, dann gibt es hinsichtlich des gemeinten Satzsubjekts keinen Zweifel: Mit „ich" bin ich als Sprecherin des Satzes gemeint – und niemand sonst. Diese Eigenschaft des Subjektgebrauchs des

---

[9] Entsprechend Wittgenstein: „In ‚Ich habe Zahnschmerzen' ist ‚Ich' kein Demonstrativpronomen." (Wittgenstein 1984a, 109).

Ausdrucks „ich" wird von Sydney Shoemaker als „Irrtumsimmunität durch Fehlidentifikation bezüglich des Pronomens der ersten Person" bezeichnet und folgendermaßen definiert:

> [...] a statement "*a* is *Φ*" is subject to error through misidentification relative to the term '*a*' when the following is possible: the speaker knows some particular thing to be *Φ*, but makes the mistake of asserting "*a* is *Φ*" because, and only because he mistakenly thinks that the thing he knows to be *Φ* is what '*a*' refers to (Shoemaker 1968, 557).

Der Bezug auf die Sprecherin des Satzes „Ich habe Zahnschmerzen" ist gegen den Irrtum durch Fehlidentifikation immun, weil es sich dabei nicht um eine Identifikation handelt. Der Subjektgebrauch von „ich" ist kein Fall von Wissen, sondern eine Selbstreferenz, die kriterienlos erfolgt.[10] Zu beachten ist, dass diese Funktion von Indexikalität nicht notwendigerweise auf die Verwendung des Ausdrucks „ich" beschränkt sein muss, sondern auch auf andere Bezeichnungen zutreffen kann – etwa wenn Kleinkinder ihren Vornamen benutzen, um auf sich zu verweisen, weil sie den Sinn von „ich" noch nicht begreifen, oder wenn jemand mithilfe des Pluralis Maiestatis auf sich verweist.

Allerdings könnte man einwenden, dass die so beschriebene Irrtumsimmunität kein Spezifikum von indexikalischer Selbstreferenz ist, weil es auch Sätze mit anderen indexikalischen Ausdrücken gibt, die ebenfalls keine Identifikation des Referenzobjektes voraussetzen: Dies könnte etwa auf den Satz „Diese Tischdecke hier" zutreffen, wenn ich dabei auf die Oberfläche eines bedeckten Tisches zeige, der direkt vor mir steht. Die Referenz des indexikalischen Satzes wird durch meine Intention fixiert, und es gibt hier ebenfalls keine Möglichkeit des Irrtums hinsichtlich der ausgedrückten Referenz. Dabei ist allerdings zu beachten, dass die Referenz im Falle von „dieses" nicht von vornherein feststeht. Sie ist abhängig vom Kontext und von der Intention des Sprechers. Wenn der Tisch beispielsweise nicht von einer, sondern von zwei Tischdecken überzogen ist, dann hat die Referenz „dieses" kein eindeutiges Referenzobjekt; ich kann die oben aufliegende Decke oder die untere meinen. Diese Ambiguität ist im Falle des Subjektgebrauchs von „ich" prinzipiell ausgeschlossen. Hier gibt es eine genuine Referenz, die von

---

10 Der Begriff der Irrtumsimmunität durch Fehlidentifikation wurde und wird in der Diskussion vielfach aufgegriffen, kritisiert und weiterentwickelt, beispielsweise von Evans 1982, Cassam 1997, Pryor 1999 und Gallagher 2000. Auf die verschiedenen Aspekte dieser Diskussion kann an dieser Stelle nicht näher eingegangen werden. In Teil III. werde ich mich mit Bermúdez' Vorschlag, die Eigenschaft der Irrtumsimmunität durch Fehlidentifikation auf erinnerungsbasierte Selbstzuschreibungen zu übertragen (Bermúdez 2012), befassen.

vornherein eindeutig ist. Weder eine Identifikation ist vorausgesetzt noch eine demonstrative Präzisierung („*dieses* Subjekt").[11]

Die Unterscheidung zwischen dem Subjekt- und dem Objektgebrauch von „ich" lässt sich jedoch weiter hinterfragen. Was liegt dieser Unterscheidung zugrunde? Nach Wittgenstein und Shoemaker erklärt sie sich aufgrund bestimmter Prädikate, deren Zuschreibung die Irrtumsimmunität durch Fehlidentifikation bezüglich der ersten Person rechtfertigt. Es handelt sich dabei um psychologische Prädikate, die subjektive Erlebniszustände ausdrücken, wie z. B. *hungrig sein*, *Schmerzen haben*, *etwas sehen*. Die Irrtumsimmunität scheint damit von den Eigenschaften solcher Prädikate abgeleitet zu sein. Damit drängt sich die Frage auf, ob die Zuschreibung *selbst* nicht auch eine Form der Irrtumsresistenz besitzt. Wenn ich den Satz äußere „Ich habe Hunger", dann liegt die Annahme nahe, dass ich aus meiner Perspektive am besten beurteilen kann, ob der Satz wahr ist. Die Relation zwischen psychologischen Prädikaten und der Eigenschaft der Irrtumsimmunität wird im folgenden Abschnitt näher untersucht. Dies dient dazu, epistemische Eigenschaften von bestimmten Selbstcharakterisierungen (als eine Manifestation des Selbstverständnisses) zu klären. Wenn jemand z. B. den Satz äußert „Ich bin ein großer Freund der asiatischen Küche", dann lässt sich dies von außen kaum bestreiten. Dies hängt, so die These, damit zusammen, dass eine solche (verallgemeinernde) Aussage die Zuschreibung von erlebnishaften Zuständen voraussetzt.

1.3 Privilegierter Zugang und die Autorität der Perspektive der ersten Person

In der Zuschreibung von psychologischen Prädikaten, die erlebnishafte Zustände ausdrücken, zeigt sich also eine weitere Eigenschaft der erstpersonalen Perspektive, die für die Klärung des Selbstverständnisses von Personen relevant ist: Perspektivinhaber haben offenbar – in einer noch zu klärenden Hinsicht – einen privilegierten Zugang zu ihren eigenen psychophysischen Zuständen (Shoemaker 1968; Nagel 1986; Davidson 1984). Solche Zustände werden mithilfe von bestimmten psychologischen Prädikaten zum Ausdruck gebracht, wie etwa in einer konkreten Stimmung zu sein oder eine Empfindung zu haben. Das Subjekt hat von der Präsenz dieser Zustände unmittelbare Kenntnis und schreibt sie sich direkt zu.

---

11 Ob „ich" deswegen als referenzieller Ausdruck bezeichnet werden kann, der speziellen Verwendungsregeln folgt (Shoemaker 1968), oder genau aus diesem Grund kein referenzieller Ausdruck sein kann (Wittgenstein 1984a, Anscombe 1975), ist für den vorliegenden Problemzusammenhang nicht relevant.

Was bedeutet hier „unmittelbar" und „direkt"? Dies wird deutlich, wenn man die Art, wie man sich solche Prädikate selbst zuschreibt, mit der vergleicht, wie man sie anderen Personen – also aus der Beobachterperspektive – zuschreibt. Wenn ich beispielsweise sehe, dass eine Person das Gesicht verzieht und sich den Bauch hält, dann habe ich gute Gründe für die Annahme, dass die Person Bauchschmerzen hat. Schließlich weiß ich, dass Bauchschmerzen sehr unangenehm sind, was sich wiederum auf den Gesichtsausdruck auswirken und dazu führen kann, dass man sich den Bauch hält. Ich verbinde also meine Beobachtungen mit einem bestimmten Wissen und schließe daraus, dass sich die Person in einem bestimmten Zustand befindet: Ich schreibe ihr das Prädikat <hat Bauchschmerzen> zu. Diesen Vorgang durchlaufe ich jedoch nicht, wenn ich mir selbst das Prädikat <habe Bauchschmerzen> zuschreibe. Ich muss nicht erst mein Verhalten beobachten und diese Beobachtung mit einem erworbenen Wissen verknüpfen, um eine solche Selbstzuschreibung zu tätigen. Ich erlebe und empfinde eine Veränderung meines Zustands – aus der Innenperspektive heraus. Vorstellbar ist, dass man meinem äußeren Verhalten gar keine relevanten Informationen entnehmen kann. Bemerke ich beispielsweise an mir selbst aufkommende Müdigkeit, kann es durchaus sein, dass man mir das von außen nicht oder vorerst nicht anmerkt. Ich selbst nehme aber unmittelbar Notiz von der aufkommenden Müdigkeit; das heißt, ich bemerke, dass sich mein Zustand verändert, und bin insofern, relativ zur Außenperspektive, in einer besonderen Position. Die Grundlage und Rechtfertigungsbasis solcher Zuschreibungen ist also eine gänzlich andere, als wenn man sie in Bezug auf andere Personen vornimmt.[12] Shoemaker bezeichnet solche Prädikate als „P*-Prädikate":

> [...] there is an important and central class of psychological predicates, let us call them "P*-predicates," each of which can be known to be instantiated in such a way that in knowing it to be instantiated in that way is equivalent to knowing it to be instantiated in oneself (Shoemaker 1968, 565).

Von den mithilfe dieser Prädikate bezeichneten Zuständen hat man, so die Aussage Shoemakers, auf spezielle Weise Kenntnis: Man erlebt diese Zustände und schreibt sie sich auf dieser Grundlage zu. Neben <Schmerzen haben> sind weitere Beispiele <etwas sehen; hören; fühlen; wahrnehmen>. Diese Zuschreibungspraxis impliziert jedoch keineswegs, dass entsprechende Zuschreibungen unkorrigierbar sind. Ausgeschlossen werden kann nicht, dass man sich über den Gehalt der

---

[12] Wittgenstein bringt diese Tatsache auf den Punkt, wenn er sagt: „Was ist das Kriterium der Röte einer Vorstellung? Für mich, wenn der Andere sie hat: was er sagt und tut. Für mich, wenn ich sie selbst habe: gar nichts." (Wittgenstein 1984b, § 377).

Prädikate täuscht. Dies würde auch der Alltagserfahrung widersprechen. Denn tatsächlich lassen sich bestimmte psychische Zustände oftmals besser aus der Außenperspektive als aus der subjektiven Perspektive beurteilen und aufzeigen. Ich kann beispielsweise davon überzeugt sein, wach und frisch zu sein, während mein Verhalten deutlich zu erkennen gibt, dass das nicht der Fall sein kann, da ich unaufmerksam bin, häufig gähne, mit den Augen blinzle und einen verlangsamten Puls habe. Oder ich kann annehmen, Bauchschmerzen zu haben und krank zu sein, obwohl ich eigentlich bloß hungrig bin und lange nichts gegessen habe. Es kann also durchaus sein, dass ein P*-Prädikat auf eine Person zutrifft, ohne dass die betreffende Person davon weiß. Wenn sie allerdings weiß, dass ein P*-Prädikat auf sie zutrifft, dann weiß sie davon in spezieller Weise: Sie *erlebt* den Zustand (und beobachtet nicht ihr Verhalten, wie es andere tun, um ihr Prädikate zuzuschreiben).

Doch selbst wenn sich die Annahme der Unkorrigierbarkeit nicht halten lässt, stellt sich die Frage, ob von der genannten Eigenschaft bestimmter Prädikate, die man sich selbst zuschreibt, dennoch ein bestimmtes epistemisches Privileg abgeleitet werden kann. Hat eine Person bei der Selbstzuschreibung solcher Prädikate eventuell doch einen epistemischen Vorteil gegenüber anderen Personen, die ihr dieselben Prädikate aufgrund äußerer Evidenz zuschreiben? Und worin könnte der Vorteil genau bestehen? Aus den bisherigen Ausführungen dürfte bereits klar geworden sein, dass eine Zuschreibung von Prädikaten, die *nicht* auf der Basis von Beobachtungen etc. erfolgt, nicht automatisch ein epistemisches Privileg nach sich zieht (Davidson 2001, 5). Die Tatsache eines speziellen erstpersonalen Zuschreibungsmodus von psychischen Prädikaten rechtfertigt nicht die Annahme eines speziellen erstpersonalen *Wissens*. Würde man dies annehmen, dann müsste man zeigen, dass die Prädikationen in „Ich habe Hunger" oder „Sie hat Hunger" unter verschiedenen Bedingungen wahr sind. Grundsätzlich gilt jedoch, dass man sowohl in erstpersonalen als auch in drittpersonalen Zuschreibungen nicht nur bedeutungsgleiche Prädikate verwendet, sondern in beiden Fällen auch denselben epistemischen Anspruch erhebt.

Ein weiteres Argument gegen die Annahme eines erstpersonalen epistemischen Privilegs stammt von Michael Pauen (2010). Er argumentiert, dass jede Form von Wissen, auch phänomenales Wissen, als eine systeminterne funktionale Differenz beschreibbar sein muss. Funktionale Eigenschaften, die über ihre kausalen Rollen beschrieben werden, sind als solche auch der Beobachterperspektive zugänglich, woraus folgt, dass es kein epistemisches Privileg der ersten Person geben kann. Der erlebnisbasierte Zuschreibungsmodus im Falle erstpersonaler Zuschreibungen ändert hieran nichts. Vor diesem Hintergrund ist zu fragen, ob es überhaupt gerechtfertigt ist, eine wie auch immer beschaffene epistemische

1.3 Privilegierter Zugang und die Autorität der Perspektive der ersten Person — 29

Asymmetrie zwischen der erstpersonalen und der drittpersonalen Perspektive anzunehmen.

Der klassische Einwand gegen die Annahme einer solchen Asymmetrie wird vom Behaviorismus vorgebracht. So behauptet Gilbert Ryle etwa, dass der Unterschied zwischen den epistemischen Bedingungen von *Selbst*zuschreibungen und *Fremd*zuschreibungen mentaler Prädikate kein prinzipieller, sondern ein nur gradueller sei (Ryle 1949/2000, 171 f.). Wenn ein Sprecher sich ein mentales Prädikat zuschreibt, dann ist er laut Ryle zwar in einer besseren Position als andere Personen, die ihm dasselbe Prädikat zuschreiben würden. Ein selbstzuschreibendes Subjekt könne sich besser selbst beobachten als andere potenziell zuschreibende Personen. Analog dazu sei jemand im Vorteil, über eine vertraute Person eine zuverlässige attributive Aussage zu tätigen, im Vergleich zu einer Person, die zu der betreffenden Person in größerer Distanz steht. Ryle behauptet jedoch, dass hieraus keine Asymmetrie folgen würde, und zwar deswegen nicht, weil die Form des Wissens in beiden Fällen – Selbstattribution und Fremdattribution – identisch sei. Allerdings stellt sich dabei die Frage, ob die Verneinung von Asymmetrie allein aus der Tatsache folgt, dass es sich bei beiden Zuschreibungsmodi um die identische Wissensform handelt. Schon die qualitative Unterscheidung von verschiedenen Positionen, welche nach Ryle Zuschreibungen einfacher und zuverlässiger gestalten als andere, deutet auf einen Unterschied hin, der weiter spezifiziert werden kann. Man muss nicht die starke und problematische Annahme eines speziellen erstpersonalen Wissens machen, um eine Asymmetrie zwischen erst- und drittpersonaler Perspektive zuzulassen. Die Tatsache, dass Zuschreibungen bestimmter Prädikate im einen Fall aufgrund sichtbarer Verhaltensäußerungen getätigt werden, im anderen Fall (erstpersonal) in Abwesenheit solcher Evidenzen, rechtfertigt durchaus die Annahme einer Asymmetrie – zumindest einer *erlebnishaften* Asymmetrie.[13] Was genau bedeutet das? Das epistemische Privileg kann sich zwar nicht auf ein besonderes erstpersonales Wissen von Inhalten beziehen, zumindest aber auf qualitative Eigenschaften, die Formen bestimmter Zustände, in denen man sich befindet, voneinander unterscheidbar machen. Das heißt, es beschränkt sich darauf beurteilen zu können, wie es ist, eine bestimmte auditive Wahrnehmung und möglicherweise den Unterschied zu einer olfaktorischen Wahrnehmung oder einem Gedanken zu erkennen. Wenn jemand sagt „Ich denke gerade nach", würde man es normalerweise absurd finden, ihn zu fragen, warum er glaubt, dass er gerade einem Ge-

---

[13] Ein erlebnishaftes Privileg räumt auch Pauen ein, ohne es in der Argumentation jedoch näher zu spezifizieren (Pauen 2010, 1).

danken nachgeht. Wie sich ein gegenwärtiger mentaler Zustand, in der sich eine Person befindet, anfühlt, weiß in erster Linie die betreffende Person selbst.

Akzeptiert man diese schwächere Asymmetrie-These, kann man weiter fragen, ob sich das erlebnishafte Privileg der ersten Person notwendigerweise auf *präsentische* Selbstzuschreibungen beschränkt, also auf Aussagen mit der impliziten Struktur „Ich empfinde [gerade] aufkommende Müdigkeit" oder „Ich finde es [im Augenblick] kühl hier". Lässt sich die These auch auf diachrone Selbstzuschreibungen übertragen? Wenn ich mir zu einem gegebenen Zeitpunkt Eigenschaften und Zustände zuschreibe, die in der Vergangenheit liegen, z. B. zu Schulzeiten oft Schwindelzustände erlitten zu haben, dann lässt sich die bloße Tatsache, dass ich mir zeitlich zurück liegende Zustände und Eigenschaften zuschreibe, aus zweit- oder drittpersonaler Perspektive, nicht anzweifeln; ich tätige sie *gegenwärtig* in unbestreitbarer Weise. Erstreckt sich das erlebnishafte Privileg der ersten Person aber auch auf den Gehalt solcher Erinnerungsaussagen? Diese Frage hängt mit dem Problem der transtemporalen (numerischen) Identität zusammen, das in Teil II. in Bezug auf das biographische Selbstverständnisses analysiert wird. An dieser Stelle möchte ich lediglich auf Ansätze hinweisen, die argumentieren, dass sich die eigene zeitübergreifende Identität allgemein in diachronen Selbstzuschreibungen (nicht bloß in Zuschreibungen vergangener Erlebniszustände) unmittelbar manifestiert (Reid 1785; Swinburne 1984; Nida-Rümelin 2006). Hervorgehoben wird, dass in entsprechenden Aussagen implizite Identitätsurteile enthalten sind, die ihrerseits ohne Kriterien auskommen und insofern „automatisch" wahr sind. Demnach kann ich mich über frühere Erfahrungen und Situationen zwar durchaus irren, nicht aber darüber, zu früheren Zeitpunkten bereits existiert zu haben. Anders gewendet: Wenn mir jemand erfolgreich nachweist, dass das Urteil, früher ein rebellischer Mensch gewesen zu sein, falsch ist, dann tangiert das (der Annahme nach) nicht das darin implizit enthaltene diachrone Identitätsurteil. Das zentrale Argument lautet, dass in der Tatsache (und Fähigkeit) diachroner Selbstzuschreibungen die eigene zeitübergreifende Persistenz in einer Weise präsent ist, die auf andere Personen nicht zutrifft. Wie dies genau zu verstehen ist und welche Probleme mit solchen Theorien verbunden sind, wird, wie erwähnt, in Teil II. genauer diskutiert.

1.4 Epistemisches Privileg und die Einbettung erstpersonaler Identitätsaussagen

Oben wurde gesagt, dass die Evidenzbasis von Selbstzuschreibungen von P*-Prädikaten (psychologischen, mentalen Prädikaten) eine andere ist als die von Fremdzuschreibungen solcher Prädikate; im ersten Fall wird der Zustand, der durch ein solches Prädikat ausgedrückt wird, aus der Innenperspektive *erlebt*, im zweiten Fall werden Verhaltensäußerungen *beobachtet*. Dies erklärt die Annahme einer erlebnishaften Asymmetrie zwischen beiden Zuschreibungsarten, von der zunächst gesagt wurde, dass sie sich auf den qualitativen Gehalt mentaler Zustände beschränkt, also z. B. auf Aussagen darüber, wie sich ein Zustand, in dem man sich befindet, anfühlt. Zwar gibt dies Aufschluss über eine wichtige Eigenschaft der Perspektive der ersten Person, allerdings reicht dies noch nicht aus, um einen weiteren epistemischen Aspekt des biographischen Selbstverständnisses von Personen zu erklären, um das es in diesem Buch geht. Wir wollen wissen, warum Personen mit Aussagen über das eigene Selbstverständnis oftmals einen besonderen Anspruch erheben und sich in der Position sehen, ihre Aussagen besser als Außenstehende rechtfertigen zu können. Deswegen gilt es, die genannte Asymmetrie weiter zu spezifizieren. Hervorgehoben wurde bereits, dass Zuschreibungen aus der erstpersonalen und der drittpersonalen Perspektive zwar (zumindest teilweise) auf unterschiedlichen Informationsquellen beruhen, in beiden Fällen aber trotzdem dieselben Prädikate verwendet werden. So lassen sich Instanzen der je unterschiedlichen Zuschreibungsformen problemlos kommunizieren, die Bedeutungen der Prädikate müssen demnach weitestgehend übereinstimmen. Wie könnte also ein weitergehendes Privileg der Perspektive der ersten Person aussehen, das die epistemischen Eigenschaften von autobiographischen Selbstcharakterisierungen erklärt? Aufschlussreich sind hier Positionen, die für eine (eingeschränkte) Autorität der ersten Person von Selbstzuschreibungen argumentieren. Es sind vor allem zwei miteinander verwandte Eigenschaften von Selbstzuschreibungen, die für den vorliegenden Zusammenhang relevant sind: (1) Die „Transparenz" der eigenen mentalen Zustände und (2) das damit zusammenhängende semantische Privileg. Beide Eigenschaften geben Besonderheiten von Selbstzuschreibungen zu erkennen, die sich typischerweise am Beispiel von Überzeugungen erläutern lassen.

(1) Es scheint ein Charakteristikum von Überzeugungen zu sein, dass sie der Inhaberin *transparent* sind.[14] Dies zeigt sich an der Art und Weise, wie Personen sich auf eigene Überzeugungen beziehen, wenn sie beispielsweise hierüber befragt werden. Denn was sie tun, ist, dass sie durch den mentalen Zustand der Überzeugung „hindurchsehen" und direkt den Gehalt der Überzeugung thematisieren. Fragt mich jemand, ob ich glaube, dass es morgen regnet, dann ist dies eine Frage, die auf das Vorhandensein (oder Fehlen) eines mentalen Zustandes abzielt: meine Überzeugung, dass es morgen regnet. Um die Frage zu beantworten,

---

14 Der Begriff der Transparenz eigener Überzeugungen wird mit unterschiedlichen Akzenten vertreten von z. B. Evans 1982; Moran 2001, 2012 und Byrne 2005.

beziehe ich mich typischerweise aber nicht auf mein mentales Innenleben, ich versuche also nicht, introspektiv nach Evidenzen für eine solche Überzeugung zu suchen. Vielmehr beantworte ich die Frage, als hätte sie sich auf den *Inhalt* der Überzeugung bezogen, als hätte sie gelautet „Wird es morgen regnen?" (mein Beispiel modifiziert das von Evans 1982, 225). Das ist im Falle von mentalen Zuständen anderer Personen offenbar anders: Fragt mich jemand, ob Hans glaubt, dass es morgen regnet, dann suche ich nach Evidenzen für das Vorhandensein einer solchen Überzeugung. Meine Antwort wird sich entsprechend auf Hans' mentalen Zustand beziehen und nicht auf dessen Inhalt. Die beschriebene Transparenz der erstpersonalen Zuschreibung fehlt hier offenbar. Nach Moran ist Transparenz eine grundlegende Eigenschaft von Selbstwissen (Moran 2001, 150). So zeigt sich etwa eine interessante Konsequenz bei dem Versuch, die Transparenz-Eigenschaft zu ignorieren: Ich kann nicht davon überzeugt sein, dass p wahr ist und mich gleichzeitig (reflexiv) fragen, ob ich die Überzeugung, dass p, überhaupt habe. Auf die verschiedenen Spielarten des Begriffs der Transparenz sowie die damit verbundenen Probleme kann ich an dieser Stelle nicht eingehen, da dies von der hier thematischen grundlegenden strukturellen Analyse zu weit weg führen würde.[15] Zusammenfassend expliziert der Transparenz-Begriff zweierlei: Er macht deutlich, dass Personen – aus erstpersonaler Perspektive – ein unmittelbares Wissen ihrer mentalen Zustände haben. Und in dieser Hinsicht sind sie epistemisch privilegiert. Dieses unmittelbare Wissen ist allerdings beschränkt, da sich hieraus kein weiter gehendes epistemisches Privileg über den Gehalt dieser Zustände ableiten lässt.

(2) Auch Davidson argumentiert für die These, dass es eine bestimmte Autorität der ersten Person in Bezug auf die Selbstzuschreibung von propositionalen Einstellungen wie Überzeugungen, Wünschen, Hoffnungen und Absichten gibt (Davidson 1984). Das Beispiel, an dem Davidson dies demonstriert, ist die Zuschreibung einer Überzeugung:

X glaubt, dass Wagner einen glücklichen Tod hatte.

Davidson fragt nach dem epistemischen Unterschied zwischen der Aussage „*Ich* glaube, dass Wagner einen glücklichen Tod hatte" und der Aussage „*Du* glaubst, dass Wagner einen glücklichen Tod hatte". Nehmen wir an, beide Sprecher der Sätze – im einen Fall ich selbst, im anderen Fall eine andere Person, die mit dem Ausdruck „Du" auf mich als Subjekt referiert – wüssten gleichermaßen Bescheid

---

[15] Weiterführende Gedanken finden sich vor allem bei Moran, der für eine enge Verbindung von Selbstwissen und Handlungsbewusstsein argumentiert (Moran 2001, 2012) sowie in Byrnes Kritik hieran (Byrne 2005).

über den Gehalt der Proposition (den glücklichen Tod Wagners); beide verfügten über denselben Informationsstand. Und beide wüssten, dass die Proposition wahr ist. Die Autorität der ersten Person, um die es Davidson geht, bezieht sich also nicht auf die Wahrheit von Propositionen, also den Gegenstand einer propositionalen Einstellung. Vielmehr argumentiert Davidson, dass der Sprecher gegenüber dem Hörer in der privilegierten Position ist zu wissen, was er mit seiner Äußerung genau meint und welche seiner Überzeugungen er zum Gegenstand seiner Behauptung macht. In einer Kommunikation gilt die Annahme, dass der Sprecher prinzipiell mit der Bedeutung der Proposition, die er in einer Äußerung ausdrückt, bekannt ist. Der Hörer ist dagegen in der Position, die Bedeutung eines Satzes zu interpretieren. Und das bedeutet, dass er sich in seiner *Deutung* irren kann. Es gibt keine generelle Garantie dafür, dass der Hörer den Sprecher korrekt interpretiert. Der Bezug des Sprechers zum Gehalt seiner Äußerung und der des Hörers sind verschieden; es werden in den beiden Fällen also jeweils unterschiedliche Annahmen gemacht. Das bedeutet jedoch nicht, dass der Sprecher sich hinsichtlich der Bedeutungen der von ihm verwendeten Ausdrücke nicht täuschen könnte. Und deswegen ist die Autorität der Perspektive der ersten Person auch nicht unfehlbar. Dennoch bleibt zwischen beiden Positionen ein Unterschied bestehen. Der Sprecher verfolgt mit seiner Aussage eine zunächst nur ihm bekannte Absicht. Er hat einen bestimmten Sinn vor Augen, wenn er den Satz äußert. Und dieser Sinn kann, selbst wenn er in der Äußerung Ausdrücke falsch gebraucht oder syntaktische Fehler macht, geklärt werden. Er kann eine Antwort auf die Frage geben, was er eigentlich genau meint, wenn er sagt, er habe eine bestimmte Überzeugung – indem er seine Aussage z. B. erläutert und präzisiert.

Diese von Davidson beschriebene Form der Autorität der ersten Person erklärt epistemische Eigenschaften von Selbstzuschreibungen, die das Selbstverständnis von Personen charakterisieren: Selbstcharakterisierungen („Ich bin Φ" – z.B. schüchtern, draufgängerisch, neugierig) sind oft eingebettet in ein Netz von weiteren erstpersonalen Aussagen, nämlich zumeist autobiographischen Urteilen (z. B. „Ich war *früher* oft klettern in den Alpen"; „Ich habe mich *auch als Kind schon* für Fremdsprachen und fremde Kulturen interessiert" etc.). Solche autobiographischen Urteile werden häufig dann artikuliert, wenn z. B. eine andere Person die Wahrheit einer Selbstcharakterisierung in Zweifel zieht. Sie haben insofern die Funktion, Selbstcharakterisierungen zu erläutern oder zu rechtfertigen – und so den intendierten Sinn von Selbstcharakterisierungen zu klären. Die Begriffe der Transparenz und des semantischen Privilegs verweisen jeweils auf eine bestimmte Form der erstpersonalen Autorität in Bezug auf eigene mentale Zustände; diese ist aber insgesamt deutlich eingeschränkt. Ein weiter reichendes epistemisches Privileg lässt sich offenbar nicht rechtfertigen.

1.5 Zusammenfassung

Die vorgestellten Positionen nehmen sämtlich Besonderheiten in den Fokus, die sich auf erstpersonale Äußerungen und die Rechtfertigungsbasis von Selbstzuschreibungen beziehen. Diese Merkmale erklären spezifische semantische und epistemische Eigenschaften von Sätzen, die Personen äußern, wenn sie ihr Selbstverständnis artikulieren. Zentral ist hier die Semantik von erstpersonalen Äußerungen bedingt durch die Verwendungsregeln des Indexwortes „ich" (Irrtumsimmunität bezüglich der Fehlidentifikation der ersten Person), das erlebnishafte Privileg und die Autorität der ersten Person im Hinblick auf intendierte Bedeutungen von Selbstzuschreibungen. Die Analysen geben Aufschluss darüber, warum Personen in Bezug auf selbstbezügliche biographische Aussagen sowie Selbstzuschreibungen von Charaktereigenschaften zumeist beanspruchen, in einer privilegierten epistemischen Position zu sein, auch wenn dies objektiv verfehlt ist. Denn die Analysen zeigen auch, dass diesem Anspruch faktisch Grenzen gesetzt sind. Erklärt wird also, warum das biographische Selbstverständnis *prinzipiell* eine fehlende Selbstdistanz implizieren kann, die sich wiederum in verklärten Selbstzuschreibungen manifestiert. Dieses Phänomen wird in Teil III. erneut aufgegriffen und im Zusammenhang mit der Art und Weise, wie Personen sich Lebensepisoden vergegenwärtigen, weiter erklärt.

Bezogen auf die in diesem Kapitel explizierten Überlegungen ist allerdings Folgendes zu bedenken: Wenn man versucht, eine philosophisch adäquate Beschreibung von Selbstbewusstsein zu geben, und sich dabei ausschließlich auf sprachliche Äußerungen bezieht, in denen sich das betreffende Phänomen manifestiert, dann macht man bereits bestimmte Grundannahmen im Hinblick auf das Zielphänomen. Man bindet Selbstbewusstsein an sprachliche Fähigkeiten. Es werden damit zumindest implizit Kriterien festgelegt, die ein Wesen erfüllen muss, um ihm Selbstbewusstsein zuschreiben zu können. Das engt den zu klärenden Begriff von vornherein ein. In den nächsten Abschnitten soll mithilfe philosophischer und empirischer Argumente deutlich gemacht werden, inwiefern diese Einengung nicht nur auf einer reduzierten Phänomenbeschreibung basiert, sondern auch zu theoretischen Schwierigkeiten führt.

Die in den sprachanalytischen Ansätzen beschriebenen Besonderheiten sind zweifellos wichtige Manifestationen von Selbstbewusstsein, dennoch kann man weiter fragen und überlegen, was der in diesem Kapitel diskutierten Epistemologie und Semantik von „ich" und Selbstzuschreibungen eigentlich zugrunde liegt. Gibt es eine Erklärung dafür, dass keine Kriterien benötigt werden, wenn ich auf mich als Sprecherin Bezug nehme, indem ich einen Satz mit „ich" an der Subjektstelle äußere? Oder wenn ich mir erlebnishafte Prädikate zuschreibe? Offensichtlich gibt es spezifische mentale Prozesse und Eigenschaften, die solche sprachlichen Besonderheiten ermöglichen. Und die Annahme liegt nahe, dass dabei bestimmte Erlebnisaspekte mentaler Zustände eine besondere Rolle spielen. Diese Eigenschaften lassen sich mithilfe von phänomenologischen Beschreibungen und empirischen Ansätzen weiter explizieren und analysieren. Um diese wird es in den nächsten Abschnitten gehen.

2 Phänomenale Eigenschaften des Selbstbewusstseins

Zur theoretischen Klärung des biographischen Selbstverständnisses ist es notwendig, verschiedene Facetten von Selbstbezugnahmen zu explizieren. Die Fähigkeit zu Selbstbezugnahmen (Selbstbewusstsein) ermöglicht es in einem grundlegenden Sinn, sich als konkrete Person mit spezifischen Charaktereigenschaften zu begreifen und dies z. B. über die Vergegenwärtigung von autobiographischen Episoden zu erklären und zu rechtfertigen (Selbstverständnis). Die Überlegungen dieses Kapitels sind daher zum einen von der Frage geleitet, wie sich Selbstbewusstsein adäquat beschreiben lässt; zum anderen gilt es, den explanatorischen Gehalt einer solchen Beschreibung sichtbar zu machen. Im letzten Abschnitt habe ich Argumente vorgestellt, die in sprachanalytischen Debatten zum Selbstbewusstsein vertreten werden. Es ging dabei vor allem um Positionen, die darlegen, in welcher Weise sich Selbstbewusstsein in sprachlichen Äußerungen manifestiert.

Allerdings engt der Rahmen eines sprachanalytischen Ansatzes, so wurde bereits gesagt, den Begriff des Selbstbewusstseins, der geklärt werden soll, von vornherein ein. Selbstbewusstsein wird – ob implizit oder explizit – in Abhängigkeit von Sprachkompetenz gesehen. Damit werden jedoch andere mögliche, nichtsprachliche Formen von Selbstbewusstsein ausgeklammert. Die Frage, ob man auch nichtsprachlichen Lebewesen Selbstbewusstsein zuschreiben kann, lässt sich also im Rahmen eines rein sprachanalytischen Theorierahmens gar nicht stellen.

Mehrere Gründe sprechen dafür, sich nichtsprachlichen Formen des Selbstbewusstseins zuzuwenden. Zum einen scheint die Annahme, dass viele vor- oder nichtsprachliche Wesen zumindest über rudimentäres Selbstgewahrsein verfügen, phänomengerecht zu sein. Beispielsweise belegen Ergebnisse aus der Verhaltensforschung, dass nicht nur Kinder im vorsprachlichen Alter, sondern auch einige höher entwickelte Tiere (nichtmenschliche Primaten, Delfine, Elefanten, Elstern) den so genannten Rouge-Test bestehen, sie also in der Lage sind, sich im Spiegel zu erkennen. Des weiteren lassen sich an sprachanalytische Positionen weiterführende Fragen anschließen: Man kann überlegen, *was* eine Überzeugung zu einer Überzeugung de se macht, wie Perry sie in den Blick nimmt (Rosefeldt 2000), oder *warum* es sein kann, dass ich zu bestimmten Erlebniszuständen einen besonderen Zugang habe und Aussagen, die ich darüber mache, anders rechtfertige, als wenn ich über Erlebniszustände einer anderen Person urteile. Wie lässt sich dies weiter erklären?

Die Forderung nach einer Erklärung macht auf ein logisches Problem aufmerksam, das José Bermúdez als „Paradox des Selbstbewusstseins" bezeichnet (Bermúdez 1998; 2001). Bermúdez argumentiert, dass die Fähigkeit, den Ausdruck „ich" korrekt zu verwenden und dessen Semantik zu verstehen, die Fähigkeit zu Ich-Gedanken voraussetzt. Und umgekehrt impliziert die Fähigkeit zu Ich-Gedanken, dass jemand den Gebrauch von „ich" beherrscht. Selbstbewusstsein kann folglich nicht zirkelfrei erklärt werden. Nach Bermúdez kann der Zirkel nur durch das Aufzeigen von nichtsprachlichen Formen des Selbstbewusstseins beseitigt werden, die sprachlichem Selbstbewusstsein zugrunde liegen (Bermúdez 2001, 130–132). In eine ähnliche Richtung weist die auf Fichte zurück gehende Kritik an dem so genannten „Subjekt-Objekt-Modell" des Selbstbewusstseins, die vor allem von Dieter Henrich aufgegriffen wurde (Henrich 1966; 1982). Die Kritik lautet: Wenn Selbstbewusstsein als Reflexion auf sich selbst, also als „Selbstobjektivierung" aufgefasst und analysiert werden soll, dann lässt sich das Phänomen nicht zirkelfrei erklären.[16] Der Grund dafür ist, dass der Gegenstand der Reflexion etwas ist, dem bereits Subjektivität zugeschrieben werden muss. Würde man dies nicht tun, könnte das zu erklärende Phänomen nicht von einer Vorstellung eines beliebigen Objekts der Welt unterschieden werden und wäre somit keine Selbstobjektivierung. Subjektivität ist der Annahme nach jedoch Selbstreflexion. Man setzt damit voraus, was man erklären will. Um den Zirkel zu vermeiden, muss die Theorie eine nichtreflektierte Form von Selbstbewusstsein berücksichtigen, andernfalls scheitert eine Erklärung von Selbstbewusstsein. Ich halte diese und die von Bermúdez formulierte Kritik für zutreffend. Entsprechend befasst sich das vorliegende Unterkapitel mit der Beschreibung und Analyse von Formen des Selbstbewusstseins, die nicht an sprachliche oder hoch entwickelte begriffliche Fähigkeiten gebunden sind. Dabei werde ich mich größtenteils auf phänomenologisch orientierte Ansätzen beziehen, die nicht nur in den aktuellen Debatten der Philosophie des Geistes zunehmend rezipiert, sondern auch vermehrt in der kognitionswissenschaftlichen Forschung berücksichtigt werden.

Das Unterkapitel wird sich mit der Analyse einer impliziten und schwachen Form von Selbstbewusstsein befassen, die in einem subjektiven *Erleben* und nicht im Haben von Ich-Gedanken besteht. In der philosophischen Literatur findet man sie unter sehr verschiedenen Bezeichnungen (die dasselbe oder zumindest ein sehr ähnliches Phänomen bezeichnen): präreflexives Selbst, implizites oder pri-

---

16 Siehe Fichtes Schrift *Versuch einer neuen Darstellung der Wissenschaftslehre* (Fichte 1797/98, 527–529). Siehe dazu auch meine Diskussion des Zirkeleinwands (Crone 2005). Erhellend in diesem Zusammenhang sind auch Dieter Sturmas Überlegungen zu den Einwänden Henrichs sowie zu Wittgensteins Kritik an den Denkmodellen der traditionellen Philosophie (Sturma 1997, 105 ff.).

mitives Selbstgewahrsein, nichtbegriffliches Selbstbewusstsein, Selbstgefühl, subjektive Erlebnis- oder Erfahrungsperspektive, phänomenales Selbstbewusstsein (z. B. Frank 1991; Bermúdez 1995; Sturma 1997; Metzinger 2004; Gallagher/Zahavi 2008; Crone 2009). Ich werde im Folgenden – überwiegend – den Ausdruck „präreflexives Selbstbewusstsein" verwenden, weil er in den Debatten am häufigsten vorkommt; allerdings werde ich den Ausdruck an späterer Stelle kritisieren, ihn aber aus pragmatischen Gründen beibehalten. Ich werde zunächst mit einigen Vorklärungen beginnen. Anschließend werde ich auf vier zentrale strukturelle Eigenschaften dieser Form des Selbstbewusstseins zu sprechen zu kommen: (1) Zeitlichkeit, (2) präreflexive Selbstvertrautheit, (3) Meinigkeit, (4) Perspektivität und sie im Hinblick auf das Selbstverständnis von Personen diskutieren.

2.1 Vorklärungen

Im Zentrum der folgenden Überlegungen steht also eine möglichst genaue Beschreibung des präreflexiven Selbstbewusstseins, das vor allem durch qualitative, phänomenale Eigenschaften charakterisiert ist. Folgende Annahmen, die von phänomenologischen Theorien gemacht werden, sind auch für die vorliegende Untersuchung leitend: Die erste Annahme (1) lautet, dass Selbstbewusstsein kein homogenes Phänomen ist. Vielmehr lassen sich verschiedene Formen voneinander unterscheiden – etwa aufgrund ihres Grades der Artikuliertheit oder Reflektiertheit. Es gibt neben konkreten Selbstzuschreibungen bestimmter Eigenschaften und Zustände (sog. Ich-Gedanken), die sprachlich in Sätzen wie „Ich weiß, dass ich heute schlecht gelaunt bin" ausgedrückt werden, auch nichtreflektierte, implizite Formen von Selbstbewusstsein. Eine zweite Annahme (2) lautet, dass alle konkreten z. B. sachbezogenen mentalen Zustände und propositionalen Einstellungen durch eine subjektive Komponente charakterisiert sind. Bei dieser subjektiven Komponente handelt es sich um das erwähnte implizite, phänomenal erlebte, präreflexive Selbstbewusstsein (Zahavi 2005; Frank 1991). Diese Annahme geht zurück auf klassische phänomenologische Theorien z. B. von Brentano, Husserl und Sartre. Diesen Ansätzen zufolge wird jeder bewusste Objektbezug, etwa eine konkrete Sinneswahrnehmung, propositionale Einstellung, Emotion oder Empfindung, von einem präreflexiven Selbstbewusstsein *begleitet*.[17] Auf-

---

[17] Siehe z. B. Zahavi 2005; Newen/Vogeley 2007; Frank 1991; 2006. Diese Grundauffassung widerspricht Higher-Order-Thought-Theorien von Selbstbewusstsein, denen zufolge es sich genau umgekehrt verhält: So geht etwa Rosenthal davon aus, dass reflektierte (höherstufige) mentale Zustände die Voraussetzung dafür sind, dass ein mentaler Zustand erster Ordnung bewusst wird

grund dieses „Begleitbewusstseins", so die Annahme, kann die Frage, wie es für jemanden ist (wie es sich für jemanden „anfühlt"), in einem bestimmten Zustand zu sein, z. B. eine bestimmte Sinneswahrnehmung zu haben, allererst sinnvoll gestellt werden. Eine dritte Annahme (3) besteht darin, dass das begleitende präreflexive Selbstbewusstsein eine notwendige Bedingung für ein reflektiertes Selbstbewusstsein darstellt. Anders gewendet: Würde ein Subjekt nicht über ein präreflexives Selbstbewusstsein verfügen, wäre es nicht in der Lage, sich reflektierend auf sich selbst zu beziehen, sich zum Gegenstand eines expliziten Gedankens zu machen, weil es dann nämlich gar nicht „wüsste", auf wen oder was es sich dabei beziehen müsste.[18]

Für die Explikation des Selbstverständnisses von Personen ist auch die zeitliche Dimension des präreflexiven Selbstbewusstseins relevant, die allerdings in den meisten aktuellen Ansätzen kaum oder gar nicht thematisiert wird: Die nächste Annahme (4) lautet, dass präreflexives Selbstbewusstsein, das allen objektgerichteten Bewusstseinszuständen zugrunde liegt, zeitlich ausgedehnt sein muss, um argumentieren zu können, dass es die Voraussetzung für ein zeitübergreifendes Selbstverständnis von Personen ist.

Die bislang skizzierten Annahmen weisen das präreflexive Selbstbewusstsein zunächst einer bestimmten strukturellen Kategorie zu: Es handelt sich um eine

---

(vgl. Rosenthal 1997). An dieser Theorie wird besonders kritisiert, dass die Relation zwischen einem mentalen Zustand erster und einem mentalen Zustand zweiter Stufe unklar bzw. problematisch sei. So argumentiert Zahavi z. B., dass der Zustand erster Stufe die Eigenschaft der subjektiven Zugehörigkeit besitzen muss, andernfalls könne die Relation zwischen erstem und zweiten Zustand nicht verständlich gemacht werden (z. B. Zahavi/Parnas 1998). Diese aus meiner Sicht berechtigte Kritik ist eine weitere Motivation für die Annahme eines präreflexiven Selbstbewusstseins.

[18] Ich gehe von der stärkeren Annahme aus, dass es sich dabei nicht nur um eine Erwerbsbedingung, sondern um eine notwendige Bedingung überhaupt handelt. Unter der Annahme, dass präreflexives Selbstbewusstsein sich über körperliche Eigenschaften, z. B. durch somatische Eigenwahrnehmung vermittelt (dazu weiter unten in diesem Kapitel), könnte jemand einen Einwand im Rückgriff auf den pathologischen Fall Ian Waterman konstruieren (Cole/Paillard 1995). Der Patient IW verlor aufgrund eines Unfalls vom Hals abwärts jegliche Körperwahrnehmung und damit die Fähigkeit, sich auf natürlichem Wege im Raum zu orientieren und sich zu bewegen. Er konnte zwar gehen, musste dazu aber seine Beine und Füße genau beobachten, d. h. er musste sich in einem starken Sinn selbst „objektivieren". Dies legt den Schluss nahe, dass er zu reflektiertem Selbstbewusstsein imstande ist, ohne ein körperlich vermitteltes präreflexives Selbstbewusstsein zu haben. Hier ist allerdings zu beachten, dass präreflexives Selbstbewusstsein nicht restlos auf die somatische Eigenwahrnehmung (s. dazu Annahme 5) reduzierbar ist. Unter der Annahme, dass die Fähigkeit, zwischen sich und der Außenwelt zu unterscheiden, eine weitere Funktion des präreflexiven Selbstbewusstseins ist, wäre es unplausibel anzunehmen, dass ein Patient wie IW diesen Unterschied immer nur dann erleben würde, wenn er sich und seinen Körper konkret reflektiert, etwa im Zuge der visuellen Kontrolle.

Form der Selbstbezüglichkeit. Der nächste Schritt besteht nun darin, dessen Eigenschaften näher zu bestimmen und z. B. die subjektive, phänomenale Komponente von mentalen Zuständen in den Blick zu nehmen, also dasjenige, was Thomas Nagel mit der Wendung zum Ausdruck bringt, wonach es für Subjekte der Erfahrung „irgendwie ist", sich in einem mentalen Zustand zu befinden (Nagel 1974). Genau dieses Unterfangen ist allerdings mit besonderen Herausforderungen verbunden. Die Schwierigkeit besteht darin, dass ein vorsprachliches Phänomen (das „Sich-Anfühlen") in Worte gefasst werden muss, um es einer Theorie zuführen zu können. Definitionsgemäß kann man dabei nicht auf bestehende, etablierte Sprachspiele mit bestimmten Gebrauchsregeln für sprachliche Ausdrücke zurückgreifen.[19] Aus dieser Schwierigkeit folgt allerdings keine Aussage über die prinzipielle Unmöglichkeit, Formen des qualitativen Erlebens sprachlich auszudrücken und zu vermitteln. Betrachtet man „Standardfälle" von phänomenalen Zuständen – Schmerzzustände, Stimmungen, Empfindungen -, dann spricht gegen den prinzipiellen Einwand, dass sich Menschen im Alltag häufig darum bemühen, anderen Personen die eigenen solche Zustände zu kommunizieren, und damit Erlebnisinhalte, die möglicherweise keine klare begriffliche oder eine protobegriffliche Struktur aufweisen.[20] Es entspricht jedoch der Alltagserfahrung, dass man Erlebniszustände zum Gegenstand einer Reflexion machen kann, in dem man sich von dem unmittelbar erlebten Gehalt (z. B. eines Empfindungszustandes) distanziert und seine Aufmerksamkeit gezielt darauf richtet, etwa auf die Art und Weise, wie dieser sich manifestiert. Was Klarheit und Präzision betrifft, sind der Beschreibung vorsprachlicher Phänomene allerdings Grenzen gesetzt. Was erreicht werden kann, ist, das Phänomen möglichst genau zu *um*schreiben, sich dem Gehalt des Erlebens so gut es geht deskriptiv anzunähern, z. B. durch Metaphern. Entsprechend kann der Beschreibungsversuch zu einer Begriffsnot führen, die dazu veranlasst, auf sprachliche Hilfskonstruktionen, metaphorische Ausdrücke und analoge Beschreibungen zurück zu greifen.

---

19 Eine mögliche Erklärung hierfür ist, dass der Gehalt phänomenaler Zustände feinkörniger ist als der von z. B. propositionalen Zuständen. Begriffe, die den Gehalt propositionaler Zustände ausmachen, wären unter dieser Annahme zu „grob", um den Gehalt phänomenaler Zustände zu erfassen. Siehe dazu auch die Diskussion zum nichtbegrifflichen Gehalt mentaler Zustände (z. B. die Aufsatzsammlung von Gunther 2003).
20 Wittgensteins Privatsprachenargument wäre hier kein tragfähiger Einwand. Zwar handelt es sich bei dem vorliegenden Fall um den Versuch, Phänomene zu beschreiben, für die es in der natürlichen Sprache keine Ausdrücke gibt (die Art der Rotempfindung beim Anblick einer Rose); es wird hier jedoch gerade der Anspruch erhoben, die Bedeutung von subjektiv gegebenen phänomenalen Gehalten zu kommunizieren, auch wenn die dabei verwendeten Ausdrücke in diesem Kontext prima facie vage und erläuterungsbedürftig sind.

Eine weitere Annahme (5) besteht darin, dass phänomenales, zeitlich ausgedehntes präreflexives Selbstbewusstsein körperlich vermittelt ist. Die qualitativen Eigenschaften des präreflexiven Selbstbewusstseins hängen aufs Engste mit der Körperlichkeit des Erfahrungssubjekts zusammen. Kontinuierliches Körpergewahrsein ist bedingt durch eine kontinuierliche Quelle interner und externer Inputs (z. B. Metzinger 2000, 19). Ein Organismus nimmt fortwährend unterschiedliche Stimuli in sich auf, deren Informationen er verarbeitet, und dies verändert seinen Zustand; dabei handelt es sich zum einen um äußere Reize, die durch seine beständige Interaktion mit der Umwelt entstehen, zum anderen sind es innere propriozeptive Stimuli, die ihn affizieren. Körpergewahrsein, als qualitative Dimension des Körperbildes,[21] entsteht, wenn der körperliche Gesamtzustand des Organismus eine Veränderung an sich unterschwellig „bemerkt".[22]

Eine offene Frage ist, ob das präreflexive Selbstbewusstsein als Phänomen zu beschreiben ist, das einen „Gehalt" hat – ob man es also als eine Form der Repräsentation auffassen kann. Das ist im Hinblick auf phänomenales Erleben generell umstritten. Es existieren Vorschläge, denen zufolge das präreflexive Selbstbewusstsein einen Gehalt hat, der jedoch nicht begrifflich strukturiert ist (Bermúdez 2000; 2001). Diese Frage ist jedoch für die vorliegende Untersuchung nicht weiter relevant.

In den nun anschließenden Überlegungen werde ich versuchen, die Eigenschaften des präreflexiven Selbstbewusstseins – orientiert an phänomenologischen Bewusstseinstheorien – genauer zu bestimmen. Dabei werde ich ein mentalistisch geprägtes Vokabular gebrauchen, in dem die Körpergebundenheit des phänomenalen Erlebens vorausgesetzt wird.

2.2 Eigenschaften des präreflexiven Selbstbewusstseins: vier Hauptmerkmale

Anknüpfungspunkt für die folgenden Vorschlägen sind Theorien des Selbstbewusstseins, die sich mehr oder weniger explizit auf phänomenologische Annahmen stützen, z. B. neuere Beiträge von Manfred Frank (2002), Dan Zahavi (2005)

---

21 Nach Shaun Gallagher zeichnet sich das Körperbild (*body image*) durch einen intentionalen Objektbezug zum eigenen Körper aus. Strukturell handelt es sich dabei um eine Form der reflektierten und selbstreferenziellen Intentionalität. Mit diesem intentionalen Körperbild verbindet sich aber ein nichtintentionales Körpergewahrsein oder Körpererleben (*body percept*) (Gallagher 2005, 25 f.).
22 Diese empirische Annahme wird in Kapitel 3. im Kontext empirischer Erklärungen des (Selbst-)Bewusstseins ausführlicher erläutert.

und Shaun Gallagher (2008), die in letzter Zeit zunehmend auch von Philosophen der analytischen Tradition aufgegriffen werden, etwa von Owen Flanagan (1992), Lynne Baker (2000; 2012) und Uriah Kriegel (2004).

Um zeigen zu können, dass das präreflexive Selbstbewusstsein in einem grundlegenden Sinn durch die Eigenschaft der Kontinuität charakterisiert ist, muss der Zusammenhang von Selbstbewusstsein und Zeitlichkeit geklärt werden. Dies führt zu der Frage nach der zeitlichen Struktur des subjektiven Erlebens, die in phänomenologischer Perspektive vor allem Edmund Husserl eingehend untersucht hat (Husserl 1985; 2000). Dabei ist zu beachten, dass sich Husserls Theorie des inneren Zeitbewusstseins eigentlich nicht mit den temporalen Eigenschaften des präreflexiven Selbstbewusstseins, sondern vielmehr mit der Zeitlichkeit objektgerichteter mentaler Akte befasst. Die Theorie soll erklären, warum ein Gegenstand, auf den sich mehrere Token mentaler Akte richten, sich als über die Zeit hinweg identisch „zeigt". Ich werde im Folgenden jedoch verdeutlichen, dass sich Husserls Einsichten über die zeitliche Struktur auch auf das präreflexive Selbstbewusstsein übertragen lassen.

2.2.1 Zeitliches Erleben

Aus der Perspektive der Alltagserfahrung erscheint es unstrittig, dass konkret bewusste Zustände und Prozesse, etwa Wahrnehmungen, propositionale Einstellungen und Emotionen, nicht punktuell und augenblicklich auftreten, sondern eine subjektiv erlebte zeitliche Dauer besitzen. Sie entstehen, manchmal ganz allmählich, sie sind eine Weile präsent, irgendwann treten sie in den Hintergrund, bevor sie ganz verschwinden. Der Übergang zwischen bewussten Zuständen mit unterschiedlichen Inhalten vollzieht sich in der Regel nicht abrupt, sondern stetig. Diese Alltagserfahrung erlaubt es, mentale Prozesse bildlich als „stromförmig" zu bezeichnen. Was das heißt, lässt sich mithilfe von Husserls Analyse des subjektiven Zeiterlebens präzisieren – auch wenn die Darstellung hier nur knapp sein kann.

Wie erwähnt, zielen Husserls Überlegungen zum „inneren Zeitbewusstsein" in erster Linie darauf, den zeitlichen Verlauf intentionaler Akte zu fokussieren, also die komplexe temporale Struktur von solchen mentalen Zuständen, die sich auf einen Gegenstand richten (z. B. das Denken an etwas, das Bewundern von etwas, die Angst vor etwas). Ausgeklammert von Husserls Überlegungen bleiben dagegen mentale Zustände wie Empfindungen und Stimmungen. Husserls These ist, dass subjektives Zeitbewusstsein durch die stetige Modifikation inhaltlich gehaltvoller Zustände zustande kommt (Husserl 2000, 387–393). Gegenstandsbezogene Akte unterliegen einem beständigen Wandel, sie sind Teil eines „Bewusstseinsstroms". Husserl unterscheidet drei Dimensionen, die für die subjektive erlebte Zeitlichkeit charakteristisch sind: Das „Jetztbewusstsein", die „Retention" (das „Nicht-mehr") und die „Protention" (das „Noch-nicht"). Mit Jetztbewusstsein bezeichnet Husserl ein gegenwärtiges Wahrnehmen, das auch als Akzentuierung oder Intensivierung eines gegebenen Inhalts beschrieben werden kann. Jetztbewusstsein wandelt sich in ein „Gewesenes" und wird von einem neuen Jetztbewusstsein abgelöst, in dem es als eine Form der Erinnerung präsent bleibt. Diese Dimension, die in Husserls theoretischen Überlegungen im Zentrum steht und die auch in neueren phänomenologischen Theorien der Zeit eine wichtige Rolle einnimmt, bezeichnet Husserl als *Retention:* Ein aktuell bewusster Inhalt verschwindet nicht einfach, sondern „verklingt" allmählich. Beschrieben wird damit eine „charakteristische Übergangsempfindung", in der „Deutliches undeutlich wird und umgekehrt" (Husserl 1985, 13). Wenn man beispielsweise hört, wie jemand einen Satz äußert, dann ist der Satzanfang, sobald der Satz zu Ende gebracht wird, zwar längst verhallt, er bleibt aber weiterhin gegenwärtig; wäre dies nicht der Fall, dann wäre man nicht in der Lage, den Sinn des Satzes zu verstehen. Husserls Lieblingsbeispiel ist das Hören einer Melodie, einer Folge von Tonwahrnehmungen, die kontinuierlich und lückenlos ineinander übergehen. Dieses Phänomen erklärt nach Husserl die Retention: Der Gehalt eines Jetztbewusstseins, z. B. die auditive Wahrnehmung eines Tons, vergeht zwar und rückt in die Vergangenheit, wird aber im darauf folgenden Jetztbewusstsein „festgehalten" und bleibt darin als Erinnerungsbewusstsein präsent.

Der Ausdruck „Protention" bezeichnet – komplementär zur Retention – das Merkmal der „vorwärtsgerichteten Intention" von inhaltlich gehaltvollen Zuständen (Husserl 1985, 33). Eine objektgerichtete Einstellung zeichnet sich durch die Erwartung aus, dass sich der aktuelle mentale Zustand verändern und in einen weiteren übergehen wird; man ist auf ein neues, modifiziertes Jetztbewusstsein gefasst. Um beim erwähnten Beispiel zu bleiben: Wenn der Beginn eines Satzes, eine Folge von Wörtern, geäußert wird, dann hat man als Hörer die Erwartung, dass der Satz weitergeführt und schließlich zu Ende gebracht wird. Häufig hat man, ohne dass das nächste Wort bereits konkret geäußert wurde, eine Ahnung, wie der Satz weiter lauten wird. Eine wichtige Einsicht Husserls ist, dass zeitliches Erleben nicht als selbstständiger mentaler Akt aufzufassen ist, der sich an inhaltlich konkrete Zustände anhängt; vielmehr ist Zeitbewusstsein strukturell im mentalen Objektbezug bereits enthalten.

Wie erwähnt, soll die von Husserl beschriebene subjektive Zeitlichkeit vor allem erklären, wie es möglich ist, dass sich sukzessive mentale Akte auf ein Objekt richten, das über die Zeit hinweg *identisch* ist. Von einer möglicherweise entsprechenden zeitlichen Struktur präreflexiven Selbstbewusstseins spricht Husserl nicht, oder zumindest nicht explizit. Zu bedenken ist dabei allerdings, dass intentionale Akte nach Husserl stets einen doppelten Charakter haben: Sie zeichnen sich zum einen durch einen Bezug auf ein Objekt aus, z. B. ein Stück Kuchen, auf das ich gerade Hunger habe; zum anderen enthalten sie einen impliziten Selbstbezug, was heißt, dass sich der mentale Zustand als *mein* Zustand präsentiert (*ich* bin hungrig auf das Stück Kuchen). Die Analyse der verschiedenen Zeitdimensionen als strukturelle Eigenschaften mentaler Akte gilt also für beide Aspekte eines gegebenen mentalen Aktes gleichermaßen: für den Objektbezug und das begleitende Selbstgewahrsein. Das allmähliche Schwächerwerden z. B. einer olfaktorischen Wahrnehmung, deren Überführung in eine Erinnerung und die Erwartung eines neuen Zustands, wird von einem entsprechenden Selbstgewahrsein begleitet, das heißt, ich habe ein implizites kontinuierliches Bewusstsein, Subjekt der Erfahrungen zu sein. Husserls Überlegungen stützen insofern indirekt die Annahme, dass das präreflexive Selbstbewusstsein eine kontinuierliche, „stromförmige" Struktur hat.

Diese vorerst grobe Beschreibung ist freilich erläuterungsbedürftig. Es drängt sich die Frage auf, was mit der Aussage, dass präreflexives Selbstbewusstsein kontinuierlich und zeitlich ausgedehnt ist, eigentlich genau gemeint ist, z. B. wie umfassend und weitreichend diese Kontinuität ist und welche weitergehenden Funktionen für das Selbstverständnis hiermit verbunden sind. Diesbezügliche Präzisierungen spielen eine zentrale Rolle für die Frage der diachronen Identität von Personen. Kann mir die Kontinuität meines Erlebens in einem umfassenden Sinn vermitteln, dass ich als Subjekt über die Zeit hinweg existiere? Intuitiv scheint es naheliegend, dass die phänomenale Kontinuität der erstpersonalen Perspektive eine konstitutive Bedeutung für die Fortdauer einer Person und für ihr diachrones Selbstverständnis hat. In Teil II. werde ich mich diesen Fragen kritisch zuwenden und die Eigenschaft der Zeitlichkeit der subjektiven Erlebnisperspektive vor diesem Hintergrund präzisieren.

2.2.2 Präreflexive Selbstvertrautheit

Neben dem zeitlichen Erleben zeichnet sich das präreflexive Selbstbewusstsein durch weitere phänomenale Eigenschaften aus. Phänomenologische Theorien betonen, dass das präreflexive Selbstbewusstsein, im Unterschied z. B. zu einem reflektierten Bewusstsein (als Aussagen formuliert „Der Tisch ist grün und rund"; „Ich wurde im Mai geboren"), durch die Eigenschaft der *Unmittelbarkeit* charakterisiert ist. Gemeint ist damit, dass der betreffende mentale Zustand nicht begrifflich vermittelt oder das Ergebnis von Inferenzen ist: Man muss nicht über einen Begriff oder eine Vorstellung von sich, z. B. als konkrete Person mit bestimmten Eigenschaften, verfügen, um sich, im Sinne des präreflexiven Selbstbewusstseins, seiner selbst gewahr zu sein. Diese Kerneigenschaft, in den Theorien oftmals als „präreflexive Selbstvertrautheit" bezeichnet, wird als Komponente sämtlicher intentionaler Zustände oder Empfindungszustände betrachtet (Frank 1991; Zahavi 2005; Gallagher/Zahavi 2006): Man nimmt von den eigenen Bewusstseinszuständen unmittelbar Notiz, insofern sie von einem „Ich-Gefühl" begleitet werden. Dieses Ich-Gefühl ist allerdings normalerweise nicht in einer Weise bewusst, die es dem Subjekt erlauben würde, darüber zu berichten. Dies wird erst möglich, wenn es seine Aufmerksamkeit gezielt darauf lenkt, was durch innere oder äußere Reize getriggert werden kann. Da das Ich-Gefühl, anders als etwa konkrete intentionale Zustände, definitionsgemäß keinen klar strukturierten Gehalt hat und zudem im Hintergrund inhaltlich konkreter Zustände läuft, kann es auch als unterschwelliges, unausgedrücktes Gewahrsein, anwesend zu sein, beschrieben werden (Zahavi 2005; Frank 2002).

Der Ausdruck „präreflexive Selbstvertrautheit" verweist auf die Eigenschaft, von den eigenen (sich verändernden) körperlichen und mentalen Zuständen unmittelbare Kenntnis zu haben, die nicht über Begriffe vermittelt ist. Diese Kenntnis wird als unmittelbar gegeben erfahren, man muss also nicht nachdenken, reflektieren oder andere kognitive Operationen durchführen, um in diesem Zustand zu sein. Die bloße Tatsache einer erstpersonalen Perspektive – das legt die Beschreibung nahe – impliziert, dass sich der Perspektivinhaber stets in einem minimalen Sinn bewusst ist. Zu beachten ist dabei, dass in dieser Beschreibung eine Selbst-Welt-Unterscheidung vorausgesetzt ist. Wer präreflexiv mit *seinen* Zuständen vertraut ist, unterscheidet notwendigerweise zwischen sich und der Welt.

In terminologischer Hinsicht ist die Formulierung „präreflexive Selbstvertrautheit" (ähnlich wie die verwandten Ausdrücke „Selbst-Vertrautheit", „Ich-Gefühl" und „Selbst-Gegebenheit") allerdings problematisch, weil man legitimerweise fragen kann, worauf „Selbst" eigentlich referiert, mit dem man der Annahme nach unmittelbar vertraut sein soll. Zum einen könnte man einwenden, dass die Beschreibung zirkulär ist, weil der Ausdruck eine Form des Selbstbewusstseins vorauszusetzen scheint, worauf sich mental bezogen wird; das bereits erwähnte Zirkelproblem des Selbstbewusstseins wäre somit lediglich verschoben. Ein anderer Vorwurf könnte lauten, dass der Ausdruck auf eine (implizite) ontologisch problematische Annahme hinweist, wonach es ein substanzielles „Selbst" gibt, auf das man sich mental bezieht. Meines Erachtens trifft weder die eine noch die andere kritische Interpretation zu. Aus meiner Sicht handelt es sich bei der Formulierung um eine Hilfskonstruktion, die der Tatsache geschuldet ist, dass qualitative Eigenschaften allgemein sprachlich schwer zu fassen sind und die Alltagssprache hierfür nur selten Ausdrücke bereitstellt. Die Verwendung solcher Hilfskonstruktionen zielt darauf, zumindest den Kern eines Phänomens in einer intersubjektiv nachvollziehbaren Weise zum Ausdruck bringen, was ausreicht, um sie in phänomenologischen Argumenten verwenden zu können (s. dazu auch Crone 2008).

Zwischen der Eigenschaft phänomenaler Selbstvertrautheit und den im letzten Kapitel diskutierten semantischen Eigenschaften des indexikalischen Ausdrucks „ich" zeigen sich sachliche Verbindungen. Dies betrifft vor allem die von Wittgenstein und Shoemaker hervorgehobene Eigenschaft von erstpersonalen Aussagen, in denen die Bezugnahme auf die erste Person, auf den Sprecher einer Aussage, gegen den Irrtum durch Fehlidentifikation immun ist, weil die Selbstreferenz kriterienlos erfolgt. Hier liegt die Annahme nahe, dass die eigentümliche Semantik von „ich", die Irrtumsimmunität hinsichtlich der ersten Person, explanatorisch damit zusammenhängt, dass man über ein präreflexives Selbstbewusstsein verfügt, über eine erlebte unmittelbare Selbstgegebenheitsweise.

Auf diesen Zusammenhang haben einige phänomenologische Ansätze bereits hingewiesen (Zahavi/Parnas 1998; Gallagher 2000). Allerdings wird dabei leicht übersehen, dass die Irrtumsimmunität hinsichtlich der ersten Person (kriterienlose Selbstreferenz) und präreflexive Selbstvertrautheit nicht ein und dasselbe Phänomen bezeichnen – einmal aus sprachanalytischer und einmal aus phänomenologischer Perspektive gefasst. „Referenz" ist eine Eigenschaft von linguistischen Entitäten, von Ausdrücken, mit deren Hilfe auf etwas Bezug genommen wird, und nicht von mentalen Phänomenen. Es lässt sich jedoch behaupten, dass präreflexive Selbstvertrautheit die *Voraussetzung* für den kriterienlosen Gebrauch des Indexwortes „ich" darstellt. Die Semantik von „ich" und die besonderen Verwendungsregeln führen auf die Tatsache zurück, dass Personen über präreflexive Selbstvertrautheit verfügen. Es ist diese erlebte Selbstgegebenheitsweise, die erklärt, warum der Gebrauch von „ich" keine Identifikation voraussetzt – und deswegen gegen den Irrtum durch Fehlidentifikation immun ist.

Hier könnte man allerdings einwenden, dass Shoemakers Argumentation insgesamt auf der Annahme einer komplexeren Form von Selbstbewusstsein basiert, da er sein Argument auf Selbstzuschreibungen bestimmter psychologischer Prädikate aufbaut. Und solche Selbstzuschreibungen sind Ich-Gedanken, die der Sache nach komplexer sind als bloße Selbstgegebenheitsweisen. Dabei darf jedoch nicht übersehen werden, dass Shoemaker eine Klasse psychologischer Prädikate unterscheidet, deren Zuschreibung notwendigerweise mit Irrtumsimmunität durch Fehlidentifikation der ersten Person einhergeht. Wie in Abschnitt 1.2. erläutert, handelt sich um Zustände, die man „von innen" erlebt, die durch so genannte P*-Prädikate ausgedrückt werden, wie z. B. „einen Schmerz empfinden". Wenn eine Person auf diese Weise von der Instanziierung eines P*-Prädikats weiß, dann weiß sie notwendigerweise, dass das Prädikat in ihr selbst instanziiert ist (Shoemaker 1968, 656). Es ist genau diese bei Shoemaker angedeutete Form des Selbsterlebens, die als Voraussetzung für die Irrtumsimmunität bloß genannt, von phänomenologischen Theorien aber weiter expliziert wird. Der Verweis auf das Phänomen der Selbstvertrautheit macht die Irrtumsimmunität durch Fehlidentifikation bezüglich der ersten Person *verständlich*. Darüber hinaus folge ich phänomenologischen Theorien in der Annahme, dass unmittelbare oder präreflexive Selbstvertrautheit eine notwendige Bedingung für reflektiertes Selbstbewusstsein in Form von konkreten Selbstzuschreibungen ist. Allerdings müssen weitere Bedingungen erfüllt sein, wenn man eine komplexe, reflektierte Form des Selbstbewusstseins angemessen beschreiben will. Hierfür bedarf es beispielsweise begrifflicher Fähigkeiten als weiterer notwendiger Bedingungen, einer größeren kognitiv verfügbaren Informationsdichte sowie einer sozialen Umgebung (z. B. Newen/Vogeley 2007, 105 f.). Dies wird Gegenstand von Kapitel 4. sein.

2.2.3 Meinigkeit

Eng verknüpft mit dem Merkmal der präreflexiven Selbstvertrautheit ist das Merkmal der „Meinigkeit"; ein Äquivalent für diesen künstlichen Ausdruck ist der in der englischsprachigen Literatur gebräuchliche Ausdruck „sense of ownership". „Meinigkeit" verweist auf ein weiteres qualitatives Charakteristikum von Selbstbewusstsein, und zwar auf den Sachverhalt, dass bewusste mentale Zustände stets als subjektiv „zugehörig" erfahren werden (Zahavi 2005; Metzinger 2000). Wenn ich etwa einen bestimmten Gedanken fasse, zum Beispiel wie lang mein letzter Urlaub zurück liegt, und mir dann überlege, wo die nächste Reise hingehen könnte, dann erlebe ich die Sequenz dieser mentalen Episoden als in mir entstanden und in mir stattfindend und insofern mir direkt angehörig; die Gedanken sind nicht die einer anderen Person, sondern *meine* Gedanken.

Das Merkmal der Meinigkeit hängt mit präreflexiver Selbstvertrautheit eng zusammen: Es verweist ebenfalls auf die Tatsache, dass man mit den eigenen mentalen Episoden, Willensakten und psychophysischen Zuständen in unmittelbarer Weise bekannt ist, ohne dass man dabei überlegen oder abwägen müsste; ich muss nicht darüber nachdenken, ob es sich dabei tatsächlich um *meine* Gedanken handelt. Präreflexive Selbstvertrautheit bezeichnet nach meinem Verständnis allerdings eher *allgemein* den Zustand des Selbstgewahrseins, in dem man sich der Annahme nach fortwährend befindet. Ich verstehe das Merkmal der „Meinigkeit" als spezifischer auf konkrete einzelne Zustände und Eigenschaften bezogen, auf die erlebte Verbundenheit des Subjekts mit ihnen. Insofern kann man sagen, dass das Merkmal der Meinigkeit eine Spezifikation von präreflexiver Selbstvertrautheit ist.

Erlebe ich einen psychophysischen Zustand als meinen Zustand, dann geschieht dies in direkter nichtinferenzieller Weise (Zahavi/Parnas 1998, 694). Das heißt: Es ist nicht zutreffend, dass ich zunächst einen Schmerz ausfindig mache, um ihn anschließend, in einem weiteren kognitiven Schritt, als meinen Schmerz zu identifizieren.

Das Merkmal der qualitativ erlebten Zugehörigkeit von mentalen Zuständen und Episoden tritt phänomenal in unterschiedlichen Graden in Erscheinung. In perzeptiven Zuständen, wie z. B. beim Sehen einer grellen Farbe oder beim Riechen eines scharfen Geruchs, vor allem aber bei Schmerzempfindungen ist dieses Merkmal besonders eindringlich vorhanden: Schmerzen werden besonders stark als „eigene" wahrgenommen, weil sie den Organismus insgesamt in direkter Weise betreffen. Das intensive Erleben der eigenen Verbundenheit mit psychophysischen Zuständen tritt auch bei der Selbstzuschreibung von Handlungen auf, was als *Gefühl der praktischen Urheberschaft* (*sense of agency*) bezeichnet wird.[23] Das Durchführen einer simplen Rechenaufgabe oder das Betrachten eines Papiertaschentuchs kann dagegen als weniger eindringlich erlebt werden und insofern als weniger intensiv mit einem selbst verbunden erscheinen.

Dass man der Annahme nach die Verbundenheit mit den eigenen psychophysischen Zuständen erlebt, bedeutet allerdings nicht, dass der Gehalt dieser Zustände einem damit zugleich transparent und verständlich wäre. Hervorgehoben wird hier allein der Erlebnisaspekt, von dem solche Zustände strukturell geprägt sind. Auch hier lässt sich wieder eine Brücke zu sprachanalytischen Überlegungen schlagen. Im letzten Kapitel wurde für eine eingeschränkte Autorität der ersten Person argumentiert, die in Selbstzuschreibungen bestimmter Prädikate manifest ist. Ein explanatorischer Zusammenhang zur Eigenschaft der Meinigkeit, dem unmittelbaren Erleben psychophysischer Zustände, scheint naheliegend. Ich habe deswegen einen privilegierten Zugang zu meinen eigenen psychophysischen Zuständen und bin in einer besseren Position, über ihren erlebnishaften Gehalt zu urteilen, weil sie mir als *meine* Zustände gegeben sind.

Im Zusammenhang mit der Eigenschaft der Zeitlichkeit präreflexiven Selbstbewusstseins wurde oben das Merkmal der Kontinuität angesprochen, das auch in den Folgekapiteln weiterhin eine Rolle spielen wird. Wie lässt sich das Merkmal der erlebten Zugehörigkeit psychophysischer Zustände vor diesem Hintergrund genauer verstehen? Man könnte annehmen, dass die erlebte Zugehörigkeit von einzelnen Zuständen sich an den jeweiligen Gehalt des Zustandes „anpasst" und

---

[23] Weiterführend ist hier die begriffliche Präzisierung des Bewusstseins praktischer Urheberschaft – im Rückgriff auf die Unterscheidung zwischen einem impliziten und nichtbegrifflichen „feeling of agency" und einem expliziten „judgement of agency" von Synofzik/Vosgerau/Newen 2008.

somit einem beständigen Wechsel unterliegt. Dies erscheint jedoch bereits aus begrifflichen Gründen unplausibel: Dass ich verschiedene Zustände *sämtlich* als meine erlebe, verweist auf einen invarianten Aspekt. Das Merkmal der Meinigkeit bleibt offenbar formal konstant bei inhaltlicher Diskontinuität verschiedener mentaler Zustände, die aufeinander folgen bzw. ineinander übergehen. Diese These wird auch empirisch bestätigt, was im nächsten Kapitel weiter diskutiert wird. So hebt z. B. Antonio Damasio hervor, dass körperliche Veränderungen dem Organismus fortwährend angezeigt werden, der Gesamtzustand des Organismus permanent „aktualisiert" wird. Diese kontinuierlichen Aktualisierungen machen eine formal invariante Struktur erkennbar, von der sich zeigen lässt, dass sie die Voraussetzung für erlebte Konstanz ist.

2.2.4 Perspektivität

Ein weiteres Merkmal des präreflexiven Selbstbewusstseins besteht in seiner Perspektivität oder Zentriertheit (Metzinger 1993; 2000). Dieses Merkmal kennzeichnet den „räumlichen" Aspekt präreflexiven Selbstbewusstseins. Bewusste mentale Zustände haben ein Zentrum, sie sind stets perspektiviert. Dies hängt eng mit der körperlichen Position von Erfahrungssubjekten im Raum zusammen, von der aus sie sich auf die Welt beziehen. Zentriertheit impliziert daher u. a. eine zumindest implizite Unterscheidung zwischen dem eigenen Standpunkt und der Welt. Präreflexives Selbstbewusstsein zu haben bedeutet, dass erlebte mentale Zustände einen Fokus haben. „Zentriertheit" ist daher ein wichtiges Strukturmerkmal der Perspektive der ersten Person und Teil der erlebten Selbstgegebenheit. Wie lässt sich der Erlebnisaspekt der subjektiven Perspektive aber genauer fassen?

Thomas Nagel macht in *The View From Nowhere* (1986) auf den augenscheinlich paradoxen Sachverhalt aufmerksam, dass man als Person zwar über eine subjektive Perspektive verfügt, für die es prima facie charakteristisch ist, dass man von einem Punkt aus den Blick auf die Welt richtet; allerdings weist Nagel darauf hin, dass man sich zugleich auch von außen als ein existierendes bewusstseinsfähiges Wesen unter vielen anderen bewusstseinsfähigen Wesen betrachten kann, die ihrerseits eine subjektive Bewusstseinsperspektive besitzen. Auf diese Weise werden die eigenen Erlebnisse als „innerweltliche" Ereignisse aufgefasst, was zugleich heißt, dass man sich als Teil einer „zentrumslosen" Welt auffasst (Nagel 1986, 56). An dieser Beschreibung wird jedoch deutlich, dass Nagel eine anspruchsvollere Bedeutung von „Perspektivität" in den Blick nimmt als die hier verstandene Eigenschaft des präreflexiven Selbstbewusstseins. Nagel thematisiert das Problem, was es eigentlich heißt, die subjektive Perspektive aus eben dieser Perspektive heraus zu reflektieren. Konkreter formuliert: Unter welchen Bedingungen können subjektiv bewusste Zustände zum Gegenstand von Gedanken gemacht werden – was bedeutet es für den Modus des subjektiven Erlebens, wenn man sich reflektierend auf subjektiv erlebte Zustände bezieht? Nagel argumentiert, dass sich der subjektive Aspekt bewussten Erlebens nur bis zu einem gewissen Grad, aber nicht vollständig, objektivieren lässt. Zwar liegt hier die Annahme nahe, dass sich mithilfe phänomenologischer Beschreibungen weiter erhellen lässt, warum dies so ist; dennoch ist deutlich, dass Nagel den Modus der Reflexion in den Mittelpunkt seiner Analyse der erstpersonalen Perspektive stellt und insofern auf einer anderen Ebene als phänomenologische Beschreibungen präreflexiver Eigenschaften des Selbstbewusstseins ansetzt.

Ähnliches gilt für den Vorschlag von Lynne Baker. Sie unterscheidet zwischen schwachen und starken Phänomenen der Perspektive der ersten Person (Baker 2000, 60–67), beziehungsweise – in aktuellen Beiträgen – zwischen einer *rudimentären* und einer *robusten* Perspektive der ersten Person (Baker 2012, 20–26). Über eine rudimentäre Perspektive der ersten Person verfügen nach Baker bewusstseinsfähige Wesen, die keine Personen sind (z. B. Tiere, Säuglinge), wohingegen eine robuste Perspektive der ersten Person nur Personen zugeschrieben werden kann – aufgrund besonderer kognitiver und linguistischer Fähigkeiten. Was beide als Perspektive auszeichnet und ihnen daher gemeinsam ist, ist, dass sie als Blick auf die Umgebung mit einer spezifischen raumzeitlichen Orientierung beschrieben werden können. Diese Eigenschaft wird als Bedingung für konkrete intentionale Zustände ausgezeichnet: Mentale Zustände, die sich auf Objekte richten, sind perspektiviert. Sie sind raumzeitlich „gerahmt". Wahrnehmungsgegenstände werden in Relation zum eigenen Standpunkt lokalisiert (Baker 2000, 67). Gedanken entstehen in einer bestimmten Situation und Umgebung. Baker argumentiert darüber hinaus für die ontogenetische These, dass menschliche Wesen im vorsprachlichen Alter, denen man zunächst nur eine rudimentäre Perspektive der ersten Person zuschreiben kann, im Laufe der Entwicklung anderer kognitiver Fähigkeiten eine robuste Perspektive ausbilden, von der man allererst sagen kann, dass sie eine Form von Selbstbewusstsein ist; das wichtigste Indiz für das Vorhandensein von Selbstbewusstsein (robuste Perspektive) ist, dass man über einen Begriff von sich verfügt, was daran erkennbar ist, dass man zu komplexen, indirekten Selbstbezugnahmen in der Lage ist („*Ich* wollte, *ich* wäre groß" – sog. Ich*-Sätze im Sinne Castañedas). Wer die Fähigkeit hat, die eigene Perspektive zu konzeptualisieren, die eigene Perspektive *als* die eigene zu verstehen (etwa im Unterschied zu Perspektiven anderer Personen), verfügt nach Baker über eine personenspezifische Perspektive der ersten Person. Genau hierauf konzentrieren sich Bakers Überlegungen: auf die Beschreibung der reflektierten Perspektive der ersten Person. Zwar wird auch der Vorläufer dieser Fähigkeit thematisiert (die rudimentäre Perspektive), allerdings in erster Linie in der Funktion eines Abgrenzungsbegriffs.

Dies entspricht dem Fokus vieler Theorien außerhalb der phänomenologischen Tradition. Das gilt, wie gezeigt, sowohl für die meisten sprachanalytischen Ansätze als auch für die erwähnten Higher-Order-Thought-Theorien zum Selbstbewusstsein (Rosenthal 1986; Carruthers 1996). Die Ausführungen dieses Unterkapitels haben jedoch gezeigt, dass phänomenologische Ansätze auf Strukturmerkmale aufmerksam machen, mit deren Hilfe sich epistemische und semantische Eigenschaften von reflektiertem Selbstbewusstsein besser verständlich machen lassen.

2.3 Zusammenfassung

Eine wichtige allgemeine These der vorliegenden Untersuchung ist, dass sich reflektiertes Selbstbewusstsein in unterschiedlichen Komplexitätsgraden und Formen manifestiert: Die Fähigkeit zu Ich-Gedanken und einfachen Selbstzuschreibungen („Ich habe Zahnschmerzen") sowie komplexeren Selbstzuschreibungen („Ich wollte, ich wäre groß") und zu Selbstzuschreibungen von Charaktereigenschaften („Ich bin ein schüchterner Mensch") sind Spielarten von reflektiertem Selbstbewusstsein. Wie im vorigen Kapitel gezeigt wurde, werden von sprachanalytischen Ansätzen wichtige Eigenschaften identifiziert und analysiert. Dabei bleiben jedoch relevante Fragen unbeantwortet: Wodurch erklärt es sich, dass erstpersonale Äußerungen die Eigenschaft der Irrtumsimmunität durch Fehlidentifikation bezüglich der ersten Person haben, wie Wittgenstein und Shoemaker hervorheben? Aufgrund welcher Eigenschaften gibt es eine zumindest eingeschränkte Autorität der ersten Person in Bezug auf Selbstzuschreibungen bestimmter Prädikate? In diesem Kapitel wurde dafür argumentiert, dass sich diese Fragen im Rückgriff auf phänomenologische Theorien des Selbstbewusstseins weiter klären lassen.

Die Grundeinsicht solcher Ansätze ist, dass Selbstbewusstsein kein homogenes Phänomen ist. Eine nichtsprachliche, nichtreflektierte Form – präreflexives Selbstbewusstsein – lässt sich mithilfe von erlebnishaften Merkmalen genauer beschreiben. In den Blick genommen wurden vier Hauptmerkmale: 1. Zeitlichkeit („Stromförmigkeit" von selbstbewussten Zuständen); 2. präreflexive Selbstvertrautheit (das Gefühl des subjektiven Gegebenseins); 3. Meinigkeit (das Gefühl der direkten Verbundenheit mit psychophysischen Zuständen – *sense of ownership*); und 4. Zentriertheit (mentale Zustände sind perspektiviert).

Auf die sprachlichen Schwierigkeiten, mit denen eine phänomenologische Beschreibung von erlebnishaften Aspekten bewusster mentaler Zustände konfrontiert ist, wurde zu Beginn des Kapitels bereits hingewiesen. Nun kann man insgesamt an dem Ausdruck „präreflexives Selbstbewusstsein" kritisieren, dass er missverständlich ist, denn er scheint zu suggerieren, es handele sich bei dem damit bezeichneten Phänomen um ein „vollwertiges" und selbstständiges Selbstbewusstsein. Der Ausdruck „Selbstbewusstsein" – ob nun präreflexiv oder reflexiv – scheint diese Interpretation nahezulegen. Die Ausführungen dieses Kapitels haben jedoch gezeigt, dass diese Lesart falsch ist: Präreflexives Selbstbewusstsein wurde als ein Aspekt objektbezogener mentaler Zustände analysiert; es ist gerade kein von diesen Zuständen unabhängiges Phänomen. Um solche Fehldeutungen zu vermeiden, halte ich es grundsätzlich für angemessener, von einer „subjektiven Erlebnisperspektive" zu sprechen. In dieser Formulierung bleiben sowohl der Selbstbezug als auch der minimale Erlebnisaspekt enthalten; zugleich wird deutlich gemacht, dass es sich dabei nicht um ein selbstständiges Phänomen handelt, das losgelöst von objektgerichteten Zuständen existiert. Weil sich der Ausdruck „präreflexives Selbstbewusstsein" innerhalb der Debatten jedoch etabliert hat, scheint es dennoch angemessen, ihn (mit Bedacht) weiter zu verwenden.

Präreflexives Selbstbewusstsein lässt sich unabhängig von Sprachfähigkeit analysieren und kann insofern auch nichtsprachlichen Lebewesen zugeschrieben werden. Die hier vertretene These, dass es sprachabhängigen, reflektierten und propositional strukturierten Formen des Selbstbewusstseins zugrunde liegt, wird im folgenden Kapitel mithilfe empirischer Argumente weiter expliziert.

Dies wirft zugleich die Frage auf, inwiefern es überhaupt möglich ist, minimal subjektive Eigenschaften mentaler Zustände mithilfe von empirischen neurowissenschaftlichen Modellen zu erklären. Diese Frage berührt ein Thema, das in der Philosophie des Geistes kontrovers diskutiert wird. Bevor ich mich im nächsten Kapitel einem empirischen Modell des Bewusstseins zuwende, werde ich – im Rahmen eines Exkurses – diese Problematik aufgreifen und für die Möglichkeit einer naturalistischen Betrachtung des präreflexiven Selbstbewusstseins argumentieren.

3 Erklärung von Selbstbezüglichkeit durch ein empirisches Modell

Im letzten Unterkapitel wurde eine phänomenologische Konzeption des Selbstbewusstseins vorgestellt. Der Akzent lag dabei auf einer impliziten Form des Selbstbewusstseins, die unter dem Stichwort „präreflexives Selbstbewusstsein" diskutiert wird. Argumentiert wird, dass es sich um ein basales Selbstbewusstsein handelt, das komplexeren, reflektierten Selbstbezugnahmen notwendigerweise zugrunde liegt. Darüber hinaus wird angenommen, dass ein solches implizites Selbstbewusstsein sämtliche perzeptive und kognitive Prozesse begleitet. Das heißt: Wann immer ich z.B. eine konkrete Wahrnehmung (etwa eines Gegenstandes) habe, bin ich mir zugleich „unterschwellig" bewusst, dass es sich um *meine* Wahrnehmung handelt, dass sie *mir* als Erfahrungssubjekt angehört. Diese schwache Form von Selbstbezüglichkeit lässt sich mit der Angabe von erlebnishaften Merkmalen präzisieren.

Es stellt sich aber die Frage, ob sich das basale Selbstbewusstsein nicht noch weiter explizieren und analysieren lässt. Interessant sind in diesem Zusammenhang pathologische Fälle, in denen Aspekte der Selbstwahrnehmung gestört sind, was sich oftmals signifikant auf das Verhalten von Personen auswirkt. Auch tragen entwicklungspsychologische Erkenntnisse zu einem besseren Verständnis von Selbstbewusstsein bei, Studien, die zeigen, auf welche Weise sich kognitive Fähigkeiten bei Kleinkindern herausbilden. Neurowissenschaftliche Bewusstseinsmodelle zielen darauf, kognitive Prozesse und Erlebniszustände im Rückgriff auf neuronale Prozesse und Strukturen zu erklären.

Ein solches Verfahren wirft jedoch substanzielle philosophische Fragen auf. Zum einen stellt sich die Frage, ob das, was in phänomenologischen Theorien als „präreflexives Selbstbewusstsein" bezeichnet wird, in neurowissenschaftliche Modelle integriert werden kann: Sind Inhalt und Begrifflichkeit des subjektiven Selbsterlebens empirisch operationalisierbar? Zum anderen stellt sich die grundlegende Frage, ob sich die subjektive, phänomenale Komponente von Bewusstsein *überhaupt* mithilfe von naturwissenschaftlichen Methoden adäquat erfassen lässt. Ist eine neurowissenschaftlich gestützte Erklärung überhaupt möglich? Dieses grundlegende Problem wird in der Philosophie des Geistes seit einiger Zeit in Bezug auf das phänomenale Bewusstsein („Qualia") unter den Stichworten „Erklärungslücke" (Levine 1983; 1993) und „hartes Problem des Bewusstseins" (Chalmers 1995; 2004) kontrovers diskutiert. Skeptiker argumentieren, dass sich phänomenales Bewusstsein, der spezifische Erlebnisaspekt mentaler Zustände, grundsätzlich nicht mit naturwissenschaftlichen Methoden erfassen – und insofern nicht erklären lässt. Begründet wird dies damit, dass naturwissenschaftliche Verfahren dem Gegenstand gegenüber, einem genuin erstperspektivischen Phänomen, eine Beobachterperspektive einnehmen, die Perspektive der dritten Person (dies vertritt auch Searle 1992; 2004). Deswegen seien sie nicht in der Lage, das Wesentliche des subjektiven Erlebens einzufangen, nämlich wie es sich anfühlt, in einem bestimmten mentalen Zustand zu sein. Naturalistische Positionen dagegen argumentieren, dass phänomenales Erleben durchaus funktional beschreibbar ist, wenn gezeigt werden kann, wie es sich kausal auf Prozesse innerhalb eines Systems auswirkt. Unter dieser Voraussetzung könnten neurowissenschaftliche Untersuchungen z. B. mithilfe von bildgebenden Verfahren daher durchaus wichtige Erkenntnisse über die Eigenschaft subjektiven Erlebens generieren. Ich werde grundsätzlich die zweite (naturalistische) Position vertreten und im Rückgriff auf Antonio Damasios Bewusstseinsmodell zeigen, dass die Argumente für die Annahme eines präreflexiven und impliziten Selbstbewusstseins empirisch bestätigt werden können. Auch in anderer Hinsicht sind die Erkenntnisse aufschlussreich, weil sie die Eigenschaft erlebter Zeitlichkeit in den Blick bringen, die für die weitere Analyse des Selbstverständnisses von Personen eine wichtige Bedeutung hat.

Das vorliegende Unterkapitel hat folgenden Aufbau: Im ersten Teil (1) werde ich – in Form eines Exkurses – philosophische Argumente diskutieren, die sich gegen die Möglichkeit einer naturwissenschaftlichen Erklärung von subjektivem Erleben richten. Im Gegenzug werde ich verdeutlichen, welche semantische Strategie angewendet werden muss, um eine naturwissenschaftliche Erklärung subjektiver Eigenschaften mentaler Zustände grundsätzlich zu ermöglichen. Auf der Basis dieser Einsichten werde ich im zweiten Teil (2) das für die vorliegende Thematik einschlägige Bewusstseinsmodell von Antonio Damasio diskutieren.

3.1 Exkurs: Subjektives Erleben als „hartes Problem"?

In einem einflussreichen Aufsatz von 1995 unterscheidet David Chalmers zwischen zwei Klassen von Problemen, die sich seines Erachtens auf das Phänomen „Bewusstsein" beziehen: den „easy" und den „hard problems".[24] Die so genannten „easy problems" sind Probleme, die typischerweise von der Hirnforschung und den kognitiven Neurowissenschaften thematisiert und untersucht werden. Dazu zählt Chalmers beispielsweise Fähigkeiten, Umweltreize zu unterscheiden, zu kategorisieren und auf sie zu reagieren, außerdem die Fähigkeit eines kognitiven Systems, Information zu integrieren, das heißt Informationen inner-

---

24 Für eine überblickshafte Darstellung der Problematik siehe auch Crone/Heilinger 2008.

halb des Systems zur weiteren Verarbeitung zur Verfügung zu stellen. Auch die Fähigkeit des (verbalen) Berichts über bestimmte mentale Zustände zählt Chalmers zu den „easy problems", ebenso wie Aufmerksamkeitsfokussierung, Verhaltenskontrolle und die Unterscheidbarkeit zwischen Wach- und Schlafzuständen. Um „leichte" Probleme handelt es sich dabei, weil sie aus der objektiven Perspektive der dritten Person zugänglich sind und sie entsprechend naturwissenschaftlich untersucht und erklärt werden können. Selbst wenn dies in den meisten Fällen noch nicht hinreichend geschehen ist, bestehen aufgrund des Fortschritts in den Wissenschaften gute Chancen dazu. Prinzipiell gilt, dass mentale Zustände und Operationen im Rückgriff auf systeminterne Funktionen erklärt werden, indem der für ihre Ausübung relevante Mechanismus spezifiziert wird (Chalmers 2004, 1112).

Von dieser Gruppe von Problemen unterscheidet Chalmers das so genannte „harte" Problem. Damit sind erlebnishafte Eigenschaften mentaler Zustände und Prozesse gemeint, die Personen aus ihrer je eigenen subjektiven Perspektive erfahren, deren Vorhandensein insofern nicht direkt durch eine Untersuchung der objektiv zugänglichen, physikalisch beschreibbaren Prozesse erklärt werden kann. Der Grund dafür, dass der Erklärungsversuch hier nach Chalmers scheitert, ist, dass Informationen über subjektives Erleben keine Informationen über objektive Funktionen sind. Selbst wenn man über mentale Zustände eine vollständige funktionale Beschreibung angegeben könnte, würde dies nicht erklären, warum solche Zustände von subjektivem Erleben begleitet sind (ebd.); eine solche funktionale Beschreibung würde einen unerklärten Rest, das subjektive Erleben, zurücklassen.

Chalmers vertritt damit die These, dass das Vorliegen von subjektiver Erfahrung ein besonderes Problem aufwirft, weil die naturwissenschaftlichen Betrachtungsweisen aus den genannten Gründen zu kurz greifen. Sie vermögen auch nicht zu zeigen, ob subjektives Erleben selbst eine kausale Rolle in diesem Zusammenhang spielt. Zu berücksichtigen ist dabei, dass die Formulierung des „hard problems" zunächst einmal nicht auf einem Argument, sondern auf einer Intuition basiert. Argumente, die allgemein gegen physikalistische Theorien des Geistes gerichtet sind, konstruiert Chalmers mithilfe von Gedankenexperimenten (z. B. das Zombie-Szenario und das des invertierten Farbspektrums).

Eine ebenfalls skeptische Auffassung vertritt Joseph Levine (1983; 2001). Mit seinem Argument der so genannten „Erklärungslücke" (*explanatory gap*) soll der Nachweis erbracht werden, dass phänomenales, subjektives Erleben sich nicht im Rückgriff auf kausale Eigenschaften beschreiben lässt und deswegen eine naturwissenschaftliche Erklärung *prinzipiell* nicht möglich ist.[25] Damit wird das subjektive Erleben einem Bereich des Mentalen zugeordnet, der vom Funktionalismus und unter Berufung auf intentionale und computationale Zustände und Prozesse nicht hinreichend beschrieben werden kann.

Chalmers und Levine gehen von unterschiedlichen Annahmen aus – Chalmers von der, dass naturwissenschaftliche Untersuchungen aufgrund des für sie typischen Zugriffs (aus der Perspektive der dritten Person) prinzipiell nicht imstande seien, subjektives Erleben zu erklären; und Levine von der Annahme, dass sich subjektives Erleben definitionsgemäß einer naturwissenschaftlichen Erklärung entziehe. Während Chalmers dies auf die ontologische Annahme zurückführt, dass phänomenale und physische Eigenschaften – im Sinne des Eigenschaftsdualismus – voneinander verschieden seien, beschränkt sich Levine auf eine erkenntnistheoretische Formulierung des Problems. In der Sache sind sich die beiden Positionen jedoch darin einig, dass phänomenale Eigenschaften nicht auf kausale Eigenschaften reduzierbar sind. Und wenn diese Argumente überzeugen, dann wäre ein Nachweis aus der Beobachterperspektive aus begrifflichen Gründen ausgeschlossen. Damit würde man aber zugleich behaupten, dass die beschriebenen schwachen Formen von Selbstbewusstsein nicht als Prozesse betrachtet werden können, die in kausale Abläufe der Natur eingebettet sind. Ist diese Annahme aber tatsächlich gerechtfertigt? Und wenn man dies verneint, ist man dann zur Übernahme der eliminativistischen Gegenposition gezwungen, wonach die Existenz subjektiven Erlebens bestritten wird (z. B. Churchland 1984)?[26]

Ich vertrete die nicht-eliminativistische Auffassung, dass eine naturalistische Betrachtung mentaler Phänomene grundsätzlich möglich ist. Eine solche Betrachtung basiert auf der allgemeinen Annahme, dass alles, was existiert – subjektives Erleben als Eigenschaft mentaler Phänomene eingeschlossen -, physisch ist. Ich werde an dieser Stelle nicht für eine bestimmte Spielart des Physikalismus argumentieren, weil dies nicht das Thema des vorliegenden Buches ist. Ich möchte

---

25 Eine starke und viel diskutierte Gegenposition, auf die ich hier nicht eingehen werde, vertritt Papineau (1998). Seiner Argumentsstrategie zufolge verschwindet das Erklärungsproblem, wenn man akzeptiert, dass phänomenale und physische Eigenschaften identisch sind. Michael Pauen (2000) weist nach, dass Levines Argument mit den Grundannahmen des Eigenschaftsdualismus nicht vereinbar ist; auf Pauens Argumentation werde ich weiter unten in diesem Abschnitt zu sprechen kommen.

26 Dennetts Argumentation in „Quining Qualia" (1988) wird oft zu Unrecht als Beispiel für eine eliminativistische Auffassung in Bezug auf qualitatives subjektives Erleben herangezogen. Es wird dabei übersehen, dass sich Dennetts Kritik allein auf die Inkohärenz des Begriffs „Qualia" bezieht, der ihm zufolge in den Debatten gebräuchlich ist. Er bestreitet jedoch nicht, dass das Phänomen – das subjektive Erleben qualitativer Zustände und Episoden – existiert.

im Folgenden lediglich einen weit verstandenen Physikalismus verteidigen, und dafür reicht es aus zu zeigen, dass Chalmers' und Levines Argumentation in einem entscheidenden Punkt nicht zwingend ist.

Die Untrennbarkeit von phänomenalen und kausalen Eigenschaften
Der u. a. von Chalmers vertretene Eigenschaftsdualismus betrachtet phänomenale (erlebnishafte) Eigenschaften mentaler Zustände als „etwas Zusätzliches" neben den physischen Eigenschaften der Welt. Phänomenale und physische Eigenschaften, so die zentrale Annahme, sind damit voneinander verschieden. Unter der Voraussetzung, dass das Prinzip der kausalen Geschlossenheit nicht preisgegeben wird, impliziert diese Annahme, dass phänomenale Eigenschaften kausal nicht wirksam sind. Und genau dies ist der Theorie zufolge der Grund dafür, dass phänomenale Eigenschaften über naturwissenschaftliche Erklärungen und die damit verbundene Angabe von Ursache-Wirkungs-Verhältnissen nicht erfasst werden können. Wenn dagegen gezeigt werden kann, dass phänomenale Eigenschaften in spezifischer Weise kausal wirksam sind, dann scheint es prinzipiell möglich zu sein, sie (zumindest früher oder später) auch naturwissenschaftlich zu erklären. Dieser Einsicht entsprechend soll im vorliegenden Kontext dafür argumentiert werden, dass phänomenale und kausale Eigenschaften mentaler Zustände nicht voneinander trennbar sind.

Dazu ist zunächst zu bemerken, dass es unserer Alltagswahrnehmung offenbar entspricht, phänomenalen Zuständen (Erlebniszuständen) kausale Wirksamkeit zuzuschreiben. Dies wird besonders in Bezug auf Schmerzzustände deutlich: Schmerzen will man üblicherweise loswerden, sie veranlassen uns zu bestimmten Handlungen, z. B. ein Medikament zu nehmen, von dem wir wiederum erwarten, dass es sich auf den Schmerz lindernd auswirkt (ansonsten würden wir es nicht nehmen). Aber auch bei anderen phänomenalen Zuständen kommt diese Annahme zum Tragen: Wir finden es nicht verwunderlich, dass eine olfaktorische Empfindung uns an frühere Erfahrungen und Situationen erinnert. Die Qualität eines bestimmten Farbtons kann Vorstellungen, Überzeugungen und Stimmungen evozieren. Unserem Alltagsverständnis nach haben phänomenale Zustände kausale Eigenschaften, was der These einer Dissoziierbarkeit von phänomenalen und kausalen Eigenschaften, wie sie von Levine und Chalmers vertreten wird, zunächst einmal zu widersprechen scheint. Doch selbst wenn unsere Alltagswahrnehmung für einen engen Zusammenhang von phänomenalen und kausalen Eigenschaften spricht, heißt das nicht, dass eine Trennbarkeit begrifflich oder prinzipiell ausgeschlossen ist.

Es ist interessanterweise eine andere Alltagsintuition, auf deren Grundlage Chalmers und Levine die These der Dissoziierbarkeit von phänomenalen und kausalen Eigenschaften formulieren: Erlebnisqualitäten, so die Behauptung, sind an die Perspektive der ersten Person gebunden (z. B. Chalmers 1996, ix); damit ist verbunden, dass das Erfahrungssubjekt einen besonderen Zugang zu den eigenen Erlebniszuständen hat. Was bedeutet dies in epistemischer Hinsicht? Wie bereits in Kap. 1.3. dargelegt, impliziert die These des besonderen erstpersonalen Zugangs zumindest, dass das Erfahrungssubjekt zuverlässig bestimmen kann, sich gerade in einem phänomenalen Zustand H (im Unterschied zu einem anderen phänomenalen Zustand G) zu befinden. Solche phänomenalen Differenzen müssen für das Erfahrungssubjekt erkennbar sein – andernfalls wäre die zentrale Annahme von Verfechtern der Erklärungslücke, dass das Subjekt einen besonderen Zugang zu den eigenen Erlebniszuständen habe, sinnlos. Diesen Punkt macht Michael Pauen in seiner Argumentation gegen das Problem der Erklärungslücke stark (Pauen 2000; 2006; 2010).[27] Dieser folgend könnte man die Annahme der Verfechter der Erklärungslücke auch so ausdrücken: Die erstpersonale Perspektive ermöglicht ein *Wissen* von der Existenz phänomenaler Zustände, und letztere sind eine Quelle für Rechtfertigungen. Bei näherem Hinsehen ist diese Aussage allerdings mit der Annahme, dass solche Zustände von kausalen Eigenschaften dissoziierbar sind, unvereinbar. Denn wären beispielsweise zwei verschiedene phänomenale Zustände kausal oder funktional identisch (wie dies im Zombie-Szenario als logisch möglich angenommen wird), dann hätte das Erfahrungssubjekt – bildlich gesprochen – keinen Anhaltspunkt, ihre Verschiedenheit auszumachen, es könnte sie nicht als unterschiedliche Zustände erfassen, sie also nicht erkennen. Wenn es aber keine Möglichkeit des Erkennens gäbe, dann ist die Annahme des besonderen Zugangs zu phänomenalen Zuständen hinfällig. Der Grund ist, dass es schlicht überhaupt keinen Zugang gäbe, weder einen besonderen erstpersonalen noch einen drittpersonalen. Hieraus folgt zum einen, dass phänomenale Zustände notwendigerweise kausal sein müssen; denn gäbe es einen nichtkausalen „Rest", dann wäre dieser für das Erfahrungssubjekt nicht bemerkbar und insofern nicht existent. Zum anderen folgt hieraus, dass phänomenale Zustände – aufgrund ihrer kausalen Natur – zumindest *prinzipiell* aus der Perspektive der dritten Person beschreibbar sind. Behauptet wird damit allerdings nicht, dass man bereits nach heutigem naturwissenschaftlichen Kenntnisstand in der Lage ist, erstpersonale Aussagen über die eigenen Erlebniszustände gänzlich ohne Bedeutungsverlust in drittpersonale kausale oder funktionale Aussagen zu

---

27 Pauen antwortet auf das Zombie-Gedankenexperiment mit einem Gegenexperiment über sog. Teilzeit-Zombies, um zu zeigen, dass die Annahmen von Verfechtern der Erklärungslücke zu absurden Konsequenzen führen. Auf das Gedankenexperiment werde ich hier nicht näher eingehen; der daraus hervorgehende Gedanke ist jedoch, dass phänomenale Zustände notwendigerweise vollständig kausal relevant sein müssen (z. B. Pauen 2006, 144).

übersetzen. Auch ist es offensichtlich, dass der erlebnishafte Zugang aus erstpersonaler Perspektive es besser ermöglicht, die eigenen Zustände in einer spezifisch erlebnishaften Sprache zu beschreiben (s. Kap. 1.3.). Was die vorangegangene Argumentation lediglich zeigen sollte, ist, dass es aus begrifflichen Gründen nicht ausgeschlossen ist, phänomenale Zustände und subjektives Erleben aus der Perspektive der dritten Person zu beschreiben und zu erklären.

Festzuhalten ist also Folgendes: Subjektives Erleben ist eine zentrale und reale Eigenschaft bewusster Prozesse. Es besitzt kausale Eigenschaften und kann somit als Einfluss auf systeminterne Prozesse identifiziert werden. Damit lässt sich Selbstbewusstsein grundsätzlich als eine Eigenschaft auffassen, die in das kausale Naturgeschehen eingebettet ist.

Die vorangegangen Überlegungen haben für die Möglichkeit einer naturwissenschaftlichen Betrachtung und Erklärung eine begriffliche Basis geliefert. Damit stellt sich aber die nächste Frage: Wie lässt sich die Beschreibung von Eigenschaften der subjektiven Erlebnisperspektive in einen empirischen Forschungsrahmen integrieren? Was hierbei berücksichtigt werden muss und welche Art von Übersetzungsleistung erforderlich ist, werde ich im folgenden Abschnitt skizzieren.

Vom subjektiven Erleben zur funktionalistischen Beschreibung
Um subjektives Erleben als Eigenschaft mentaler Prozesse in einem umfassenden Sinn verständlich zu machen, gilt es meines Erachtens grundsätzlich, eine (wissenschaftliche) Erklärung anzustreben: Ziel ist es zu zeigen, wie mentale Prozesse innerhalb eines Systems funktionieren, und dies macht es erforderlich, neuronale Eigenschaften und Mechanismen – mithilfe von empirischen Experimenten und Modellen – zu spezifizieren (Craver/Bechtel 2006). Allerdings bedarf es auf dem Weg dorthin einer Kombination von Einsichten, die aus jeweils verschiedenen Theorieperspektiven stammen. Eine solche methodologische Integration sollte idealerweise phänomenologische, erstpersonale Beschreibungen von Erlebniszuständen ebenso wie kausale und funktionale Erklärungen aufgrund von naturwissenschaftlichen Messungen und Modellen einschließen. Um dies zu erreichen, ist eine Methodologie erforderlich, die es in ausgearbeiteter Form zwar bislang nicht gibt; allerdings ist zu beobachten, dass sich nicht nur Philosophen, sondern auch Vertreter von Neurowissenschaften und künstlicher Intelligenz zunehmend mit der Frage befassen, wie phänomenologische Beschreibungen von subjektiven Erlebniszuständen mithilfe kognitionswissenschaftlicher Modelle erklärt werden können (siehe z. B. Fuchs 2002; O'Regan 2009). Über die Möglichkeit einer solchen Integration gibt es divergierende Auffassungen: So argu-

mentiert Zahavi (2004) beispielsweise, dass eine empirische Modellierung phänomenologischer Einsichten aufgrund der transzendentalphilosophischen Fundierung der klassischen (Husserlschen) Phänomenologie prinzipiell nicht möglich sei. Eine klare Gegenposition wird etwa von Roy et al. (1999) vertreten, wonach einer Integration von phänomenologischen Beschreibungen und empirischer Modellbildung deswegen nichts im Wege stehe, weil man zu einer transzendentalphilosophischen Lesart phänomenologischer Theorien nicht verpflichtet sei. Entsprechend nehmen neurophänomenologische Ansätze und Theorien der verkörperten Kognition, die im Kern auf die Position von Varela und Maturana zurückgehen (Varela et al. 1991; Varela 1996), an, dass subjektives Erleben durch die neuronale Aktivität des mit der Umwelt interagierenden Organismus zustande kommt und sich im Rückgriff auf Theorien dynamischer Systeme erfassen lässt (z. B. O'Regan/Noë 2001; Thompson 2007). Kritisiert wurde u. a., dass Annahmen, Begriffe, Ziele und Vorgehensweise solcher Ansätze nicht hinreichend bestimmt seien (z. B. Bayne 2004b); ich werde an dieser Stelle nicht näher auf sie eingehen.

Grundsätzlich gehe ich ebenfalls davon aus, dass phänomenologische Beschreibungen in einem naturalistischem Theorierahmen nutzbar gemacht werden können, und zwar unter Absehung von transzendentalphilosophischen und idealistischen Voraussetzungen der klassischen Phänomenologie. Die Herausforderung besteht jedoch darin, mithilfe einer Theorie eine Verbindung zwischen zwei verschiedenen Beschreibungssystemen aufzuzeigen: zwischen neuronalen Prozessen, die im Rückgriff auf physikalische Begriffe beschrieben werden, und erlebnishaften Eigenschaften mentaler Zustände, die wiederum mithilfe intentionaler und phänomenaler Begriffe beschrieben werden. Eine methodologische Integration von Einsichten der Phänomenologie und neurowissenschaftlichen Erklärungsmodellen macht eine begriffliche Annäherung erforderlich, die sowohl der strukturellen, phänomenologischen Beschreibung als auch den Anforderungen der empirischen Forschung gleichermaßen Rechnung trägt: Sie muss phänomengerecht und experimentell anwendbar sein. Um dieser Forderung gerecht zu werden, müssen die betreffenden phänomenologischen Beschreibungen – als Ausgangspunkt – in empirisch plausibler Weise transformiert werden. Nach Jaegwon Kim (1999) setzt die Möglichkeit einer (reduktiven) Erklärung einer Systemeigenschaft deren funktionalistische Interpretation voraus: Die zu erklärende Eigenschaft muss in einer Weise beschrieben werden können, die deren kausale Relationen zu anderen Eigenschaften in den Blick bringt. Diese abstrakte Forderung lässt sich mithilfe von Thomas Metzingers Vorschlag konkretisieren, der verschiedene Übersetzungsschritte berücksichtigt, um einer Erklärung erlebnishafter Eigenschaften mentaler Zustände semantisch den Boden zu bereiten (Metzinger 2004).²⁸

Den Ausgangspunkt bildet die phänomenologische Interpretation eines Aspekts von subjektiver Erfahrung, beispielsweise das oben beschriebene Merkmal der „Meinigkeit": Wenn ich z. B. aus dem Fenster sehe, dann erblicke ich nicht nur eine Platane, sondern ich habe zugleich ein implizites Gewahrsein, dass es sich um *meine* visuelle Wahrnehmung aus meiner aktuellen subjektiven Perspektive und Position handelt. Als nächstes gilt es, den Gehalt dieser erlebnishaften Eigenschaft zu spezifizieren, etwa indem man präzisiert, dass der Gehalt eines gegebenen mentalen Zustands (die Repräsentation der Platane vor dem Fenster) sowohl einen Aspekt der Relation (Urheberschaft) als auch einen raum-zeitlichen Aspekt enthält. Diese Beschreibung gibt den Weg frei für den nächsten Schritt, eine funktionale Beschreibung der Eigenschaft. Dabei gilt es, ihre kausalen Eigenschaften zu identifizieren, um so – idealerweise – ihre Relation zu anderen Eigenschaften innerhalb des kognitiven Systems aufzuzeigen (etwa dass der Aspekt der Relation/Urheberschaft der Platanen-Repräsentation weitere kognitive Prozesse und Zustände verursacht, z. B. die Erinnerung an einen Aufenthalt am Mittelmeer und die Sehnsucht nach mediterranen Gefilden, die wiederum meine Entscheidung beeinflusst oder veranlasst, einen Flug nach Marseille zu buchen); hier spielt vor allem die systeminterne Verfügbarkeit der Information, die mit der Zieleigenschaft verbunden ist, eine Rolle. Eine solche funktionalistische, algorithmische Beschreibung ermöglicht die Anbindung an empirische Modelle, etwa computationale Netzwerkmodelle. Modelle dieser Art zielen darauf, das Verhalten bestimmter physikalischer Eigenschaften des Systems zu isolieren, die für das Auftreten der Zieleigenschaft gegeben sein müssen.

Die vorgeschlagene Strategie läuft auf eine empirisch gestützte semantische Transformation einer phänomenologischen Interpretation hinaus.²⁹ Es lässt sich allerdings kaum bestreiten, dass dies mit einem Verlust an Präzision einhergeht – verglichen mit der Beschreibung, von der die Umwandlung ihren Anfang nahm, hier dem impliziten subjektiven Erleben, dass es sich bei der visuellen Platanen-

---

28 Es wäre genauer zu untersuchen, inwieweit sich diese Übersetzungsstrategie mit Nagels Begriff von Objektivität als gradueller Distanzierung vom subjektiven Standpunkt vergleichen lässt (vgl. Nagel 1986).
29 Vittorio Gallese führt in einer neurobiologischen Studie des subjektiven Körpererlebens – ohne dies allerdings theoretisch zu hinterfragen – eine vergleichbare semantische Transformation durch, indem er sowohl den repräsentationalen Gehalt (körperbezogenes Wissen), als auch funktionale Eigenschaften (körperbezogenes Wissen, das uns dazu befähigt, Handlungen anderer zu verstehen) sowie physikalische Eigenschaften (vor allem parieto-prämotorische kortikale Aktivierungen) identifiziert (Gallese 2005).

Wahrnehmung um *meine* handelt, die an mein gegenwärtiges Erleben aus meiner Perspektive gebunden ist. Zu bedenken ist dabei jedoch, dass die kooperative Forschung (im Idealfall) ein dynamischer Prozess ist: Der auf diesem Wege bereit gestellte begriffliche Rahmen wird sich verfeinern und präzisieren lasen, sobald neue naturwissenschaftliche Erkenntnisse eine reichere Beschreibung phänomenologischer Details ermöglichen. Wie bereits betont, setzt dies die Sichtweise voraus, Selbstbewusstsein und subjektives Erleben prinzipiell als natürliche Eigenschaften zu betrachten, die sich mit naturwissenschaftlichen Methoden erfassen und weiter analysieren lassen. Zudem können dieser Sichtweise zufolge Beschreibungen von Phänomenen, die mit subjektivem Erleben einhergehen, dazu eingesetzt werden, naturwissenschaftliche Heuristiken zu bilden und das Explanandum zu spezifizieren.

3.2 Damasios Unterscheidung verschiedener Ebenen des Bewusstseins

Der inzwischen viel rezipierte Vorschlag von Antonio Damasio einer Begründung höherstufigen Selbstbewusstseins und Selbstwissens ist für die vorliegende Thematik einschlägig (1999; 2000). Damasio argumentiert für ein dreistufiges Modell, das verschiedene Grade der (selbstbezüglichen) Bewusstheit und entsprechende zugrunde liegende neuronale Aktivierungscluster unterscheidet. Die Differenzierung von Bewusstseinsstufen hat Damasio in Form von empirischen Studien (vor allem Läsionsstudien) nachgewiesen. Sie spiegelt zudem die in den Kognitionswissenschaften verbreitete Annahme wider, dass bewusste mentale Zustände im Allgemeinen graduell strukturiert sind: Sie sind kein monolithisches Gebilde, sondern weisen Stufen etwa des Gewahrseins, der Eindringlichkeit, der Reflexivität, und der Klarheit z. B. von Gegenstandsbezügen auf (Damasio 1999, 91; Metzinger 1993; Newen/Vogeley 2007). Auch herrscht in einem entscheidenden Punkt weitgehend Einigkeit: Die Ebenen sind hierarchisch angeordnet, insofern zwischen einer Ebene und der jeweils höheren Ebene ein Voraussetzungsverhältnis besteht. Die Theorien weichen teilweise im Hinblick auf die Details des Voraussetzungsverhältnisses voneinander ab, die zwischen den Ebenen besteht. Damasio macht hierüber zunächst keine genaueren Angaben; er behauptet lediglich, dass die Ebenen aufeinander gründen (*to be based on*) bzw. voneinander abhängen (*to depend on*). Die inhaltliche Pointe dieser Relation wird im Folgenden allerdings noch genauer zu erläutern sein.

Bezogen auf *bewusste* mentale Zustände (personale Ebene) unterscheidet Damasio zwei Stufen: zum einen das schwächere „Kern-Bewusstsein" (*core consciousness*), das durch Formen der Aufmerksamkeit und des Gewahrseins gekennzeichnet ist, die auftreten, wenn der Gesamtzustand des Organismus durch die Einwirkung eines Stimulus verändert wird; zum anderen das „erweiterte Bewusstsein" (*extended consciousness*), das komplexe Formen reflektierter mentaler Zustände umfasst. Beiden Bewusstseinsebenen ordnet Damasio Formen des selbstbezüglichen Bewusstseins zu: Dem Kern-Bewusstsein entspricht das „Kern-Selbst" (*core self*). Laut Damasio ist das Kern-Selbst durch die Eigenschaft der Selbstzuschreibung vom (Stimulus-induzierten) Objektbewusstsein gekennzeichnet, weshalb Damasio es auch als „sense of self" bezeichnet. Und dem erweiterten Bewusstsein entspricht das „autobiographische Selbst" (*autobiographical self*), worunter Damasio begrifflich strukturierte Vorstellungen über sich als konkrete Person mit bestimmten (Charakter-)Eigenschaften versteht. Diesen beiden Ebenen des Selbstbewusstseins liegt das so genannte „Proto-Selbst" (*protoself*) als unterste Stufe zugrunde; diese ist dem bewussten Erleben vorgeordnet. Das unbewusste Proto-Selbst entspricht einer Kartierung (*map*) oder Gesamtrepräsentation sämtlicher körperlicher Zustände des Organismus. Zusammenfassend lautet die stufenförmige Anordnung in Damasios Modell also: 1. Proto-Selbst (unbewusst) – 2. Kern-Selbst (schwach bewusst) und 3. Autobiographisches Selbst (bewusst).

Um zu klären, ob das, was in Kapitel 2. als „präreflexives Selbstbewusstsein" (subjektive Erlebnisperspektive) expliziert wurde, in Damasios Modell berücksichtigt wird und auf diese Weise empirisch weiter analysiert werden könnte, liegt es nahe, sich das Verhältnis von Proto-Selbst und Kern-Selbst näher anzusehen. Zu beachten ist, dass Damasio ein relativ einfaches und grobes Modell bereitstellt, das begrifflich nicht immer ganz konsistent ist und zudem Lücken aufweist. Dies betrifft auch die zeitliche Dimension (zeitliche Ausdehnung) nur schwach bewusster selbstbezüglicher Zustände.

Damasios Unterscheidungen legen es nahe, das präreflexive Selbstbewusstsein auf der Ebene des Kern-Selbst anzusiedeln. Denn Damasio verwendet den Ausdruck als Sammelbegriff für einfach strukturierte und epistemisch schwache Formen des Selbsterlebens. Diese werden, was entscheidend ist, verursacht, wenn der neuronal repräsentierte Gesamtzustand des Organismus (Proto-Selbst) aufgrund stärkerer interner oder externer Stimuli verändert wird: Im Zuge dessen wird eine weitere Repräsentation des (unbewussten) Proto-Selbst im Prozess der Modifikation hervorgebracht (Damasio 1999, 172), also eine Repräsentation höherer Stufe. Veränderungen neuronaler Kartierungen (*maps*) im Gehirn bewirken ein inneres sensorisches Bewusstsein, ein sich allmählich einstellendes Objektbewusstsein zusammen mit einem schwachen Selbsterleben, was Damasio als „Gefühl" bezeichnet. Was in phänomenologischer Terminologie „Meinigkeit" genannt wurde und auf die erlebte Vertrautheit mit den eigenen psychophysischen Zuständen verweist, lässt sich auf Damasios Charakterisierung des Kern-Selbst übertragen: Graduell entstehendes Objektbewusstsein ist an einen empfindenden Körper gebunden, der als Quelle erlebt wird und deswegen das Gefühl von Zugehörigkeit hervorruft (Damasio 1999, 183). Allerdings ist dieses Selbstgefühl, so hebt Damasio an etlichen Stellen hervor, an die gegenwärtige, momentane Zustandsveränderung gebunden: „The scope of core consciousness is here and now." (Damasio 1999, 16). Es ist offenbar flüchtig und bloß vorübergehend (*transient*). Wenn diese Eigenschaften das Kern-Selbst zutreffend beschreiben, dann lässt sich der Begriff auf das präreflexive Selbstbewusstsein – aufgrund der ihm eigenen zeitlichen Ausgedehntheit – nur bedingt anwenden.

Es gibt jedoch auch Hinweise, denen zufolge das Selbstgefühl auf der Ebene des Kern-Selbst als zeitlich kontinuierlich und nicht als bloß punktuell aufblitzend verstanden werden muss. Bereits die Struktur des unbewussten Proto-Selbst gibt dies zu erkennen: Denn dieses ist ein aus neuronalen Aktivierungsmustern bestehender Zusammenhang, der auf vielfältigen Ebenen des Gehirns den Zustand des gesamten Organismus repräsentiert, und zwar fortwährend („permanently", „moment by moment").[30] Eigenwahrnehmung und Objektbewusstsein, bedingt durch ständige Veränderungen des Gesamtzustands, sind auf der Ebene des Proto-Selbst (mindestens) dispositional vorhanden. Der Grund dafür ist, dass Proto-Selbst und Kern-Selbst nur begrifflich-analytisch voneinander getrennt werden können, da Quellen internen und externen Inputs – real – permanent vorhanden sind. Ein vollständiger Ruhezustand des Organismus, der ganz und gar isoliert von Stimuli gedacht werden müsste, ist in empirischer Hinsicht nicht haltbar. Daraus folgt, dass ein Organismus über eine kontinuierliche Eigenwahrnehmung verfügen muss, zumindest in einem minimalen Sinn.[31] Diesen zentralen Punkt betont Damasio, wenn er sagt: „Because of the permanent availability of provoking objects, it [the core self] is continuously generated and thus appears continuous in time." (Damasio 1999, 175).[32] Das auf der Ebene des Kern-Selbst realisierte Selbstgewahrsein hat damit eine erlebte zeitliche Dauer – aufgrund von kontinuierlich eintreffenden Informationen und deren neuronaler Verarbeitung in unterschiedlichen Hirnregionen. Die Beschreibung der zeitlich ausgedehnten subjektiven Erlebnisperspektive bzw. des präreflexiven Selbstbewusstseins lässt sich also mit dieser Interpretation des Kern-Selbst in Übereinstimmung bringen.

---

[30] Siehe die entsprechende Definition: Damasio 1999, 174.
[31] Was unter einer solchen „phänomenalen Kontinuität" genau zu verstehen ist, wird in Kap. 7. näher ausgeführt.
[32] Den Aspekt der zeitlichen Kontinuität phänomenalen Selbstbewusstseins hebt auch Metzinger hervor: Erstpersonale Erlebnisqualitäten, die durch inneres sensorisches Bewusstsein entstehen, sind Personen permanent gegeben (Metzinger 2000).

Wie ist aber die davon abweichende vorgenannte Charakterisierung des Kern-Selbst als flüchtiges, punktuelles Bewusstsein zu verstehen? Wie erwähnt, sind Damasios Ausführungen an einigen Stellen vage und lückenhaft. Allerdings lässt die Beschreibung sich besser nachvollziehen, wenn man sie in begrifflicher Relation zum „autobiographischen Selbst" betrachtet. Denn das Kern-Selbst besitzt, im Unterschied zum autobiographischen Selbst, keine zeitlich weit reichende Tiefenstruktur: Die Fülle von Erfahrungen des Kern-Selbst („the objects of the organism's biography", Damasio 1999, 197) kann erst im Zuge komplexerer kognitiver Prozesse in einen größeren Zeitrahmen eingeordnet werden. Das autobiographische Selbst basiert Damasio zufolge zwar auf dem (kontinuierlichen) Selbstgewahrsein des Kern-Selbst und geht daraus hervor, allerdings kann sich erst dieses „Selbst" in einer Lebensgeschichte verorten und eine Verbindung zwischen Vergangenheit, Gegenwart und Zukunft herstellen (Damasio 1999, 196). Die hier relevanten Fähigkeiten sind insbesondere Lern- und Erinnerungsfähigkeiten. Diese werden Gegenstand des nächsten Kapitels sein.

Zu beachten ist ferner, dass die Verbindung von Kern-Selbst und autobiographischem Selbst nicht statisch ist. Die Übergänge sind in beide Richtungen fließend. Aus erstpersonaler Perspektive beschrieben: Ich kann mir eines Gegenstandes gewahr werden und mir daraufhin intensiv Gedanken über ihn machen, z. B. ob ich ihn früher schon einmal gesehen habe, in welchem Kontext dies geschehen ist, ob er mir etwas bedeutet oder ob ich ihn schön finde. Auf diese Weise tritt die Repräsentation des Gegenstandes stärker in den Fokus meiner Aufmerksamkeit. Von dieser Reflexion kann ich wieder zurücktreten, mich vorübergehend keinem präzisen Objekt zuwenden oder dies erst dann wieder tun, sobald etwas meine Aufmerksamkeit erregt. Dies entspricht auch der Beschreibung subpersonaler Abläufe. Die zugrunde liegenden neuronalen Aktivierungsmuster sind dispositional: Wenn bestimmte Bedingungen erfüllt sind, z. B. ein starker Reiz gegeben ist, kommt es zu Aktivierungen bestimmter neuronaler Systeme und unter weiteren Bedingungen zu neuronalen Aktivierungsmustern höher Stufe.

Als Ergebnis kann also festgehalten werden, dass das durch empirische Befunde gestützte Modell von Damasio eine wichtige Annahme phänomenologischer Selbstbewusstseinstheorien bestätigt: Präreflexives Selbstbewusstsein ist Konstitutionsbedingung für höherstufiges Selbstbewusstsein; dies entspricht der von Damasio beschriebenen systeminternen Funktion des Kern-Selbst. Darüber hinaus kann über Damasios Modell gezeigt werden, dass das präreflexive Selbstbewusstsein keineswegs ein Phänomen ist, das sich nicht weiter analysieren lässt, wie es in phänomenologischen Theorien bisweilen anklingt (indem es dort z. B. nicht selten als „erstes", „unhintergehbares" Phänomen geltend gemacht wird, z. B. von Zahavi 2005). Damasios Theorie zeigt vielmehr, dass minimales

Selbstbewusstsein, die subjektive Erlebnisperspektive, keine intrinsische Eigenschaft des Mentalen ist, sondern vielmehr durch kausale Prozesse bedingt ist. Die subjektive Erlebnisperspektive ist eine relationale Eigenschaft, insofern sie an die Interaktion von Organismus und Umwelt gebunden ist.

3.3 Zusammenfassung

Das neurowissenschaftliche Modell von Damasio erbringt einen empirischen Nachweis für die These, dass reflektiertes biographisches Identitätsverständnis auf qualitativem Selbsterleben von körperlichen Veränderungen aufbaut und darauf notwendig angewiesen ist. Damit kann gezeigt werden, dass der subjektiven Erlebnisperspektive (dem präreflexiven Selbstbewusstsein), als zentrale Komponente von mentalen Zuständen, eine bestimmte Funktion im Rahmen eines komplexen kognitiven Systems zukommt: Schwaches, implizites Selbstbewusstsein bildet in verschiedenen Hinsichten die notwendige Grundlage für reflektierte, höherstufige Kognitionsformen. So gehen etwa Objektbewusstsein und Metakognitionen aus körperlich vermitteltem qualitativem Selbstgewahrsein hervor – und sind insofern notwendig darauf angewiesen; das präreflexive Selbstbewusstsein ermöglicht begrifflich strukturiertes Selbstbewusstsein, dessen epistemische Besonderheit sich in selbstreferenziellen Aussagen widerspiegelt (siehe Abschnitt 1.); und aufgrund der kontinuierlichen Präsenz der subjektiven Erlebnisperspektive sind synchrone und diachrone Selbstzuschreibungen möglich.

Im Ergebnis stellt das Modell eine Grundlage für weiter gehende Überlegungen bereit, vor allem im Hinblick auf die Struktur des reflektierten biographischen Selbstverständnisses von Personen. Im Vorgriff auf Teil II. möchte ich kurz andeuten, dass sich in der erlebten Kontinuität des präreflexiven Selbstbewusstseins, das alle konkreten objektbezogenen Repräsentationen begleitet, – auf eine schwache, unterschwellige Weise – die eigene numerische Identität präsentiert: In den vielfältigen Veränderungen bedingt durch innere und äußerer Reize bemerkt man sich als diachron einheitliches Wesen. Darüber hinaus vermittelt die zeitliche Dimension des impliziten Selbstbewusstseins den Sinn und damit den Unterschied von „vorher", „jetzt", „nachher". Diese temporale Unterscheidungskompetenz ist für ein reflektiertes Identitätsverständnis wichtig, das sich oftmals auf Repräsentationen autobiographischer Episoden stützt. Die Fähigkeit zu autobiographischen Repräsentationen impliziert wiederum, dass Lebensepisoden Zeitindizes zugeordnet werden können.

Damit es zu einem komplexen Selbstverständnis kommt, müssen allerdings weitere Bedingungen erfüllt sein: Beispielsweise müssen begriffliche Fähigkeiten vorhanden sein, die in einer sozialen Umgebung erlernt werden; es muss die kognitive Fähigkeit zu Metarepräsentationen gegeben sein; und die Fähigkeit, auch anderen Personen psychische Zustände zuzuschreiben. Diese Voraussetzungen für ein reflektiertes, propositional strukturiertes Selbstbewusstsein und Selbstverständnis werde ich im folgenden Abschnitt diskutieren.

4 Vom präreflexiven zum reflektierten Selbstbewusstsein: Intersubjektivität und Entwicklung

Das letzte Kapitel war der Frage gewidmet, inwiefern phänomenologische Beschreibungen des Selbstbewusstseins mithilfe eines empirischen Modells weiter analysiert werden können. Im Unterschied zu der skeptischen Position, die die Möglichkeit einer naturwissenschaftlichen Beschreibung erstperspektivischer Phänomene prinzipiell bestreitet, und der eliminativistischen Position, die subjektives Erleben als Explanandum nicht akzeptiert, wurde hier für eine mittlere Position argumentiert: Selbstbewusstsein ist ein Phänomen, das in das kausale Naturgeschehen eingebettet ist, weshalb es auch prinzipiell möglich ist, es mithilfe von naturwissenschaftlichen Methoden zu beschreiben und weiter zu analysieren. Akzeptiert man diese Position, ist es erforderlich, eine philosophische Interpretation von Selbstbewusstsein einer empirischen Betrachtung zugänglich zu machen, und zwar in Form einer semantischen Transformation: Eine phänomenologische Interpretation von Selbstbewusstsein muss in eine funktionalistische Beschreibung übersetzt werden. Vor dem Hintergrund dieser Überlegungen ist Damasios Bewusstseinsmodell als ein empirischer Ansatz stark gemacht worden, mit dessen Hilfe subjektives Erleben weiter analysiert werden kann: Die subjektive Erlebnisperspektive begleitet Stimulus-induziertes intentionales Bewusstsein, weil die dadurch bewirkte Veränderung des Organismus repräsentiert wird. An Damasios Unterscheidungen verschiedener Ebenen des Objekt- und Selbstbewusstseins wird im vorliegenden Abschnitt angeknüpft.

Im Zentrum der Untersuchung stand bislang vor allem eine grundlegende und schwache Form des Selbstbewusstseins, das so genannte präreflexive Selbstbewusstsein, welches der Sache nach von Damasio als „Kern-Selbst" bezeichnet wird. Es stellt sich aber die Frage, wie sich der Übergang zwischen schwachen und starken Formen des Selbstbewusstseins vollzieht, welche Bedingungen erfüllt sein müssen, damit es zu reflektierten, propositionalen Selbstrepräsentationen kommt – eine Selbstbewusstseinsform also, die durch die Fähigkeit gekennzeichnet ist, sich explizit psychische und physische Eigenschaften zuzuschreiben sowie Gedanken über solche Zuschreibungen zu haben. Um diese Frage zu beantworten, ist es naheliegend, begriffliche Überlegungen mit empirischen Argumenten zu kombinieren. Besonders erhellend sind in diesem Zusammenhang Studien aus der Entwicklungspsychologie, in denen die kognitive Entwicklung von Kindern im vorsprachlichen Alter untersucht wird. Die verschiedenen Entwicklungsstadien geben Aufschluss über bestimmte elementare Fähigkeiten, die für ein reflektiertes Selbstbewusstsein notwendig sind. Und reflektiertes Selbstbewusstsein ist wiederum eine zentrale Bedingung dafür, dass Personen sich als konkrete Individuen mit einer für sie charakteristischen Lebensgeschichte begreifen können, was im vorliegenden Zusammenhang als „biographisches Selbstverständnis" bezeichnet wird.

Das Kapitel hat folgenden Aufbau: Ich werde zunächst eine allgemeine Voraussetzung für reflektiertes Selbstbewusstsein thematisieren, nämlich die Fähigkeit, zwischen Subjekt und Welt zu unterscheiden. Diese Voraussetzung zeigt sich im Kontext von entwicklungspsychologischen Studien, die sich (1) mit der unmittelbaren Körperwahrnehmung, der Körperbewegung und (2) der Interaktion mit Bezugspersonen befassen: Den Studien zufolge nimmt soziale Interaktion in der Entwicklung des Selbstbewusstseins von Kindern eine Schlüsselposition ein. Ich werde anschließend (3) die Fähigkeit diskutieren, anderen Personen mentale Fähigkeiten zuzuschreiben („Theory of Mind") und abschließend (4) den Zusammenhang von Theory-of-Mind-Fähigkeiten, Metakognition und reflektiertem Selbstbewusstsein untersuchen.

4.1 Stufen der Reflektiertheit und ihre Übergänge

Wie bereits hervorgehoben wurde, wird in vielen Theorien zwischen Formen des Selbstbewusstseins unterschieden, die mit typischen kognitiven Funktionen assoziiert sind. In diesen Ansätzen wird betont, dass ein nichtreflektiertes Selbstbewusstsein, das durch erlebnishafte Eigenschaften gekennzeichnet ist, eine Voraussetzung des reflektierten Selbstbewusstseins ist. Wie ist das genau zu verstehen? Zwei Antworten sind möglich. Die erste Antwort wird überwiegend von phänomenologischen Theorien gegeben. Ihnen zufolge ist präreflexives Selbstbewusstsein ein allgemeines Merkmal von mentalen Zuständen, d. h. es begleitet sämtliche mentalen Zustände, wie konkrete Objektwahrnehmungen, Empfindungen, Gedanken etc., weil es eine Voraussetzung für solche Zustände ist. Anders gewendet: Ohne präreflexives Selbstbewusstsein gäbe es keine konkreten intentionalen Zustände. Damit ist diese Form von Selbstbewusstsein eine ubiquitäre Eigenschaft von mentalen Zuständen.

Die zweite Antwort wird eher von Ansätzen der analytischen Philosophie des Geistes gegeben, die sich teilweise explizit auf empirische Argumente stützen (z. B. Bermúdez 1998, 2012; Newen/Vogeley 2000; Baker 2012). Präreflexives Selbstbewusstsein ist ihnen zufolge eine Eigenschaft von vor- und nichtsprachlichen Wesen, also von bestimmten Tieren und kleinen Kindern. Aus diesem Grund wird präreflexives Selbstbewusstsein als Entwicklungsstadium auf dem Weg zu einem komplexen Selbstbewusstsein ausgewiesen. Die empirisch gestützte Annahme lautet, dass Kleinkinder im vorsprachlichen Alter über eine implizite Form von Selbstbewusstsein oder Selbstgewahrsein verfügen, bevor sie kognitiv in der Lage sind, Ich-Gedanken zu haben und diese sprachlich zu artikulieren. Entwicklungspsychologische Studien zeigen, dass Selbstbewusstsein im vollständigen Sinn erst erreicht werden kann, wenn bestimmte – testbare – kognitive Bedingungen erfüllt sind. Für die philosophische Analyse sind diese Studien insofern relevant, als sie einzelne kognitive Funktionen in den Blick bringen, die als notwendige Komponenten des reflektierten Selbstbewusstseins geltend gemacht werden können (s. auch Musholt 2012).

Einer bereits erwähnten Definition von Selbstbewusstsein zufolge besteht reflektiertes Selbstbewusstsein in der Fähigkeit, sich selbst mentale Zustände, wie z. B. eine bestimmte Überzeugung oder Erinnerung, zuzuschreiben. Diese Fähigkeit wird jedoch in einem sozialen Raum erlernt und geht mit der Fähigkeit einher, auch anderen Personen mentale Zustände zuzuschreiben. Die Interpretation des Verhaltens anderer mithilfe von Zuschreibungen mentaler Zustände wird, insbesondere in kognitionswissenschaften Debatten, „Theory of Mind" genannt. Wenn Kinder hierzu in der Lage sind, dann wird dies als Nachweis gewertet, dass sie über Selbstbewusstsein in einem starken, reflektierten Sinn verfügen. Im Folgenden werde ich zunächst die Vorstufen dieser Fähigkeit diskutieren.

4.2 Die Unterscheidung zwischen Subjekt und Welt

Um die Entwicklung hin zu einem komplexen Selbstbewusstsein zu skizzieren, ist noch einmal auf die bereits erwähnte schwache und nichtreflektierte Form von Selbstbewusstsein zurückzukommen. Diese ist, so wurde gesagt, nicht an die Sprachfähigkeit von Individuen gebunden und manifestiert sich u. a. darin, dass man psychophysische Prozesse als die eigenen erlebt (Merkmal der „Meinigkeit"). Die Beschreibung dieses Merkmals impliziert allerdings, dass man zwischen sich und der Außenwelt unterscheiden kann.

Die Unterscheidung zwischen sich und der Umwelt (Unterscheidung zwischen „Selbst" und „Nicht-Selbst") gilt allgemein als elementare Voraussetzung für Selbstbewusstsein. Wie aber lernt man, zwischen der selbstbezogenen unmittelbaren Wahrnehmung und anderen Wahrnehmungsinhalten zu differenzieren? Entwicklungspsychologen fragen: Ab wann sind Kinder für Informationen, die sie selbst betreffen, sensitiv? Und aufgrund welcher Erfahrungen lässt sich diese Unterscheidung treffen?

4.2.1 Körperwahrnehmung

Eine zentrale Bedeutung kommt Studien zufolge der Wahrnehmung des eigenen Körpers zu. Sabina Pauen (2000, 292 ff.) differenziert zwischen der Innen- und Außenwahrnehmung des eigenen Körpers. Die Außenwahrnehmung ist dadurch charakterisiert, dass man Aspekte des eigenen Körpers prinzipiell mit den gleichen Mitteln (über den gleichen Sinneskanal) wahrnimmt wie andere – außenstehende – Personen dies tun würden. Das heißt, es gibt bestimmte Teile oder Bereiche des eigenen Körpers, die in annähernd derselben Weise auch von anderen – aus der Außenperspektive – wahrgenommen werden können: Eine andere Person kann meinen Arm visuell ebenso wahrnehmen wie ich selbst; sie richtet ihren Blick darauf, wie ich selbst auch. Zwar gibt es zwischen der Wahrnehmung aus Eigen- oder Fremdperspektive graduelle Unterschiede, was zum Beispiel deutlich wird im Hinblick auf die akustische Wahrnehmung der eigenen Stimme, die sich für einen selbst immer anders anhört als für einen Außenstehenden. Entscheidend für die Klassifizierung als Außenwahrnehmung des eigenen Körpers ist jedoch, dass die Wahrnehmung eines Bereichs des eigenen Körpers sowohl im Falle der eigenen als auch im Falle der fremden Perspektive über die gleiche Sinnesmodalität erfolgt.

Dies ist bei der Innenwahrnehmung des Körpers jedoch anders. Im Hinblick auf Phänomene wie z. B. Schmerzen und Muskelspannungen wird der Kontrast besonders deutlich. Diese Zustände können von Außenstehenden niemals in derselben Weise, über dieselben Sinnesmodalitäten, empfunden werden wie von einem selbst – aus der eigenen Perspektive. Der Organismus wird primär über die Propriozeption (somatische Eigenwahrnehmung) über bestimmte innere körperliche Zustände informiert, zu der Außenstehende keinen oder einen anderen Zugang haben. Diese Tatsache wird, wie an früherer Stelle beschrieben, auch von phänomenologischen und sprachanalytischen Ansätzen des Selbstbewusstseins hervorgehoben; diese Parallele zeigt sich besonders deutlich an Wittgensteins Unterscheidung bei der Rechtfertigung von Selbstzuschreibungen im Gebrauch von „ich" als Subjekt und „ich" als Objekt (s. Kap. 1.).

Eine entscheidende Einsicht von psychologischen Theorien ist jedoch, dass für die Fähigkeit, zwischen sich selbst und der Umwelt zu differenzieren, Kopplungen von Innen- und Außenwahrnehmung relevant sind. Wenn ich mein Bein ansehe und es gleichzeitig bewege, dann nehme ich mein Bein sowohl visuell (von außen) als auch propriozeptiv (von innen) wahr. Das heißt, ich nehme mich darin *zugleich* als Subjekt und Objekt wahr. Nach Pauen wird es dadurch überhaupt erst möglich, sich selbst als materielle Einheit mit bestimmten Eigenschaften zu betrachten (Pauen 2000, 292 f.).

Studien belegen, dass die Kopplung von Innen- und Außenwahrnehmung – in rudimentärer Form – bereits Säuglingen gegeben ist. So konnte beispielsweise gezeigt werden, dass schon fünf Monate alte Kinder in der Lage sind, ihre eigenen Körperteile (Beine und Arme) zu erkennen und sie von den Körperteilen anderer Kinder zu unterscheiden (Bahrick/Watson 1985). Das hat man dadurch herausgefunden, dass man den Kindern eine Videoübertragung ihrer eigenen Beinbewegungen zusammen mit Beinbewegungen anderer Kinder zeigte. Während sie das Video ansahen, nahmen sie vor allem die Beine der anderen Kinder in den Fokus und ließen die eigenen außer Acht. Damit konnte gezeigt werden, dass der Anblick des Körpers aus der Außenperspektive offensichtlich zur Aktivierung der eigenen Körperwahrnehmung führt. Und diese aktivierte Eigenwahrnehmung ist wiederum die Voraussetzung dafür, zwischen dem eigenen Körper und den Körpern anderer zu unterscheiden (Pauen 2000, 293). Interessant dabei ist, dass sich dieser Effekt eher dann einstellt, wenn sich Körperteile bewegen als wenn sie sich im Ruhezustand befinden.

4.2.2 Körperbewegung

Pauen verweist auf eine weitere Informationsquelle für die Unterscheidung zwischen sich und der Umwelt (Pauen 2000, 294 f.). Diese besteht in der Erfahrung der eigenen Bewegung im Raum. Die Wahrnehmungsperspektive legt den Ort des wahrnehmenden Subjekts fest. Dies impliziert, dass das Gesichtsfeld durch Bereiche des Körpers eingeschränkt wird: Das Gesichtsfeld ist durch eine bestimmte Kopfstellung begrenzt, die Nase verdeckt das Gesichtsfeld je nach Blickrichtung. Wenn Bewegungen wahrgenommen werden, dann geschieht dies entweder dadurch, dass man andere sich bewegende Objekte wahrnimmt, etwa einen Hund, der an einem vorbei läuft; oder indem man sich selbst bewegt – z.B. wenn man selbst einen Raum durchschreitet. Bei letzterem ändert sich sukzessive der Blickwinkel, was zu einer sich allmählich verändernden Wahrnehmung der sich im Gesichtsfeld befindlichen Objekte führt. Solche Veränderungen werden in Relation zur eigenen körperlichen Position im Raum wahrgenommen, die man ihrerseits propriozeptiv wahrnimmt. Bereits Säuglinge können offenbar zwischen der eigenen Bewegung und der Bewegung von Objekten unterscheiden (Pauen 2000, 295). So belegt eine Studie, dass schon vier Monate alte Säuglinge in der Lage sind, geometrische Figuren (Darstellung eines teilweise verdeckten Stabes) dann besonders gut zu erkennen, wenn die Figuren in Bewegung sind (Kellmann/Spelke 1983).

In einer frühen Entwicklungsphase von Kindern ermöglicht die Körperwahrnehmung demnach Erfahrungen, die für eine stabile Unterscheidung zwischen Selbst und Welt relevant sind: zum einen die Kopplung von Innen- und Außenwahrnehmung, zum anderen die Bewegungswahrnehmung im Raum, welche die Unterscheidung zwischen Eigen- und Fremdbewegung triggert. Sie stellen für die Entwicklung des Selbstbewusstseins von Kindern eine wichtige Voraussetzung dar.

Eine weitere Informationsquelle für die Unterscheidung zwischen Selbst und Welt ist die Interaktion mit anderen Personen. Wie im Folgenden deutlich werden soll, kommt ihr für die Entwicklung des Selbstbewusstseins von Kindern in verschiedener Hinsicht eine zentrale Bedeutung zu.

4.3 Die Unterscheidung zwischen Subjekt und Subjekt in der sozialen Interaktion

In der Entwicklungspsychologie wird zwischen verschiedenen Stufen der Interaktion mit anderen Subjekten unterschieden, die sich jeweils auf kognitive Entwicklungsstadien von Säuglingen und kleinen Kindern beziehen.

(1) *Primäre Intersubjektivität:* Eine sehr frühe Form der Interaktion ist die gegenseitige Imitation, in der sich eine frühe Form der Kommunikation manifestiert (Murray/Trevarthen 1985). Säuglinge ahmen das Verhalten von Bezugspersonen, meist einfache Bewegungen und Gefühlsausdrücke, nachweislich schon wenige Stunden nach der Geburt nach. Bei einer Imitationshandlung fixieren Säuglinge eine Bezugsperson und erhalten eine Reaktion von ihr, und zwar nach einem bestimmten Verhaltensmuster (z.B. auf Lachen erfolgt Zurücklachen; wenn Laute von sich gegeben werden, wird mit Lauten geantwortet). Bei der primären Intersubjektivität handelt es sich um eine dyadische, wechselseitige Aktivität.

Auch belegen Studien, dass schon 10 bis 11 Monate alte Säuglinge die Körperbewegungen anderer Personen als zielgerichtetes Verhalten, als Handlungen, wahrnehmen. Sie betrachten andere Personen demnach als handelnde Wesen, die ihre Bewegungen absichtsvoll einsetzen (z.B. Baldwin/Baird 2001). Die genannten Studien zeigen zweierlei: Zum einen können bereits kleine Säuglinge zwischen unbelebten Gegenständen und Personen unterscheiden. Zum anderen haben Säuglinge offenbar Erwartungen an das Kommunikationsverhalten von Bezugspersonen, was darauf hinweist, dass sie zwischen ihrer eigenen kommunikativen Rolle und der Rolle des Gegenübers unterscheiden können.

(2) *Sekundäre Intersubjektivität:* Hierbei handelt es sich um eine komplexere Form der Interaktion, zu denen erst Säuglinge ab 9 bis 12 Monate in der Lage sind. Einigen Psychologen zufolge ist erst diese Stufe der Interaktion für die Ausbildung eines einheitlichen Selbstbewusstseins relevant (Tomasello 1993). In diesem Alter

ist es Säuglingen möglich, mit anderen Personen gemeinsam etwas wahrzunehmen (*shared* oder *joint attention*). Sie beginnen, ihre Umwelt in einem pragmatischen Kontext wahrzunehmen. Ihre Aufmerksamkeit ist nun nicht mehr nur entweder auf einen einzelnen Gegenstand oder eine Person gerichtet, sondern sie können ein Objekt wahrnehmen und sich zugleich bewusst sein, dass auch eine andere Person mit dem Gegenstand befasst ist. Dies lässt sich feststellen, wenn das Kind (die Versuchsperson) den Blick und die Kopfbewegung einer anderen Person verfolgt, die sich einem Gegenstand zuwendet, und anschließend ebenfalls den Gegenstand anschaut (Pauen 2000, 306). Darüber hinaus weist etwa Tomasello darauf hin, dass Kinder in einer Situation geteilter Aufmerksamkeit ihre eigene emotionale Reaktion an die Reaktion der Interaktionspartner anpassen (*social referencing*) (Tomasello, 1993). Sie orientieren sich emotional an ihren Bezugspersonen. Anders als im Fall der primären Intersubjektivität handelt sich hier um eine triadische Situation: Zwei Personen (ein Kind, ein Erwachsener) beziehen sich gemeinsam auf ein Drittes, einen Gegenstand. Man sieht sich beispielsweise gemeinsam ein Stofftier an. Die Bezugsperson zeigt auf das Stofftier und lenkt somit die Aufmerksamkeit des Kindes auf das Objekt. Wenn nun die Bezugsperson Freude zeigt und lacht, dann ahmt das Kind in der Regel die Freude (über das Stofftier) nach. Es handelt sich in dieser Phase demnach um ein komplexeres Imitationsverhalten von Kindern als in der Phase der primären Intersubjektivität, in der einfache Handlungen und Bewegungen direkt imitiert werden, während nun Handlungen nachgeahmt werden, die sich auf Objekte beziehen.

Die Fähigkeit der geteilten Aufmerksamkeit und der Imitation von emotionalen Reaktionen gilt als Voraussetzung für die Fähigkeit, sich selbst und anderen Personen mentale Zustände zuzuschreiben (*Theory of Mind*). Diese Fähigkeit, die erst im vierten bis fünften Lebensjahr erreicht ist, stellt den Theorien zufolge die wichtigste Stufe in der Entwicklung von reflektiertem Selbstbewusstsein dar, nicht zuletzt deswegen, weil sich darin die Fähigkeit zur Metarepräsentation manifestiert, die Fähigkeit, kognitive Abläufe zum Gegenstand von Überlegungen zu machen. Und dies ist wiederum eine notwendige Voraussetzung für das Zielphänomen des biographischen Selbstverständnisses.

4.4 Theory of Mind

Die Fähigkeit, anderen Menschen mentale Zustände wie Überzeugungen, Wünsche, Gefühle und Handlungsabsichten zuzuschreiben und auf dieser Grundlage ihr Verhalten zu interpretieren, wird in der Philosophie oft als „Folk Psychology" bezeichnet. Der Ausdruck „Theory of Mind" stammt aus der Psychologie und hat sich in den kognitionswissenschaftlichen Debatten etabliert.[33] Die darunter verstandene Fähigkeit gilt in der Entwicklungspsychologie als Meilenstein in der Ausbildung von Selbstbewusstsein. Die entsprechende Annahme lautet: Wenn Kinder in der Lage sind, anderen Personen mentale Zustände zuzuschreiben, dann können sie solche Zustände ebenfalls sich selbst zuschreiben, weil die Erschließung eigener und fremder mentaler Zustände auf demselben kognitiven System basiert (Gopnik 1993). Und die Fähigkeit, sich selbst mentale Zustände zuzuschreiben, gilt in vielen philosophischen Theorien als adäquate Beschreibung von (reflektiertem) Selbstbewusstsein. Es stellt sich daher die Frage, was mit Theory-of-Mind-Fähigkeiten genau gemeint ist und welche Voraussetzungen hierfür gegeben sein müssen.

Über die Fähigkeit einer Theory of Mind zu verfügen bedeutet, Annahmen darüber machen zu können, wie andere Personen die Welt repräsentieren. Das Verhalten anderer wird interpretiert, indem man ihnen mentale Zustände oder Bewusstseinsvorgänge zuschreibt. Diese Fähigkeit ist komplex. Zum einen impliziert dies beispielsweise die Vorstellung, dass eigene und fremde Repräsentationen der Welt – je nach Umstand – voneinander abweichen können. Es ist ein Wissen darüber, dass nicht jedes Individuum, z. B. bedingt durch ein eingeschränktes Blickfeld, das aufgrund der individuellen Position im Raum variiert, über dieselben Informationen verfügt. Damit geht die weiterreichende Vorstellung einher, dass individuelle Überzeugungen über Sachverhalte von dem abweichen können, was tatsächlich der Fall ist. Zum anderen schließt dies die Fähigkeit ein, sich in eine andere Person „hineinzudenken" oder ihre Perspektive „zu übernehmen". Umstritten ist allerdings, wie dies in welchen Fällen genau funktioniert; auf konkurrierende Erklärungsansätze werde ich im weiteren Verlauf des Kapitels noch zu sprechen kommen.

Untersuchungen zur Theory of Mind legen den Akzent typischerweise auf kognitive Zustände und Funktionen. In den Blick genommen werden vor allem Überzeugungen, seltener emotionale oder volitionale Zustände. Der Grund ist, dass jüngere Kinder (schon Dreijährige und noch Jüngere) verstehen, dass andere Personen emotional und volitional geprägte Zustände, vor allem Wünsche und

---

[33] Der Ausdruck „Theory of Mind" wird in den Diskussionen nicht einheitlich gebraucht. Bisweilen wird darunter – in einem weiten Sinn – die (zu erklärende) Fähigkeit verstanden, anderen Personen mentale Zustände zuzuschreiben, die von den eigenen abweichen können; dies ist die von mir im vorliegenden Kontext favorisierte Verwendung. Bisweilen wird „Theory of Mind" enger gefasst und als eine epistemische Strategie verstanden, die von der so genannten Theorie-Theorie expliziert wird (die Theorie-Theorie sowie konkurrierende Ansätzen werde ich weiter unten diskutieren).

Präferenzen haben, wenn sie handeln. Kognitiv anspruchsvoller ist es jedoch zu verstehen, dass Handlungen nicht nur von Wünschen (im Sinne von basalen konativen Zuständen), sondern auch von Überzeugungen geleitet werden.

Eine viel diskutierte Frage ist, ob die Fähigkeit zur Fremdzuschreibung mentaler Zustände nur Menschen oder auch einigen Tieren zukommt (siehe z. B. Call/Tomasello 2008). Bedenkt man, dass mentale Zustände nicht direkt beobachtet werden können, könnte man annehmen, dass sie nur erschlossen werden können.[34] Das würde bedeuten, dass solche Zuschreibungen das Ergebnis von mehr oder weniger komplizierten Inferenzen sind. Damit würde man jedoch bereits die Annahme voraussetzen, dass psychologische Begriffe theoretische Begriffe sind, die analog zu Termen in den empirischen Wissenschaften zu verstehen und zu verwenden sind. Diese Erklärung für die Fähigkeit, anderen mentale Zustände zuzuschreiben, scheint selbst im Falle kognitiv hoch entwickelter Tiere wie nichtmenschlicher Primaten zu anspruchsvoll zu sein. Studien zeigen jedoch, dass z. B. Schimpansen durchaus in der Lage sind, zwischen absichtsvollen Handlungen und zufälligen Ereignissen zu unterscheiden und Aufmerksamkeitszustände anderer zu erkennen. Solche Kompetenzen werden als Vorläufer von voll ausgebildeten Theory-of-Mind-Fähigkeiten gewertet (ebd.).

Was aber heißt es, über eine Theory of Mind im vollständigen Sinn zu verfügen? Der sog. False-Belief-Test, den man bei kleinen Kindern anwenden kann (Wimmer/Perner 1983), gibt hierüber Aufschluss. Die Entwicklung der Grundidee wird deutlich, wenn man sich folgende Situation vorstellt: Ein Individuum (X) beobachtet ein anderes Individuum (Y), das eingesperrt ist und Anstalten macht, sich aus der Umgebung zu befreien. Das beobachtende Individuum X überblickt die Situation und kann Mittel und Wege aufzeigen, wie das eingesperrte Individuum Y ans Ziel gelangen könnte (z. B. mithilfe eines Schlüssels). Ist es hierfür aber erforderlich, Y mentale Zustände zuzuschreiben (mit Ausnahme des konativen Zustands des Sich-Befreien-Wollens)? X könnte die Problemsituation auch verstehen, ohne Y mentale Zustände zuzuschreiben. Hierfür reicht eine einfache Repräsentation der Lage aus, um die Situation zu verstehen und Mechanismen zur Problemlösung zu identifizieren. Denn X sieht folgende Ereignisse: Y bewegt sich; Y stößt auf Widerstand; Y beseitigt den Widerstand. Dabei scheint es nicht notwendig zu sein, dass X versteht, wie Y die Situation (möglicherweise) repräsentiert hat. Solche Tests wurden beispielsweise in den 70er Jahren erfolgreich mit Schimpansen durchgeführt (z. B. Premack/Woodruff 1978).

---

34 Die Annahme, dass mentale Zustände anderer nicht direkt wahrnehmbar sind, wird allerdings von Vertretern der so genannten Interaktionstheorie der sozialen Kognition bestritten – hierauf wird weiter unten näher eingegangen.

Die Fähigkeit der Fremdzuschreibung mentaler Zustände ist jedoch eindeutig dann gegeben, wenn sich zeigen lässt, dass jemand das Verhalten einer Person aufgrund einer falschen Überzeugung vorhersagen kann. Die Pointe dabei ist, dass der Gehalt der zugeschriebenen Überzeugung und der Weltzustand in diesem Fall nicht übereinstimmen. Das von Wimmer und Perner (1983) entwickelte experimentelle Paradigma der „False-Belief-Aufgabe" konfrontiert Kinder mit dem bekannten Maxi-Szenario; ihnen wird anhand von Bildern folgende Geschichte vermittelt: Maxi legt ein Stück Schokolade in den Küchenschrank und verlässt den Raum; in Maxis Abwesenheit nimmt die Mutter das Stück Schokolade aus dem Schrank heraus und legt es in eine Schublade. Nun betritt Maxi erneut den Raum. Kinder werden in dieser Testsituation mit der Frage konfrontiert, wo Maxi nach der Schokolade suchen würde. Kleinere Kinder (bis ca. dreieinhalb Jahre) geben durchweg die falsche Antwort: Maxi sieht in der Schublade nach. Erst Kinder im Alter von dreieinhalb bis vier Jahren sind in der Lage, die richtige Antwort zu geben: Das Kind versteht dann, dass Maxi eine bestimmte Überzeugung hat, die aber Zustände der Welt falsch repräsentiert. Wie lässt sich dieses Verstehen präziser fassen? Eine Voraussetzung ist, dass das Kind zwischen der Überzeugung auf der einen Seite und der Realität auf der anderen Seite unterscheiden kann. Es differenziert also zwischen dem, was tatsächlich (unabhängig von subjektiven Bezugnahmen) der Fall ist, und dem, was nur scheinbar der Fall ist. Dies wiederum erfordert ein Verständnis von mentalen Repräsentationen, die – je nach verfügbarer Information – fehlgehen können, d.h. Objekte *fälschlicherweise* als identische Objekte repräsentieren. Dieses repräsentationale Verständnis des Wahrnehmens und des Denkens entwickelt sich den Studien zufolge also im Alter zwischen drei und vier Jahren.

Aufschlussreich für das genauere Verständnis der Theory of Mind sind Fälle, in denen die Fähigkeit und ihre Voraussetzungen gestört sind. Autistische Kinder, deren Kommunikationsverhalten nachweislich eingeschränkt ist, zeigen oftmals massive Defizite, andere Menschen zu verstehen, ihre mentalen Zustände zu repräsentieren. Hierüber gibt es eine extensive Forschung, die an dieser Stelle nicht detailliert ausgewertet werden kann. Studien belegen aber, dass vierjährige autistische Kinder, deren Intelligenz normal entwickelt ist, nicht oder kaum in der Lage sind, falsche Überzeugungen zu repräsentieren (z. B. Baron-Cohen et al. 1985). Eingeschränkt ist bei ihnen auch bereits die Vorläufer-Kompetenz der geteilten Aufmerksamkeit (*joint attention*). Die Ergebnisse deuten also auf einen mehr oder weniger stark ausgeprägten Entwicklungsrückstand in der Repräsentation mentaler Zustände und Perspektiven anderer Personen hin.

Die Suche nach einer *Erklärung* der Theory-of-Mind-Fähigkeit (losgelöst von psychpathologischen Fällen) lenkt den Blick auf die Frage, welche epistemischen Strategien und zugrunde liegenden Prozesse für die Fähigkeit, anderen Personen mentale Zustände zuzuschreiben, relevant sind. Diese Frage ist für den vorliegenden Problemzusammenhang insofern wichtig, als Theory-of-Mind-Fähigkeiten als notwendige Voraussetzung für die Fähigkeit zu komplexen Selbstzuschreibungen und einem kohärenten personalen Selbstverständnis zu betrachten sind. Die Diskussionen der Psychologie, Philosophie und Kognitionswissenschaften wird von zwei Standardtheorien dominiert: der Simulationstheorie und der Theorie-Theorie.

Die Erklärung der Simulationstheorie lautet im Kern, dass man sich in die Lage der anderen Person hineinversetzt, wenn man ihr psychische Zustände zuschreibt (z. B. Goldman 1989, 2006). Die Fremdzuschreibung wird dadurch zustande gebracht, dass man diese Zustände in sich selbst vollzieht oder simuliert und sich fragt, was man selbst in einer vergleichbaren Situation denken und wollen würde. Man nutzt die eigene Perspektive (das eigene Verständnis und Erleben) als Modell für die Perspektive anderer. Goldman unterscheidet zwei Ebenen der Simulation, eine implizite und vorbewusste Form, die z. B. im Angesicht von Schmerzzuständen und emotionalen Zuständen anderer, die sich etwa mimisch äußern, wirksam ist (Goldman 2006, 113); diese basale Form der Simulation steht in Zusammenhang mit der Aktivierung von Spiegelneuronen (Rizzolati et al. 1996; Gallese et al. 1996). Die höhere explizite Form der Simulation beschreibt ein bewusstes Sich-Hinein-Versetzen in die Situation einer anderen Person mit dem Ziel, ihr Verhalten zu interpretieren und vorherzusagen.

Nach der Theorie-Theorie dagegen greift man, wenn man anderen Personen mentale Zustände zuschreibt, auf eine alltagspsychologische Theorie zurück – in ähnlicher Weise wie ein Wissenschaftler eine wissenschaftliche Theorie anwendet (z. B. Gopnik/Metzloff 1997). Mithilfe der Theorie, die implizit oder explizit bewusst sein kann, wird beobachtbares Verhalten mit Vorstellungen über mentale Zustände gekoppelt. Sieht man beispielsweise, wie eine Person in bestimmter Weise das Gesicht verzieht, und weiß man, dass ein solcher Gesichtsausdruck typischerweise den mentalen Zustand <Angst haben> ausdrückt, dann lässt sich daraus die Behauptung ableiten, dass die beobachtete Person Angst hat. Die Theorie liefert Überzeugungen darüber, welche mentalen Zustände und Prozesse sich hinter einem bestimmten beobachtbaren Verhalten verbergen. Man kann sich die Theorie als eine dispositional vorhandene Liste von Konditionalsätzen vorstellen (*wenn* Verhalten V, *dann* mentaler Zustand Z; wenn Klaus zum Kühlschrank geht und sich eine Flasche Bier herausholt, dann hat Klaus Durst auf Bier und weiß, dass sich im Kühlschrank Bier befindet). Die Theorie, über die Personen der Annahme nach verfügen, um anderen mentale Zustände zuzuschreiben, ist also ein System impliziten begrifflichen Wissens. Dieses Wissen, die Bedeutung von mentalen Begriffen und mit ihnen korreliertem Verhalten, wird von Kindern sukzessive erworben, indem sie andere Personen beobachten und mit ihnen interagieren. Die zentrale Annahme der Theorie-Theorie ist, dass das Verstehen anderer aus einer relativ distanzierten, theoretischen Haltung gegenüber anderen Personen heraus erfolgt, analog zu der theoretischen Haltung eines Wissenschaftlers gegenüber seinem Untersuchungsgegenstand.

Zu beachten ist, dass die beiden Modelle sich keineswegs ausschließen müssen. Vor allem neuere Ansätze argumentieren zunehmend für eine Mischform als Erklärung für Theory-of Mind-Fähigkeiten. Die Differenzierung von Ebenen des Verstehens anderer – je nachdem, in welchem Verhältnis man zu der Person steht, deren Verhalten man interpretieren möchte – ist meines Erachtens sachlich weiterführend und orientiert sich an unserer Alltagserfahrung (z.B. Newen/Schlicht 2009; de Vignemont 2009). Zu berücksichtigen ist ferner, dass die Theorien teilweise implizite automatisierte, teilweise explizite Prozesse beschreiben.

Die beiden Standardtheorien sind in letzter Zeit jedoch zunehmend in die Kritik geraten. Tonangebend ist hier vor allem die so genannte Interaktionstheorie (z.B. Gallagher 2008; Ratcliffe 2007; Fuchs/De Jaegher 2008). Hervorgehoben werden im Wesentlichen zwei Probleme: Zum einen machten beide Positionen die ungerechtfertigte Annahme eines unbeteiligten Beobachters, der die mentalen Zustände anderer mithilfe der jeweiligen Strategien erfasse; übersehen werde dabei die Rolle des wechselseitigen Interagierens für die Möglichkeit, andere zu verstehen.[35] Zum anderen wird kritisiert, dass intersubjektives Verstehen in den meisten Fällen kognitiv viel weniger anspruchsvoll und kompliziert sei als die beiden Ansätze es nahelegen. In den meisten Alltagssituationen sei es gar nicht nötig, mentale Zustände anderer Personen zu simulieren oder zu erschließen, vielmehr könne man sie *direkt* wahrnehmen – indem man den Personen ins Gesicht sehe, ihre Gesten und Bewegungen wahrnehme oder den Ton ihrer Stimme vernehme (Gallagher 2008). Relevant sei dabei die Tatsache, dass Personen körperlich – gestisch und mimisch – aufeinander bezogen seien. Die Interaktionstheorie macht meines Erachtens richtigerweise auf die Rolle der Wechselseitigkeit aufmerksam, die in den Standardpositionen nicht beachtet werden. Allerdings hat der Ansatz eigene Probleme, so ist etwa unklar, ob die These der direkten

---

35 Nicht ganz klar ist im Rahmen der Interaktionstheorie, in welcher bedingungslogischen Beziehung soziale Interaktion und das Verstehen anderer stehen. Soziale Interaktion ist mindestens eine Erwerbsbedingung, was der Sache nach unstrittig sein dürfte (siehe dazu meine Ausführungen in Kap. 4.3). Es finden sich z.B. bei Fuchs/De Jaegher (2009) Hinweise, wonach soziale Interaktion für das Verstehen anderer *konstitutiv* sei. Gegen diese starke These sprechen aus meiner Sicht jedoch zahlreiche Alltagssituationen, in denen wechselseitiges Interagieren fehlt und soziales Verstehen möglich ist, z.B. wenn eine Person eine andere aus der Ferne beobachtet und ihr Verhalten interpretiert.

Wahrnehmbarkeit mentaler Zustände anderer tragfähig bzw. kohärent ist.[36] Ein weiteres Problem des Ansatzes scheint mir darin zu bestehen, dass nicht alle Formen des Verstehens anderer eine direkte Interaktion voraussetzen.

In eine andere Richtung weist Dan Huttos Kritik (2007b). Ihm zufolge gehen die Standardtheorien darin fehl, dass sie sich bei ihren Versuchen, die Fähigkeit des Verstehens anderer zu erklären, zu eng auf subpersonale Prozesse und Mechanismen beschränken. Er argumentiert, dass die Standardtheorien unsere alltagspsychologische Kompetenz nicht erklären könnten und hält sie daher für nutzlos. Der False-Belief-Test würde zwar zeigen, dass Kinder verstehen, was eine Überzeugung ist, da sie sie einer anderen Person korrekt zuschreiben; dies zeige jedoch nicht, dass sie propositionale Einstellungen zu Handlungsgründen zusammensetzen könnten (Hutto 2007b, 51ff.). Denn das Verstehen von Überzeugungen und das Verstehen von Handlungsgründen seien logisch verschieden. Seiner Auffassung nach liegt der komplexen Fähigkeit, Gründe für das Verhalten anderer zu verstehen und anzugeben, eine kommunikative, narrative Praxis zugrunde („Hypothese der narrativen Praxis"): Schon sehr kleine Kinder werden aktiv in eine soziale Praxis des alltagspsychologischen Geschichtenerzählens eingebunden. In den meisten Erzählungen (z. B. Märchen, Cartoons etc.) werden psychische Zustände von Personen thematisiert, die als Erklärungsgrundlage ihres Verhaltens fungieren. Kinder, so die Annahme, eignen sich auf diesem Wege alltagspsychologische Kompetenzen an, wobei sie zugleich die Selbstzuschreibung mentaler Prädikate erlernen. Hutto verbindet mit seinem Ansatz eine alternative Erklärung für die Grundlagen und Bedingungen einer Theory of Mind, also der Fähigkeit, andere Menschen zu verstehen, ihr Verhalten im Rückgriff auf eine Kombination von propositionalen Einstellungen wie Wünschen und Überzeugungen zu begreifen. Ich halte es durchaus für plausibel, dass über eine solche narrative Praxis alltagspsychologische Kompetenzen eingeübt und möglicherweise verbessert werden. Allerdings behauptet Hutto mit seinem Ansatz, dass man auf die Analysen der Theorie-Theorie sowie der Simulationstheorie gänzlich verzichten könne, weil die betreffenden Kompetenzen vollständig im Rekurs auf narrative Praktiken erklärt werden können. Dies halte ich aus verschiedenen Gründen für wenig überzeugend. Zum einen ist fragwürdig, ob erzählte Figuren und Handlungen in Märchen (Huttos Beispiel) tatsächlich die Funktion haben können, die Hutto ihnen zuschreibt. Denn in einem textuell vermittelten Setting fehlen wahrnehmbare Körper, die in Alltagssituationen der sozialen Kognition, wo

---

[36] Selbst wenn man zugesteht, dass es überhaupt so etwas wie eine direkte nichtinferenzielle Wahrnehmung mentaler Zustände anderer geben kann, scheint diese allenfalls auf basale (motorische) Intentionen und Basis-Emotionen erfolgreich anwendbar zu sein. Siehe dazu z. B. Spaulding (forthcoming).

es vor allem um das Verstehen nichtverbalen Verhaltens anderer durch die Zuschreibung mentaler Prädikate geht, eine wichtige Rolle spielen. Darüber hinaus setzt das Verstehen von erzählten Verhaltensweisen bereits alltagspsychologische Kenntnisse voraus – zumindest in einem rudimentären Sinn –, und dies wird wiederum vor allem durch die Theorie-Theorie expliziert. Dass Huttos exklusiver Erklärungsanspruch durch die Hypothese der narrativen Praxis verfehlt ist, wird auch deutlich, wenn man bedenkt, dass die alltagspsychologische Zuschreibungspraxis dynamisch und kontextabhängig ist. Eine These, die im Experiment bestätigt werden müsste, könnte lauten, dass an der Entwicklung alltagspsychologischer Kompetenzen durch soziale narrative Praktiken nicht nur wechselseitige Interaktion, sondern auch z. B. Vorformen der Simulation beteiligt sind und sich auf das Verstehen von alltagspsychologisch relevanten Geschichten auswirken. Die Annahme wäre also, dass sich narrative, interaktive, theoretische und simulative Kompetenzen wechselseitig verstärken.

Eine aus meiner Sicht relevante und bislang vernachlässigte Komponente bringt Albert Newen mit seiner Personenmodelltheorie in die Diskussion ein (Newen 2015). Er vertritt die These, dass die Fähigkeit, mentale Zustände und das Verhalten anderer Personen zu verstehen, wesentlich von gespeichertem Wissen (*background knowledge*) über einzelne Personen oder Personengruppen abhängt. Newen argumentiert für eine Unterscheidung zwischen zwei Typen von Personenmodellen (Newen 2015, 12ff.): einem impliziten und einfachen Personenschema (über das bereits Säuglinge verfügen), zu verstehen als eine im Gedächtnis gespeicherte Vorstellung, die physiognomische, stimmliche und körperliche Merkmale einer Person integriert; und einem expliziten und komplexen Personenbild, das neben den sinnlich wahrnehmbaren Eigenschaften einer Person auch biographische Informationen und Persönlichkeitsmerkmale speichert. Personenmodelle haben praktische und heuristische Funktionen, sie werden in spezifischen Kontexten aktiviert, um ein schnelles und präzises soziales Verstehen zu ermöglichen. Newens Vorschlag ist auch deswegen interessant, weil er an die anderen Positionen, die unterschiedliche epistemische Strategien des Verstehens anderer explizieren, anschlussfähig ist. Dies genauer auszuführen, würde an dieser Stelle jedoch zu weit führen.

4.5 Metarepräsentation und Metakognition

Wie lässt sich nun der Zusammenhang zwischen der Fähigkeit, sich auf psychische Zustände anderer zu beziehen, und der Fähigkeit zu Selbstbewusstsein genauer fassen? Entscheidend ist hier der begriffliche Zusammenhang, der zwischen den beiden Fähigkeiten besteht. Dieser ist für die vorliegende Problemstellung –

einer adäquaten Beschreibung des biographischen Selbstverständnisses von Personen – explanatorisch von Bedeutung. Das begriffliche Verhältnis wird erkennbar, wenn man sich die allgemeine Form des Verstehens anderer Personen vergegenwärtigt. Wer das Verhalten einer anderen Person verständlich macht, unterstellt, dass sie entsprechende psychische Prozesse und Einstellungen hat, die sich auf ihr Verhalten auswirken. Dabei richtet der Beobachter sein Denken, einen psychischen Zustand, auf psychische Zustände einer anderen Person. Er macht also einen psychischen Zustand oder Prozess zum Gegenstand eines eigenen psychischen Zustands und repräsentiert ihn *als* einen psychischen Zustand. Diese Beschreibung – als Fall von Metarepräsentation – lässt sich auch auf eine einzelne Person anwenden. In dieser Beziehung bezeichnet Metarepräsentation die Fähigkeit, eigene mentale Zustände zu repräsentieren, intentionale Einstellungen höherer Ordnung zu bilden. „Ich glaube, dass ich hungrig bin", „Mir wurde bewusst, wie falsch ich mit meiner Einschätzung lag" – sind Sätze, die die Fähigkeit zur (reflexiven) Metarepräsentation zum Ausdruck bringen. Dass der Zusammenhang von Theory of Mind und reflexiver Metarepräsentation mehr als bloß eine strukturelle Ähnlichkeit ist, zeigen entwicklungspsychologische Studien: Bei Kindern entwickelt sich die Fähigkeit, anderen Personen psychische Zustände zuzuschreiben, und die Fähigkeit, eigene psychische Zustände zu repräsentieren, parallel (Lang/Perner 2002). Darüber hinaus belegen Experimente, dass autistische Kinder Defizite im Hinblick auf beide Zuschreibungsformen (Selbst- und Fremdrepräsentation) aufweisen (vgl. Frith/Happé 1999). Auch zeigen Studien funktioneller Bildgebung deutliche Überschneidungen der relevanten Hirnareale, die sowohl bei der mentalen Repräsentation eigener als auch fremder mentaler Zustände aktiv sind (z. B. Happé 2003).

Für den vorliegenden Problemzusammenhang ist es wichtig zu sehen, dass die selbstbezogene Metarepräsentation eine strukturelle Bedingung für die Fähigkeit zu kognitiv anspruchsvollen Selbstbezugnahmen ist: Metarepräsentationale Fähigkeiten müssen notwendigerweise gegeben sein, damit eine Person ein kohärentes Selbstverständnis ausbilden kann, d. h. eine Selbstrepräsentation eines zeitlich existierenden Individuums mit konkreten Charaktereigenschaften. Dass dafür jedoch weitere Bedingungen erfüllt sein müssen, liegt auf der Hand; diese werden im Folgenden der Reihe nach expliziert. Ist es aber ohne Weiteres klar, dass Metarepräsentation hierfür eine notwendige Bedingung ist? So argumentiert etwa Joëlle Proust (2007) für die logische Verschiedenheit von Metarepräsentation und der kognitiv komplexeren Metakognition. Unter „Metakognition" versteht sie z. B. explizite evaluative Selbstbezugnahmen, typischerweise Beurteilungen vergangener und zukünftiger kognitiver Vollzüge („Habe ich nicht etwas vergessen?", „Wie kann ich X das nächste Mal besser machen?"). Umschrieben wird dies als „Nachdenken über das eigene Denken" (Proust 2007, 271), als ein reflexives Denken also, mit dessen Hilfe sich das Subjekt normativ auf die eigenen Denkvollzüge bezieht. Proust argumentiert, dass diese Fähigkeit nicht notwendigerweise Metarepräsentation voraussetzt bzw. entsprechende Zustände keine metarepräsentationale Struktur aufweisen müssen; vielmehr handele es sich in vielen Fällen um die (nichtpropositionale) Simulation eines kognitiven Inhalts. Was das heißt, wird zunächst anhand von Zuständen beschrieben, die nicht metakognitiv sind, sondern die sich auf die Einschätzung eigener Körperbewegungen beziehen, z. B. wenn jemand einschätzen möchte, ob er es schafft, über eine große Pfütze zu springen (279). Dabei, so Proust, simuliere man off-line dynamische motorische Repräsentationen, wodurch ein „inneres Feedback" generiert werde, das schließlich eine korrekte Abschätzung ermögliche. Diese Beschreibung treffe, so Prousts These, ebenso auf „metakognitives Handeln" zu, etwa beim bewussten Abrufen einer Erinnerung, wenn man z. B. in Bezug auf eine vergangene Situation einschätzen möchte, wie man sich seinerzeit bewegt und verhalten hat. Proust zufolge wird in solchen Fällen auch „nichtbegriffliches, dynamisches Wissen" abgerufen. Anders gewendet, es gibt Fälle von Metakognition, die – im Unterschied zu propositionalen metarepräsentativen Zuständen – nichtbegrifflich strukturiert sind.[37] Hiergegen lässt sich jedoch grundsätzlich einwenden, dass repräsentationale Zustände weder notwendig begrifflich strukturiert noch propositional sein müssen.[38] Der von Proust verwendete Begriff der Metarepräsentation ist also sehr eng gefasst, was zur Folge hat, dass eine Strukturbeschreibung fehlt, die für die Erhellung des vorliegenden Problemzusammenhangs jedoch gebraucht wird. Ähnliches gilt für Prousts ebenfalls eng verstandenen Begriff der Metakognition (s.o.). In Teil III. werde ich die für den vorliegenden Kontext wichtige *metakognitive* Fähigkeit der praktischen Selbstevaluation diskutieren. Ich werde dabei die These vertreten, dass Metarepräsentation die *Form* praktischer Selbstevaluation ist („An welchen Wünschen und Vorstellungen will ich mein Verhalten ausrichten – welche Entscheidungen sind mir wichtig?") und insofern als deren formale Bedingung anzusehen ist.

---

[37] So wird an einigen Stellen „Metarepräsentation" mit der Wendung „representing *that* one does X" paraphrasiert (z. B. mehrfach hier: Proust 2007, 279).
[38] Vgl. dazu Argumente von repräsentationalen Theorien nichtbegrifflichen Gehalts (Bermúdez 1995, Tye 2000) sowie die Argumente für repräsentationale Zustände, die keine propositionalen Zustände sind, deren Gehalt dennoch durch Erfüllungsbedingungen konstituiert wird (z. B. Searle 2002, 61–76; Stephan 2004).

4.6 Zusammenfassung

Die beiden letzten Unterkapitel haben verdeutlicht, dass Selbstbewusstsein ein voraussetzungsreiches und vielschichtiges Phänomen ist. Argumentiert wurde, dass vorsprachliche Formen des Selbstbewusstseins reflektierten Formen des Selbstbewusstseins und Selbstwissens zugrunde liegen. Argumente für ein logisches Voraussetzungsverhältnis wurden durch entwicklungspsychologische Erkenntnisse ergänzt und bestätigt. Voraussetzungen für reflektiertes Selbstbewusstsein spiegeln sich in kognitiven Entwicklungsstadien von Kindern im vorsprachlichen Alter wider, etwa in der Unterscheidung von Subjekt und Welt, die durch die körperliche Eigenwahrnehmung und die perspektivierte Körperbewegung möglich wird. Weitere wichtige Entwicklungsstadien beziehen sich auf frühe Formen der sozialen Interaktion (frühe Imitationshandlungen; geteilte Aufmerksamkeit und emotionale Orientierung). Diese Entwicklungsstadien sind als Vorstufen der komplexen Fähigkeit des Verstehens und Zuschreibens eigener und fremder mentaler Zustände aufzufassen. Die Fähigkeit, sich sinnvoll auf Bewusstseinszustände anderer Personen zu beziehen, ist nicht nur formal analog zur Fähigkeit, die eigenen psychischen Zustände zum Gegenstand von Überlegungen zu machen; beide Fähigkeiten entwickeln sich bei Kindern ungefähr zur selben Zeit und werden von nahezu denselben neuronalen Aktivierungsmustern realisiert. Die allgemeine Kompetenz für Selbstzuschreibungen und -thematisierungen ist für die Ausbildung eines anspruchsvolleren reflektierten Selbstverständnisses grundlegend.

Insgesamt ist allerdings zu beachten, dass die vorangegangenen Analysen sich mit einer wesentlichen strukturellen Bedingung des biographischen Selbstverständnisses befasst haben. Dass weitere Bedingungen aufgezeigt werden müssen, ist an verschiedenen Stellen bereits angedeutet worden. So kann die Explikation von Selbstbezugnahmen, die sich auf phänomenale, empirische, semantische und epistemische Aspekte konzentriert, wie in diesem Kapitel geschehen, beispielsweise keinen Aufschluss über evaluative Komponenten geben, durch die das biographische Selbstverständnis ebenfalls charakterisiert ist; hierum wird es u. a. in Teil III. gehen. Auch wurde die zeitliche Dimension bislang kurz im Zusammenhang mit der zeitlichen Erstreckung von Bewusstseinsinhalten angesprochen. Was es heißt, dass Personen sich als Einheit über die Zeit hinweg verstehen und wie dies mit dem Problem der personalen Identität über die Zeit hinweg zusammenhängt, wird Gegenstand des folgenden Kapitels sein.

II Transtemporale Identität und transtemporales Identitätsbewusstsein

5 Transtemporale Identität von Personen: Identitätsurteile und ihre Vorannahmen

Die Fähigkeit zu Selbstbewusstsein ist eine notwendige Voraussetzung des biographischen Selbstverständnisses von Personen. Die Analyse dieser Fähigkeit erhellt eine zentrale Struktur und wichtige Eigenschaften dieses Phänomens. Doch um der Komplexität des biographischen Selbstverständnisses gerecht zu werden, müssen weitere Bedingungen in den Blick gebracht werden. Im vorliegenden Teil wird es um eine solche weitere Dimension des zu erklärenden Phänomens gehen. Personen, die sich Charaktereigenschaften zuschreiben, indem sie sich auf Repräsentationen von Episoden ihres Lebens beziehen, haben ein Bewusstsein ihrer zeitlichen Kontinuität. Sie „wissen", dass sie als numerisch *eine* Person über die Zeit hinweg existieren. Dieser Aspekt des personalen Selbstverständnisses erinnert an ein klassisches Problem der Philosophie: das Problem der „personalen Identität über die Zeit hinweg". Dabei geht es um die Frage, was es heißt, ein Individuum über die Zeit hinweg als ein- und dasselbe zu bezeichnen – also darum, welche Bedingungen erfüllt sein müssen, damit man sagen kann, es handele sich bei einer Person zu t_1 und einer Person zu t_2 um *eine* Person (und nicht um zwei verschiedene). Die Mehrzahl der aktuell diskutierten Ansätze argumentieren dafür, personale Identität über die Zeit hinweg im Rückgriff auf bestimmte körperliche und/oder psychische Eigenschaften zu analysieren.[39] Hervorzuheben ist, dass es sich dabei um Kriterien handelt, deren Erfülltsein prinzipiell aus der Beobachterperspektive verifiziert werden kann. Solche Ansätze setzen insofern auch für die Begründung des Identitätskriteriums die Perspektive der dritten Person voraus. Sie liefern meines Erachtens wichtige Einsichten, die für die alltägliche Anwendung des Identitätsbegriffs auf Personen eine Rolle spielen: Es sind oftmals körperliche und psychische Kontinuitätsrelationen eines Individuums, die wir in Zweifelsfällen in Betracht ziehen. Was die genannten Ansätze jedoch nicht berücksichtigen und was im vorliegenden Kontext vor allem interessiert, ist, allgemein gesprochen, die Perspektive der ersten Person. Es stellt sich daher die Frage, welche begrifflichen Verbindungen zwischen der zeitübergreifenden personalen Identität und den charakteristischen Eigenschaften der Perspektive eines Subjekts bestehen. Wer mit den Debatten zur transtemporalen Identität von Personen vertraut ist, wird an dieser Stelle eventuell vermuten, dass ich für einen spezifischen metaphysischen Ansatz argumentieren werde, einen

---

[39] Für einen Überblick über die Debatten, die vor allem in den 60er bis 80er Jahren des letzten Jahrhunderts stattgefunden haben, siehe Noonan 1989.

Ansatz, der die subjektive Perspektive für das Vorliegen von Identität als *konstitutiv* betrachtet. Mit den folgenden Überlegungen wird jedoch nicht das Ziel verfolgt, eine solche metaphysische Position zu entwickeln; dass dies für den vorliegenden Zusammenhang nicht zweckmäßig ist, soll im Laufe des Kapitels verdeutlicht werden. Argumentiert wird vielmehr für eine alltagspsychologische Sichtweise, die zeigen soll, welche Rolle der Tatsache, dass Personen über eine subjektive Innenperspektive verfügen, (neben körperlichen und psychischen Kontinuitätsrelationen) bei Fragen transtemporaler Identität zukommt. Die damit verbundene Klärung bringt natürlicherweise Theorien in den Blick, die transtemporale Personenidentität auf die eine oder andere Weise definieren, auch wenn diese ein genuin metaphysisches Interesse verfolgen und weniger eine alltagspsychologische Erhellung anstreben.

Die hier verfolgte Frage hat zwei Aspekte, die von Bedeutung sind: Zum einen gilt es zu klären, was es eigentlich heißt, die zeitübergreifende Identität speziell von *Personen* zu beurteilen – zu klären, welche Annahmen bei entsprechenden Aussagen gemacht werden (z.B „Dies ist Lisa, mit der ich vor 20 Jahren zur Schule gegangen bin", worin die Aussage impliziert ist: „Lisa (heute) ist numerisch identisch mit Lisa, mit der ich vor 20 Jahren zur Schule gegangen bin"). Unterscheiden sich solche Urteile von anderen Urteilen, die sich z.B. auf materielle Gegenstände beziehen? Werden solche Urteile anders fundiert, und wenn ja, warum? Zum anderen ist zu fragen, was es bedeutet, dass eine Person sich als zeitlich fortdauerndes einheitliches Individuum begreift. Was sind die psychischen Bedingungen hierfür? Das folgende Kapitel befasst sich zunächst mit dem ersten Aspekt – also mit der Frage nach der besonderen Semantik von Urteilen über die zeitübergreifende Identität einer bestimmten Klasse von Dingen: von bewusstseinsfähigen Individuen. Der zweite Aspekt ist Gegenstand der daran anschließenden Abschnitte.

Das Kapitel ist folgendermaßen aufgebaut: Um das philosophische Problem der transtemporalen Personenidentität oder „Persistenz" zu verdeutlichen, wird als erstes (1) der Begriff der zeitübergreifenden Identität erläutert. Es wird die allgemeine Frage gestellt, was es heißt, einen Gegenstand über die Zeit hinweg als numerisch identischen Gegenstand zu bezeichnen, und auf welchen allgemeinen Voraussetzungen eine solche Zuschreibung basiert. Anschließend (2) werde ich mich der Frage zuwenden, ob Urteile zeitübergreifender Identität, die wir im Alltag fällen, strukturell variieren, je nach Art des Gegenstandes, auf den sie sich beziehen. Ich werde mich dabei auf den Unterschied zwischen (nichtbewusstseinsfähigen) Artefakten und bewusstseinsfähigen Individuen beschränken. Das Argumentationsziel besteht darin zu zeigen, dass die Perspektive der ersten Person für die Klärung der Identität von bewusstseinsfähigen Individuen relevant ist.

5.1 Das Problem der transtemporalen Identität von Personen

Der Begriff der transtemporalen oder diachronen personalen Identität ist Gegenstand intensiver und lang andauernder Debatten in der klassischen und neueren Philosophie des Geistes. Ihren Anfang genommen hat die Diskussion mit John Lockes *Essay Concerning Human Understanding* (1689). Locke stellt hier die Frage, welche Bedingungen erfüllt sein müssen, um eine Person nach verstrichener Zeit zutreffenderweise (noch) als ein- und dieselbe zu bezeichnen (Locke 1975, Book II, Chap. XXVII). Zu beachten ist allerdings, dass Lockes Fragestellung einen praktischen, forensischen Hintergrund hat. Lockes Begründung für zeitübergreifende personale Identität steht im Lichte der Frage, unter welchen Bedingungen eine Person für Taten, die sie zu einem früheren Zeitpunkt begangen hat, zur Verantwortung gezogen werden kann. Dieser ethisch relevanten Frage liegt jedoch die metaphysische Fragestellung zugrunde, die nach Kriterien für die numerische Identität oder Fortexistenz (*persistence*) von Personen sucht: Personen verändern sich zwar nachweislich in der Zeit, und dennoch bleiben sie – zumindest normalerweise – numerisch *eine* (ein- und dieselbe) Person. Typische Fragen lauten dabei: Welche Veränderungen sind mit dem Bestehen zeitübergreifender Identität einer Person kompatibel? Welche Eigenschaften spielen im Hinblick auf ihr Fortbestehen eine *konstitutive* Rolle? In den Diskussionen geht es daher keineswegs um die Begründung bloßer Evidenzkriterien, sondern um konstitutive Kriterien, um die Begründung notwendiger und hinreichender Bedingungen, die für das Vorliegen von zeitübergreifender Identität erfüllt sein müssen. Diese methodologische Blickrichtung ist, wie ich in der Einleitung zu diesem Kapitel bereits erwähnt habe, für den übergreifenden Problemzusammenhang des Buches zwar nicht zentral. Der folgende Einblick in entsprechende metaphysische Debatten dient aber dazu, den Begriff der Identität und allgemeine Intuitionen zur Thematik zu klären. Bei der Klärung werde ich eine alltagspsychologische Sichtweise einnehmen, um die Rolle der subjektiven Erfahrungsperspektive für die Fundierung von Urteilen transtemporaler Identität zu verdeutlichen. Auf dieser Basis soll anschließend das *Bewusstsein* numerischer Identität als strukturelle Bedingung des biographischen Selbstverständnisses ausgewiesen werden.

5.2 Allgemeine Überlegungen zum Begriff der transtemporalen Identität

Wenn man sich dem Identitätsproblem zuwendet, führt dies zunächst zu der Frage, was der Begriff der zeitübergreifenden Identität – losgelöst von Bezügen zu konkreten Einzeldingen – eigentlich genau bedeutet. Ein analytisch nahe liegendes Verfahren besteht darin, den Begriff der Identität, insofern er über etwas, das in der Zeit existiert, ausgesagt wird, zu analysieren und Regeln seiner Anwendung zu formulieren. Bei einem solchen Vorgehen werden Besonderheiten von Gegenständen oder Gegenstandsbereichen explizit außer Acht gelassen. Es stellt sich jedoch die Frage, ob und wenn ja, in welchem Maße eine Formaldefinition von Identität überhaupt geeignet ist, zur Aufklärung des Problems der zeitübergreifenden Personenidentität substanziell beizutragen. Die philosophischen Auseinandersetzungen über eine angemessene Formaldefinition von allgemeiner (numerischer) Identität haben eine lange Tradition,[40] auf die ich hier nicht genauer eingehen werde. Vielmehr sollen die leitende Fragestellung von identitätstheoretischen Zugriffen, ihr Anspruch sowie grundsätzliche Probleme des Themas in Grundzügen verdeutlicht werden.

In den Diskussionen über Formaldefinitionen wird der Begriff der zeitübergreifenden Identität unter vielfältigen Aspekten – logischen, metaphysischen, erkenntnistheoretischen, wissenschaftstheoretischen – untersucht. Auf den ersten Blick scheint der Begriff allerdings wenig strittig zu sein. Seine allgemeine logische Formulierung ist einfach, gewissermaßen trivial und aus sich selbst heraus evident (Kripke 1981):[41] Wird von zwei Entitäten (z.B. materiellen Dingen), die zu unterschiedlichen Zeitpunkten existieren, behauptet, dass sie identisch sind, dann wird dabei ein spezifisches Verhältnis dieser Entitäten zueinander zum Ausdruck gebracht, nämlich das der vollständigen Übereinstimmung. Wer behauptet, dass A und B (die zu verschiedenen Zeitpunkten existieren) im numerischen Sinn identisch sind, behauptet, dass es sich bei A und B um *einen* Gegenstand handelt und nicht um zwei. „Numerische Identität" entspricht einer „vollständigen" Übereinstimmung oder „totalen" Identität. Typischerweise wird zwischen numerischer und qualitativer Identität unterschieden. Wenn man von zwei Gegenständen sagt, sie seien qualitativ identisch, dann heißt das, dass ihnen bestimmte Merkmale gemeinsam sind, z.B. sind zwei grüne VW Käfer hinsichtlich ihrer Form, ihrer Farbe und ihres Herstellers identisch. Es handelt sich aber um zwei Exemplare desselben Typs – und sind daher nur qualitativ identisch. Der

---

40 Der erste Eintrag findet sich bei Aristoteles, Topik H2.152b27–29.
41 Nach Kripke z.B. ist das Leibniz-Gesetz der Ununterscheidbarkeit in derselben Weise selbstevident wie der Satz vom Widerspruch. Dass die Frage der diachronen Identität zweier Gegenstände mit zusätzlichen Problemen konfrontiert ist, hat nach Kripke jedoch keinerlei Auswirkungen auf den Inhalt der Formaldefinition von Identität (Kripke 1981, 9; 61 ff.). Ich gehe im Folgenden dagegen davon aus, dass der Begriff der zeitübergreifenden Identität keineswegs selbstevident ist, sondern dass es sich dabei um ein philosophisch zu klärendes Problem handelt, wie sich im Verlauf des Abschnittes zeigen wird.

Begriff der numerischen Identität bedeutet dagegen, dass zwei Gegenstände, die zu verschiedenen Zeitpunkten existieren, in absoluter Weise identisch sind: Es handelt sich nicht um zwei Gegenstände, sondern um ein- und denselben Gegenstand (s. Noonan 2006).[42] Genau um diesen Sinn von Identität geht es im vorliegenden Zusammenhang. Logisch gesprochen müssen für die korrekte Zuschreibung von Identität die Eigenschaften der Reflexivität (A ist mit sich selbst identisch: a = a), Symmetrie (wenn A mit B identisch ist, dann ist auch B mit A identisch: a = b ⇒ b = a) und Transitivität gegeben sein (wenn A und B sowie B und C identisch sind, dann sind auch A und C identisch: (a = b ∧ b = c) ⇒ a = c).

Die konkrete Anwendung des Begriffs auf Gegenstände wirft jedoch eine Reihe von Fragen auf. Eine Hauptschwierigkeit ist das Problem von Identität und Veränderung: Es ist eine empirische Tatsache, dass Dinge zu verschiedenen Zeitpunkten unterschiedliche Eigenschaften haben können. Sie verändern sich über die Zeit hinweg und bleiben dennoch in einer bestimmten Hinsicht dieselben.[43] Die entscheidende Frage lautet: Inwiefern und unter welchen Bedingungen kann man sagen, dass ein Gegenstand, dessen Eigenschaften sich innerhalb eines zeitlichen Kontinuums qualitativ verändern, trotzdem ein und derselbe Gegenstand ist oder bleibt? Bis zu welchem Grad darf sich ein Gegenstand verändern, dass man von dem Gegenstand dennoch korrekterweise sagen kann, er sei „mit sich selbst" zu einem früheren Zeitpunkt identisch? Dies lässt sich anhand eines bestimmten Typs von Artefakten[44] veranschaulichen: Im Alltag würde man höchst wahrscheinlich nicht zögern, einen Stuhl, nachdem er neu lackiert und mit neuen Armlehnen und neuer Sitzbepolsterung ausgestattet wurde, immer noch als denselben (identischen) Stuhl zu bezeichnen. Diese alltägliche Verwendungs-

---

[42] Numerische Identität kann insofern als eine „interne" Relation bezeichnet werden. Siehe auch Kripke 1981, 9.

[43] Gedankenexperimente, die typischerweise in den Debatten speziell zur Frage der zeitübergreifenden Identität von Personen eingesetzt werden – etwa die konstruierten Fälle von Hirnteilung (*fission*) oder der operativen Zusammenführung von unterschiedlichen Hirnhemisphären (*fusion*), illustrieren extreme Fälle von Veränderung und fordern damit unsere Intuitionen über Identität und Veränderung heraus. Zu beachten ist allerdings, dass die primäre Funktion dieser Gedankenexperimente darin besteht, Annahmen über vermeintlich unstrittige Kriterien auf den Prüfstand zu stellen und auf diese Weise zu widerlegen. Einen Überblick über die beliebtesten Gedankenexperimente bietet Noonan 1989. Zur Bedeutung und Funktion von Gedankenexperimenten in diesen Debatten siehe vor allem Kolak 1993. Auf einige der gängigen Gedankenexperimente werde ich in Abschnitt 6.1. zu sprechen kommen.

[44] Kunstwerke sollen von der Gruppe der Artefakte an dieser Stelle ausgenommen sein; diese können im Hinblick auf Kriterien ihrer diachronen Identität noch einmal zusätzliche Fragen aufwerfen, etwa: Was sichert die zeitübergreifende Identität von Shakespeares *Macbeth*? Handelt es sich bei den unterschiedlichsten Aufführungen und Interpretationen von Shakespeares Macbeth um ein- und denselben Macbeth von Shakespeare?

weise des Identitätsbegriffs lässt sich jedoch nicht ohne weiteres verallgemeinern oder formalisieren, weil sie unpräzise ist: Da in dem Beispiel die materiellen Eigenschaften des Stuhls modifiziert wurden, müsste man, wollte man ganz korrekt sein, die diachrone Identität des Stuhls sogar verneinen.[45] Geht man davon aus, dass Dinge aufgrund ihrer spezifischen Eigenschaften als konkrete Einzeldinge charakterisiert sind, dann muss eine Modifikation von Eigenschaften die transtemporale Identität des Dinges in der Tat in Frage stellen. Im Falle einer semantischen Unterbestimmtheit scheint das Prinzip der Transitivität nicht mehr zu greifen (vgl. Kripke 1981, 62 Anm.): Man könnte eventuell geltend machen, dass der Stuhl zwar noch nach einer kleineren Ausbesserung, aber nicht mehr nach einigen weiteren Umbaumaßnahmen mit dem ursprünglichen Gegenstand identisch ist.

Die hier nahe liegende aristotelische Unterscheidung zwischen notwendigen (für den Stuhl als Stuhl konstitutiven) Eigenschaften und akzidentellen (z. B. die Farbe oder Gestalt des Stuhls) kann das Problem auch nur teilweise klären. Zweifellos würde man einen Stuhl spätestens dann nicht mehr als denselben Stuhl bezeichnen können, wenn diejenigen Eigenschaften, die für ihn als Stuhl wesentlich sind – etwa Beine, Sitzfläche und Rückenlehne –, nicht mehr vorhanden wären. Wird ein Stuhl in seine Einzelteile zerlegt, dann ist er nicht mehr derselbe Stuhl, und zwar deswegen nicht, weil er überhaupt kein Stuhl mehr ist. Wenn jedoch ein konkreter Stuhl in einer Weise ummontiert würde, dass er zwar noch als Sitzmöbel identifizierbar wäre, ansonsten aber keinerlei Ähnlichkeit mit seinem früheren Zustand aufwiese, wäre es durchaus konsistent, wenn jemand behaupten würde, der Stuhl sei nicht mehr mit dem früheren Exemplar identisch. Daraus ergibt sich, dass die Erhaltung von konstitutiven Eigenschaften eines Dinges, aufgrund der Unterscheidung zwischen notwendigen und akzidentellen Eigenschaften, zwar eine notwendige, aber keine hinreichende Bedingung für das Vorliegen zeitübergreifender Identität eines konkreten Einzeldinges sein kann.

Die Schwierigkeit, über die Identität von sich verändernden Dingen im Einzelfall zu entscheiden, hat unterschiedliche philosophische Theorien über die korrekte Definition des Identitätsbegriffs hervorgebracht.[46] Ausgehend von der Feststellung, dass Gegenstände mit wechselnden Eigenschaften streng genommen

---

45 In Diskussionen zum transtemporalen Identitätsproblem ist ein Standardbeispiel für den geschilderten Fall das von Hobbes zitierte (und auf Plutarch zurückgehende) Beispiel des Schiffs des Theseus. Allerdings läuft das Szenario – extremer – darauf hinaus, dass die Teile des Schiffes, die sukzessive ausgewechselt werden, später neu zusammengesetzt werden, so dass dadurch die paradoxe Situation entsteht, dass zwei Schiffe des Theseus zu existieren scheinen (Hobbes 1655, 2, ch. 11).
46 Für einen Überblick der Debatten siehe Deutsch 1998.

nur vermeintlich identisch sind, wird überwiegend vorgeschlagen, den Identitätsbegriff zu relativieren, etwa zwischen Identität im strikten („philosophischen") Sinn auf der einen Seite und Identität im alltäglichen, lockeren Sinn auf der anderen Seite zu unterscheiden (z. B. Chisholm 1969); allein relative Identität von Dingen zuzulassen, die sich auf die Gleichheit von Dingen in bestimmten Hinsichten beschränkt (z. B. Größe, Farbe etc.; siehe etwa Geach 1967); den Begriff der Identität durch den Begriff der Konstitution zu ersetzen, wonach ein existierender Gegenstand zu einem bestimmten Zeitpunkt den später existierenden Gegenstand *konstituiert* (aber nicht umgekehrt) und insofern nicht mit ihm identisch ist (Baker 2000; Shoemaker 1984).

Wenn man sich nun aber die vielfältigen Identitätsaussagen ansieht, die im Alltag getroffen werden, ist fraglich, ob es überhaupt möglich ist, deren Sinn im Rückgriff auf eine abstrakte Formaldefinition auch nur annäherungsweise angemessen aufzuklären. Normalerweise werden über sehr unterschiedliche Einzeldinge Urteile diachroner Identität gefällt: über nichtanimierte Naturgegenstände, Organismen, Artefakte, körperliche und mentale Zustände, Personen etc. Etwas zu verschiedenen Zeitpunkten als dasselbe zu bezeichnen wird jedoch – je nach Art des Gegenstandes – mit jeweils unterschiedlichen Aspekten und Eigenschaften in Verbindung gebracht, was als Grundgedanke auf die Position John Lockes zurückführt. Locke definiert und unterscheidet Identitätskriterien im Rückgriff auf variable ontologische Kategorien und gelangt so zu einer entsprechenden qualitativen Unterscheidung.[47]

Formale Identitätstheorien machen zwar auf wichtige Probleme aufmerksam. Es hängt jedoch mit ihrem Anspruch zusammen, dass sie verschiedene Anwendungskontexte und damit relevante Aspekte der Identitätsrelation nicht berücksichtigen. Entsprechend lassen sie den Zusammenhang von phänomenbezogenen Unterschieden und konkreten (alltäglichen) Urteilen transtemporaler Identität außer Acht. Genau dieser Zusammenhang ist aber wichtig, will man die speziellen Annahmen verdeutlichen, auf denen Urteile transtemporaler Identität von *Personen* basieren.

Im Folgenden wird daher ein Zugriff gewählt, der explizit bei der Alltagswahrnehmung ansetzt. Es wird die Frage ins Zentrum gestellt, was es eigentlich heißt, wenn man Gegenstände, Tiere, Menschen und Personen nach verflossener Zeit als dieselben bezeichnet. Dabei geht es weniger um die Frage, ob und unter welchen Bedingungen man zu Identitätsaussagen überhaupt berechtigt ist und

---

[47] Locke 1975, Book II, Chap. XXVII. Hierbei ist allerdings zu berücksichtigen, dass Locke nicht beim alltäglichen Verständnis ansetzt, um Identitätsbedingungen für Einzeldinge zu definieren. Nach Locke gilt es, qualitativ vielfältige Identitätsrelationen so zu begründen und ontologisch zu fundieren, dass Identitätsaussagen empirisch überprüft werden können.

unter welchen Bedingungen diese wahr sind, als vielmehr um die *Bedeutung* von Urteilen transtemporaler Identität in der Alltagsperspektive: Die Bedeutung des Identitätsbegriffs wird in Abhängigkeit davon analysiert, wie er in Urteilen der Alltagssprache verwendet wird und welche Voraussetzungen dabei gemacht werden. Ausgangspunkt ist die Tatsache, dass wir gewöhnlich unentwegt Urteile über die transtemporale Identität von Entitäten fällen. Diese Urteile transtemporaler Identität müssen nicht immer ausdrücklich sein: So sprechen wir von Gegenständen, die wir seit geraumer Zeit besitzen, womit impliziert ist, dass es sich um *dieselben* Gegenstände handelt; wir erzählen von ehemaligen Schulkameraden, die wir wieder getroffen haben, womit wir zugleich behaupten, dass die gerade getroffenen Personen mit den zu Schulzeiten bekannten identisch sind; wir stellen fest, dass unser Hund alt und grau geworden ist, was impliziert, dass es ein und derselbe Hund ist, der sich verändert hat. Interessant ist, dass wir im Alltag bei der Beurteilung, ob ein Ding über die Zeit hinweg dasselbe ist, je nach Kontext und Art des Dinges unterschiedliche Annahmen machen. Die Anwendung des Identitätsbegriffs hängt in erster Linie von spezifischen Merkmalen des Einzeldinges, um dessen Identität es geht, ab. Das bedeutet, dass die Art und Weise, wie wir Einzeldinge beschreiben und charakterisieren, bestimmend dafür ist, im Rückgriff worauf wir die zeitübergreifende Identität der betreffenden Einzeldinge beurteilen.

Ins Zentrum gerückt werden also zwei Aspekte: Zum einen geht es um *Urteile* transtemporaler Identität. Darunter sind Aussagen zu verstehen, mit denen jemand (explizit oder implizit) seine Überzeugung formuliert, dass ein Gegenstand oder eine Person zu t_2 und ein Gegenstand oder eine Person zu t_1 derselbe oder dieselbe ist.[48] Zum anderen wird die Annahme gemacht, dass Identitätsurteile in Abhängigkeit von den charakteristischen Merkmalen des jeweiligen Einzeldings getroffen werden (diese Annahme ist also mit Lockes Ansatz vergleichbar): Den Felsblock, an dem man beim Spaziergang durch den Wald immer wieder vorbei kommt, betrachtet man primär deswegen als ein und denselben Felsblock, weil er aus einem bestimmten, widerstandsfähigen Material besteht und eine bestimmte Gestalt hat, auch wenn er im Laufe der Zeit mehr und mehr von Moos bedeckt wird. Von der Eiche sagt man, dass sie mit der kleinen Pflanze, die vor 10 Jahren im Garten gepflanzt wurde, identisch ist, da sie sich – als pflanzlicher Organismus – durch Wachstum und Entwicklung auszeichnet.[49] Und bei Personen und anderen

---

[48] Diese Definition orientiert sich an Nida-Rümelin 2006, 75 ff.
[49] Swinburne verkennt die Abhängigkeit der Identitätsaussagen von der Art und Weise, wie wir die spezifischen Eigenschaften von Dingen beurteilen, wenn er sagt, dass man die wachsende Pflanze deswegen als ein und dieselbe bezeichnet, weil sie aus derselben Materie besteht (Swinburne 1984, 6).

bewusstseinsfähigen Individuen spielen wiederum andere Aspekte eine wichtige Rolle, wie sich noch genauer zeigen wird. Urteile transtemporaler Identität setzen ein Wissen um Typen von Einzeldingen und deren Veränderbarkeit über die Zeit hinweg voraus. Dieses Wissen besteht u. a. darin, dass man eine kausale Geschichte über die Veränderung, den Wechsel der Eigenschaften von Einzeldingen, erzählen kann (vgl. Bieri 1986, 262–263): Wenn ich über die diachrone Identität von Lebewesen urteile, muss ich wissen, dass Tiere und Menschen sich in besonderer Weise verändern und altern; in Bezug auf Pflanzen muss ich wissen, dass sie Organismen sind, die einen natürlichen Wachstumsprozess durchlaufen; und im Hinblick auf Dinge aus Metall muss ich wissen, dass sie oxidieren können. In Abhängigkeit von verschiedenen Begriffssystemen werden alltägliche Urteile zeitübergreifender Identität unterschiedlich fundiert und mit unterschiedlichen Mitteln gerechtfertigt, worauf noch genauer einzugehen sein wird. Formal invariant bleibt dabei lediglich der Identitätsbegriff in einer minimalen Beschreibung: Wenn von A und B gesagt wird, sie seien identisch, dann ist gemeint, dass es sich bei A und B um einen Gegenstand oder ein Einzelding handelt und nicht um zwei. Die Minimaldefinition unterscheidet insofern nicht zwischen synchroner und diachroner Identität, d. h. es spielt hinsichtlich des Identitätsbegriffs keine Rolle, ob er auf zeitlich auseinander liegende Dinge (Ist A zu t_1 identisch mit B zu t_2?) oder Gegenstände zu einem konkreten Zeitpunkt (Ist A zu t_1 identisch mit B zu t_1?) angewendet wird.[50]

Diese methodischen Vorannahmen deuten bereits einen für den weiteren Untersuchungsverlauf entscheidenden Unterschied an: Urteile über die zeitübergreifende Identität von Personen und anderen bewusstseinsfähigen Individuen sind nicht nur anders fundiert als Urteile über die Identität von (unbelebten) Gegenständen und Artefakten, sondern man verbindet mit ihnen auch besondere Ansprüche. Urteile über die zeitübergreifende Identität von Personen haben eine Bedeutung, die von der Bedeutung von Identitätsurteilen anderer Dingen in bestimmter Hinsicht abweicht. Mögliche Zweifelsfälle geben dabei erste Hinweise auf die besondere Semantik transtemporaler Personenidentität.

5.3 Identische Gegenstände, identische Personen

Generell gilt, dass man im Alltag eher selten dazu veranlasst wird, die zeitübergreifende Identität von konkreten Einzeldingen, Tieren oder Personen ernsthaft in

---

50 Ein Vertreter der Auffassung, dass zwischen synchroner und diachroner Identität definitorisch unterschieden werden muss, ist z. B. Geach 1967.

Zweifel zu ziehen. Dennoch sind Situationen vorstellbar, in denen es extrem strittig sein kann, ob das Einzelding B zum Zeitpunkt t_2 dasselbe ist wie das Einzelding A zum Zeitpunkt t_1. Aufschlussreich für die Frage der *Bedeutung* von zeitübergreifender Identität ist hier, worauf solche Streit- und Zweifelsfälle beruhen und wie man geneigt ist, mit ihnen umzugehen. Bei der Beurteilung der diachronen Identität von (unbelebten) Gegenständen wird offenbar die Möglichkeit einer klaren und eindeutigen Entscheidung (*entweder* A=B *oder* A≠B) nicht immer vorausgesetzt: Die Antwort auf die Frage, ob es sich bei den (unbelebten) Gegenständen A und B, die zu verschiedenen Zeitpunkten existieren, um einen einzigen Gegenstand handelt, weist Grauzonen auf. Ebenso können die Ansprüche der Eindeutigkeit variieren, die Sprecher mit solchen Identitätsbehauptungen verbinden: Sie sind kontext- und einstellungsabhängig. Solche urteilslogischen „Freiräume" sind in Bezug auf Personen und andere bewusstseinsfähige Individuen offenbar nicht gegeben. Dies wird deutlich, wenn man sich noch einmal das erwähnte Beispiel des umgebauten Stuhls vergegenwärtigt.

Es wurde gesagt, dass die Teile des Stuhls größtenteils erneuert wurden, indem seine maroden Holzbeine durch Metallrohre ersetzt, neue Armstützen anmontiert und die Sitzfläche mit Polstern ausgestattet wurden. Nehmen wir zusätzlich an, dass der Stuhl in seiner aktuellen Ausstattung einer Reihe von Leuten präsentiert wird, die nichts von dem Umbau wissen, aber mit dem „ursprünglichen" Exemplar bekannt sind. Der Stuhl wird in Augenschein genommen, man stellt vielleicht eine gewisse Ähnlichkeit mit dem alten Stuhl fest, ist sich aber dennoch nicht sicher, ob es sich bei ihm um den früheren Stuhl handelt. Unter den Betrachtern gibt es unterschiedliche Auffassungen, einiges scheint dafür, anderes dagegen zu sprechen. Einige meinen, den Stuhl aufgrund der charakteristischen Gesamtgestalt und der Form der Sitzfläche als denselben zu identifizieren; andere bestreiten dies und vertreten die Auffassung, dass der Stuhl mit dem früheren so gut wie gar kein Ähnlichkeit aufweise, was klar dagegen spreche, dass es sich um denselben Stuhl handelt. Wie man es auch dreht und wendet, eine Einigkeit kann nicht erzielt werden. Wie würde man mit einem solchen Dissens umgehen?

Martine Nida-Rümelin weist darauf hin, dass es Fälle gibt, in denen man eine abschließende Klärung der Identitätsfrage im Hinblick auf (unbelebte) Gegenstände weder zwingend anstrebt noch realistischerweise erreichen kann (Nida-Rümelin 2006, 99 ff.). Wenn man sich nicht einigen kann, ob der Stuhl trotz Veränderung noch derselbe ist oder nicht, ist es durchaus vorstellbar, dass die beteiligten Diskussionspartner es letztlich bei dem Dissens – vermutlich mit einem Achselzucken – bewenden lassen werden. Man könnte sogar weiter gehen und sagen, dass es ab einem bestimmten Zeitpunkt absurd erscheint, die Frage weiter zu debattieren (Noonan 1989, 129 f.).

Dem skizzierten Szenario und den aufgezeigten Schlussfolgerungen könnte man allerdings vorwerfen, dass mit einer (erkenntnistheoretisch relevanten) Voraussetzung operiert wird, die nicht von vornherein selbstverständlich ist, die den Ausgang des Experiments aber entscheidend beeinflusst: Man könnte einwenden, dass es einen Unterschied macht, ob man über eine zwischenzeitliche Manipulation des Gegenstandes informiert ist oder nicht. Verfügt man nämlich über dieses Wissen (also wüsste man von dem Umbau des Stuhls), dann könnte man die Veränderung des Stuhls kausal zurückverfolgen, und die Identität des Stuhls wäre dann vielleicht überhaupt kein Streitpunkt. Doch einmal angenommen, die Manipulation des Stuhls (um bei diesem Beispiel zu bleiben) ist der Gruppe urteilender Betrachter bekannt, und darüber hinaus sind sich alle sogar über den Grad der Veränderung einig. Selbst dann scheint es nicht zwingend eine einzige klare Antwort darauf zu geben, ob der Gegenstand noch derselbe Stuhl ist wie vor der Rundumerneuerung. Der interessante Punkt ist auch hier, dass mehrere konkurrierende Auffassungen denkbar sind, die jeweils (mehr oder weniger) plausible Antworten auf die Frage bereitstellen. (1) Jemand könnte die Frage verneinen und der Ansicht sein, dass der Stuhl z. B. aufgrund der gravierenden Veränderung auf keinen Fall mehr als derselbe angesehen werden kann. (2) Eine andere Person könnte die Frage dagegen bejahen und der Auffassung sein, dass der Stuhl immer noch derselbe ist, etwa weil sich an seiner gesamten Gestalt trotz ausgewechselter Teile kaum etwas geändert hat. (3) Wiederum ein anderer könnte behaupten, dass der Stuhl im Hinblick auf bestimmte Einzelteile nicht mehr mit sich zu einem früheren Zeitpunkt identisch ist, im Hinblick auf z. B. Farbe und Form aber durchaus. Auf den Grad der Plausibilität der einzelnen Begründungen kommt es an dieser Stelle nicht an. Die Tatsache, dass es überhaupt konkurrierende Auffassungen geben kann und es zudem denkbar ist, die Identität eines Gegenstandes nicht abschließend klären zu können, weist auf die zuvor erwähnten Grauzonen hin. Das Beispiel macht deutlich, dass der Begriff der zeitübergreifenden Identität – in seiner Anwendung auf natürliche unbelebte Gegenstände und Artefakte – ein vager Begriff ist. Doch worauf ist diese Vagheit zurückzuführen? Ein Grund dafür ist, dass viele Referenzobjekte von Identitätsaussagen semantisch unterbestimmt sind. Nach Harold Noonan und Derek Parfit ist dies beispielsweise hinsichtlich der zeitübergreifenden Identität von Clubs, Nationen und Armeen der Fall.[51] Deren semantische Grenzen sind unscharf, da das Bestehen und Fortbestehen von Clubs, Nationen und Armeen abhängig ist von

---

51 Noonan 1989, 128 ff. Im Unterschied zur hier vertretenen These besteht nach Parfit eine solche Unschärfe auch hinsichtlich der zeitübergreifenden Identität von Personen (Parfit 1971, 220).

den Einzelpersonen, die sich zu solchen „Gruppen" zusammenschließen. Und die Zusammensetzung von Clubs, Nationen und Armeen ist – über die Zeit hinweg – niemals konstant.

Die Anwendung des Identitätsbegriffs kann im Hinblick auf unbelebte Entitäten aber *grundsätzlich* Spielräume zulassen, so dass entsprechende Aussagen keinen klar bestimmbaren Wahrheitswert besitzen. Dies wird besonders deutlich, wenn man sich den Fall eines *graduellen* Austauschs von Einzelteilen eines Gegenstandes vor Augen führt: Wenn beispielsweise nur ein einzelnes Teil (oder wenige Teile) an einem Gegenstand ersetzt werden, scheint es absurd zu sein, die diachrone Identität des Gegenstandes in Frage zu stellen. Je mehr Teile jedoch sukzessive ausgetauscht werden, desto weniger eindeutig lässt sich die Frage der diachronen Identität positiv beantworten. Das zeigt, dass sich eine Grenze zwischen zeitübergreifender Identität und Nichtidentität nicht eindeutig und ein für allemal bestimmen lässt.

Eine weitere Unschärfe wird durch das von Sydney Shoemaker skizzierte Beispiel einer Brücke in Italien, die im Krieg völlig zerstört und erst Jahre später wieder aufgebaut wurde, verdeutlicht. Im Unterschied zu dem skizzierten Beispiel des kontinuierlich umgebauten Stuhls ist die spätere vollständige Brücken-Rekonstruktion durch Diskontinuität gekennzeichnet (Shoemaker 1963, 28). Würde man behaupten können, die rekonstruierte Brücke sei dieselbe Brücke, wie diejenige, die ursprünglich erbaut wurde, oder gerade nicht? Entsprechende Urteile wären ebenfalls weder eindeutig wahr noch eindeutig falsch. Die gelegentliche Unentscheidbarkeit führt dazu, dass im Alltag Auffassungen darüber, ob ein bestimmter Gegenstand, der sich über die Zeit hinweg verändert hat – sei es durch gezielte Eingriffe oder nicht –, mit einem früheren identisch ist, oftmals auf Konventionen beruhen (dazu Noonan 1989, 129): Begriffe, die wir zur Re-Identifizierung von Gegenständen anwenden, dienen in erster Linie praktischen Bedürfnissen der Orientierung.

Die Art und Weise, wie man der Frage begegnet, ob ein Gegenstand derselbe ist, hängt darüber hinaus von der individuellen Haltung ab, die man gegenüber dem betreffenden Gegenstand einnimmt: Beispielsweise gibt es zweifellos einen erhöhten Klärungs- und Eindeutigkeitsbedarf, wenn es darum geht, eigentumsrechtliche Interessen zu verteidigen.[52] Hat hingegen ein Gegenstand für jemanden keinerlei Bedeutung, spielt die eindeutige Klärung der diachronen Identitätsfrage keine nennenswerte Rolle; man würde sich unter solchen Bedingungen wahr-

---

[52] Noonan betont die Bedeutung von Konventionen im Kontext eigentumsrechtlicher Auseinandersetzungen über materielle Gegenstände, für deren Klärung auf (institutionalisierte) Rechtsinstanzen zurückgegriffen wird (Noonan 1989, 129).

scheinlich nicht die Mühe machen, eine einwandfreie Bestimmung der diachronen Identität des Gegenstandes vorzunehmen.

Solche Spielräume hinsichtlich der Frage diachroner Identität scheinen jedoch nicht in derselben Weise gegeben zu sein, wenn es um Personen oder allgemeiner: um bewusstseinsfähige Individuen geht. Urteile transtemporaler Personenidentität hängen meines Erachtens vor allem ab von der Tatsache, dass Personen bewusstseinsfähige Wesen sind. Urteile transtemporaler Identität sind durch implizite Urteile über die Einheit des bewussten „Innenlebens" von Personen fundiert (was dies genau heißt, wird in den nächsten Abschnitten ausführlicher dargestellt). Wer darüber Urteilt, ob ein konkretes bewusstseinsfähiges Individuum mit einem zu einem früheren Zeitpunkt existierenden Individuum identisch ist, unterstellt, dass bewusstseinsfähige Individuen zwar Entwicklungsprozesse durchlaufen, sie aber z. B. zu einem zeitübergreifenden Identitätsbewusstsein fähig sind. Man unterstellt, dass Individuen mit zeitlich früheren Stadien ihrer Existenz in einer eindeutigen Kontinuitätsrelation stehen – eine Tatsache, die wiederum für kein anderes Individuum in derselben Weise zutreffen kann.

Dass wir von einer solchen vergleichsweise rigiden Voraussetzung mit Blick auf Personen und bewusstseinsfähige Individuen ausgehen, schließt natürlich nicht aus, dass man über ihre Identität nicht auch ernsthaft in Zweifel geraten könnte. Insbesondere in Situationen, da es um die Zuschreibung diachroner Identität von außen, aus der Perspektive der dritten Person, geht, treten häufig Unklarheiten auf. So passiert es gelegentlich, dass man jemanden trifft, von dem man nicht sicher weiß, ob sie diejenige Person ist, die man vor Jahren einmal kennen gelernt hat oder mit der man einst zur Grundschule gegangen ist. Zwar ist es letztlich auch in solchen Fällen vorstellbar, dass man – z. B. weil es einem eigentlich nicht wichtig ist – sich nicht weiter darum kümmert, ob es sich tatsächlich um dieselbe Person handelt; auch hier gibt es unterschiedliche individuelle Haltungen, die für den Grad des Interesses, die Identitätsfrage im Einzelfall eindeutig zu klären, bestimmend sind. Allerdings besteht der entscheidende Unterschied zu Zweifelsfällen diachroner Identität von (unbelebten) Gegenständen darin, dass man prinzipiell voraussetzt, dass es eine klare Antwort auf die Frage geben muss – auf die Frage, ob die Person A zum Zeitpunkt t_1 mit der Person B zum Zeitpunkt t_2 identisch ist. Wie stark und begründet die Zweifel hinsichtlich ihrer diachronen Identität auch wären, man würde dennoch nicht bezweifeln, dass es sich bei Person A und Person B *entweder* um ein und dieselbe Person handelt *oder* aber nicht.[53] Konkurrierende Urteile über die diachrone Identität

---

53 Einen Überblick über Positionen, die ebenfalls eine Eindeutigkeit in Bezug auf transtemporale

einer konkreten Person sind zwar ohne weiteres vorstellbar, jedoch nur unter der Voraussetzung einer (vorübergehenden) erkenntnistheoretischen Unterbestimmtheit, die sich grundsätzlich jedoch aufklären lässt. Die implizite Forderung lautet also, dass der Wahrheitswert transtemporaler Identitätsurteile, insofern es um die Identität von Personen und anderen bewusstseinsfähigen Individuen geht, eindeutig bestimmbar sein muss. Warum dies so ist, wird im nächsten Abschnitt noch detaillierter geklärt.

Die Überlegungen des Abschnitts lassen sich folgendermaßen zusammenfassen: In unserem Alltagsverständnis gibt es einen phänomenbezogenen Unterschied zwischen Urteilen transtemporaler Identität von (unbelebten) Dingen auf der einen Seite und Urteilen transtemporaler Identität von Personen bzw. bewusstseinsfähigen Wesen auf der anderen Seite. Können solche Urteile in Bezug auf (unbelebte) Sachen prinzipiell relativiert werden, etwa indem man auf Teilübereinstimmungen lediglich einzelner Eigenschaften verweist, steht die Frage nach der transtemporalen Identität im Falle von Personen unter dem Postulat der eindeutigen Bestimmbarkeit. Bei Personen setzt man voraus, dass entsprechende Urteile einen eindeutigen Wahrheitswert besitzen. Damit hängt zusammen, dass die Frage der prinzipiellen Identitätsklärung bei Personen nicht – wie bei Sachgegenständen – abhängig gemacht werden kann von kontingenten Aspekten, von bestimmten Kontexten und Konventionen, von partikularem Vorwissen und individuellen Einstellungen.

Personenidentität postulieren, bietet Noonan 1989, S. 21 ff. Bei den Positionen handelt es sich zumeist um dualistisch fundierte Ansätze, die Derek Parfit zum Typ des von ihm bezeichneten „Simple View" zählt (Parfit 1982). Eine aktuelle Position dieses Typs vertritt Martine Nida-Rümelin. Sie entwickelt – im Rückgriff auf die in der Diskussion befindlichen Gedankenexperimente - einen metaphysischen Ansatz, der transtemporale Personenidentität als eine grundlegende und nicht weiter analysierbare Realität begreift (Nida-Rümelin 2006). Auf Probleme von dualistisch fundierten Positionen komme ich in Kapitel 6.3. zu sprechen.

6 Bedingungen transtemporaler Identität von Personen

Die bisherigen Überlegungen zum Problem der (numerischen) transtemporalen Personenidentität befassten sich zunächst mit allgemeinen Bestimmungen des Identitätsbegriffes sowie mit dessen Anwendung auf verschiedene Typen von Entitäten. Argumentiert wurde für die These, dass Urteile transtemporaler Identität, wenn sie sich auf bewusstseinsfähige Wesen beziehen, anders fundiert sind und generell mit anderen Ansprüchen verbunden werden als Urteile, die sich auf unbelebte Gegenstände beziehen. Während Urteile transtemporaler Identität in Bezug auf unbelebte Gegenstände prinzipiell Grauzonen aufweisen können und beeinflusst werden von Konventionen und individuellen Haltungen, so basieren Urteile über Personen auf der (impliziten) Forderung, dass sie einen eindeutigen Wahrheitswert besitzen: *Entweder* sind zwei Personen, die zu verschiedenen Zeitpunkten existieren, ein und dieselbe Person – *oder* nicht. Die naheliegende Frage, die sich hieran anschließt, lautet: Warum ist das so? Gibt es eine Erklärung für das Eindeutigkeitspostulat in Bezug auf Urteile personaler Identität? Offenbar, so wurde bereits angedeutet, spielt es eine Rolle, dass Personen über eine bewusste Innenperspektive verfügen und selbst die Fähigkeit haben, sich über die Zeit hinweg als einheitliche Individuen zu begreifen. Und dies ist eine zentrale Komponente des Selbstverständnisses von Personen. An diese Überlegungen knüpft das vorliegende Unterkapitel an. Im Folgenden werden bestimmte Ansätze zur personalen Identität über die Zeit hinweg vorgestellt und im Lichte der bisherigen Ergebnisse problematisiert. Dabei handelt sich zunächst um so genannte reduktionistische Ansätze, die transtemporale Identität von Personen im Rückgriff auf psychische oder physische Kontinuität analysieren. Ich werde einige Konsequenzen, die sich aus den Vorschlägen ergeben, kritisch vorstellen. Ein Hauptkritikpunkt besteht darin, dass die Ansätze die subjektive Perspektive der Person, um deren zeitübergreifende Identität es geht, typischerweise nicht berücksichtigen.

Ich werde zunächst (1) skizzieren, wovon die zentralen bestehenden Vorschläge ausgehen und welchen Anspruch sie verfolgen. Anschließend (2) werde ich mich mit der Frage beschäftigen, in welchem Verhältnis die Ansätze in unterschiedlichen Hinsichten sowohl (allgemein) zu unserem Alltagsverständnis als auch zur Perspektive der ersten Person im engeren Sinn stehen. Im letzten Abschnitt (3) werde ich alternative Ansätze, die auf dualistischen Annahmen beruhen, kritisieren und sie von dem hier vertretenen Ansatz abgrenzen.

6.1 Erkenntnistheoretische, ontologische und strukturelle Probleme der Bestimmung transtemporaler Identität

Die bisherigen Überlegungen scheinen darauf hinzudeuten, dass das Problem transtemporaler Identität vor allem ein erkenntnistheoretisches ist. Dies spiegelt die alltagspraktische Tatsache wider, dass wir nicht immer klar erkennen, ob ein Ding dasselbe oder eine Person dieselbe ist wie zu einem früheren Zeitpunkt. Und dieser Umstand erklärt das Bestreben vieler Ansätze, Kriterien zu formulieren, die festlegen, wann ein Ding oder eine Person zu unterschiedlichen Zeitpunkten und *trotz* anderer Eigenschaften als dasselbe oder als dieselbe bezeichnet werden kann. Die philosophisch relevante Fragestellung auf erkenntnistheoretische Problemstellungen zu reduzieren, hieße jedoch, das Explanandum einzuschränken. Das Problem der personalen Identität über die Zeit hinweg ist komplex und weist auf vielfältige Aspekte und Funktionen hin. Im vorliegenden Zusammenhang soll das Problem in eine gehaltvollere Semantik eingebettet werden – eine Semantik, welche z. B. deutlicher die Bedeutung der Thematik für das individuelle Selbstverständnis sowie für intersubjektive Verständigungsprozesse mit berücksichtigt und expliziert. Ziel ist es, möglichst viele Facetten des Problems – darunter erkenntnistheoretische, ontologische und phänomenologische – einer breiteren Strukturanalyse zugänglich zu machen. Dies soll ermöglichen, den Begriff der transtemporalen Personenidentität als weitere wichtige Bedingung des komplexen personalen Selbstverständnisses, das u. a. durch den Bezug auf autobiographische Episoden und durch Strukturaspekte wie Einheit und Kohärenz charakterisiert ist, auszuweisen. Die unterschiedlichen Dimensionen und Probleme des Begriffs der (numerischen) Identität treten hervor, wenn man sich die gängigen Theorien näher und kritisch betrachtet.

Die in den Debatten am häufigsten vertretenen Theorien transtemporaler personaler Identität sind, wie bereits erwähnt, so genannte reduktionistische Theorien. In solchen Ansätzen wird der Begriff der transtemporalen Identität im Rückgriff auf den Begriff der Kontinuität analysiert. Argumentiert wird, dass eine existierende Person mit einer früheren Person genau dann identisch ist, wenn es zwischen ihnen eine nachweisliche Kontinuität gibt. Die Ansätze vertreten in den meisten Fällen die Auffassung, dass es sich entweder um psychische Kontinuität (typischerweise in Form von persönlichen Erinnerungen, Überzeugungen, Wünschen, Vorlieben) oder um physische Kontinuität (Bereiche des Körpers oder Gehirns) handeln muss.

Welches Ziel verfolgen solche Theorien aber genau? Auf den ersten Blick scheint hier der erkenntnistheoretische Aspekt von vorrangiger Bedeutung zu sein. Ihnen geht es um die Formulierung von Kriterien für die Zuschreibung personaler Identität über die Zeit hinweg. Zugespitzt lautet die zentrale Frage:

Unter welchen Bedingungen kann man berechtigterweise behaupten, dass Person A zum Zeitpunkt t_1 mit Person B zum Zeitpunkt t_2 identisch ist? Insofern ist ein entscheidendes Merkmal solcher Ansätze die Verifizierbarkeit:[54] Transtemporale Identität ist nichts anderes als Kontinuität – und diese Kontinuität wird in Form von Kausalrelationen analysiert, die sich *im Prinzip* empirisch überprüfen lassen. Die Argumentation folgt typischerweise dem Schema: Wenn Person A zu t_1 in raumzeitlicher Kontinuität zu Person B zu t_2, dann und nur dann handelt es sich um ein und dieselbe Person. Je nach inhaltlicher Akzentuierung liegt personale Identität (über die Zeit hinweg) genau dann vor, wenn zwischen den körperlichen oder mentalen Zuständen einer Person kausale Kontinuitätsrelationen zu körperlichen oder mentalen Zuständen einer Person zu einem früheren Zeitpunkt bestehen.

Die divergierenden Definitionen werden typischerweise mit möglichen Gegenbeispielen konfrontiert, die zumeist als extreme Zweifelsfälle konstruiert sind. Es handelt sich dabei um Gedankenexperimente, die zeigen sollen, dass ein bestimmter Vorgang logisch möglich und kohärent denkbar ist. Die Angemessenheit solcher Gedankenexperimente wird jedoch vielfach kritisiert.[55] So beschreibt etwa ein verbreitetes Szenario, dass das Gehirn einer Person im Rahmen eines operativen Eingriffs geteilt wird und beide Hirnhälften anschließend in unterschiedliche Körper implantiert werden (sog. *fission case*).[56] Beide Hirnhälften existieren (der Annahme nach) jeweils als selbstständige Steuerungszentren vitaler Funktion in den „neuen" Körpern weiter. Unter der Voraussetzung, dass man dies tatsächlich für logisch möglich und kohärent denkbar hält, müsste man akzeptieren, dass es nach der Operation prinzipiell zwei Personen gibt, die (qua Gehirn) mit der früheren Person in körperlicher und psychischer Kontinuität stehen. Hinsichtlich der Frage der transtemporalen Identität gäbe es folglich zwei konkurrierende Kandidaten. Konsequente Vertreter von reduktionistischen Theorien, denen zufolge transtemporale Personenidentität als Kontinuität von psychischen oder körperlichen Kausalrelationen verstanden wird, gehen in der Folge solcher Gedankenexperimente davon aus, dass die transtemporale Personenidentität in manchen Fällen nicht vollständig aufklärbar ist. Diese Auffassung, wonach also trans-

---

54 Auf die Angreifbarkeit des Verifikationsprinzips werde ich weiter unten eingehen.
55 Die heftigste Kritik an der Verwendung von Gedankenexperimenten, aufgrund ihrer Realitätsferne, stammt von Kathleen Wilkes (1988), eine etwas moderatere Kritik, die aber in dieselbe Richtung geht, formuliert Michael Quante (2002). Eine Verteidigung des Einsatzes von Gedankenexperimenten findet sich, wie bereits im letzten Abschnitt erwähnt, in dem Artikel von Daniel Kolak (1993) sowie in Kap. 0.14–0.18 von Martine Nida-Rümelin (2006).
56 Über die häufig verwendeten Gedankenexperimente und die jeweiligen Argumente informiert ausführlich Noonan 1989.

temporale Personenidentität nicht zwingend als eine Relation verstanden werden muss, die entweder besteht oder nicht besteht, wird besonders von Derek Parfit betont (vor allem in Parfit 1971). Allerdings steht diese Schlussfolgerung offensichtlich in einem Spannungsverhältnis zu unserer alltäglichen Sichtweise der zeitübergreifenden Identität von Personen, wie ich im vorigen Abschnitt gezeigt habe. Im Folgenden werde ich argumentieren, dass eine Theorie, die zu einem solchen Ergebnis führt, aufgrund ihrer engen Ausrichtung problematisch ist.

Dennoch spiegeln die Vorschläge reduktionistischer Theorien – in erkenntnistheoretischer Hinsicht – wichtige Aspekte einer alltagsnahen Sichtweise wider. Wenn man sich über die Identität einer Person nicht sicher ist, sucht man nach Indizien, die Gründe für oder gegen eine entsprechende Annahme liefern. Erfährt man etwa, dass eine Person, deren Gesicht schwer durch Narben entstellt ist, vor einiger Zeit einen schlimmen Unfall hatte, der zur Deformation ihrer äußeren Erscheinung geführt hat, dann hat diese Information den Status einer kausalen (überprüfbaren) Geschichte: Sie enthält entscheidende Hinweise darüber, welchen Einflüssen die Person über einen bestimmten Zeitraum hinweg ausgesetzt war. Dies entspricht der Grundintuition des so genannten Körperkriteriums, wonach personale Identität als physische Kontinuität aufgefasst wird und im Rückgriff auf Kausalrelationen körperlicher Eigenschaften bestimmt wird (z. B. Williams 1970, Mackie 1999, Quante 2002). Ebenso könnte man sich eine Situation vorstellen, in der man eine Person zwar äußerlich ohne zu zögern als eine bestimmte Person wiedererkennt, sie jedoch in ihrem Verhalten und ihren Überzeugungen keinerlei Ähnlichkeit zu früheren Zuständen aufweist. Auch in diesem Fall ist es für das Feststellen ihrer zeitübergreifenden Identität von entscheidender Bedeutung, psychische Veränderungen aufgrund bestimmter Einflüsse, etwa konkreter Erlebnisse, die sie zwischenzeitlich hatte, erklären zu können. Diese Auffassung entspricht dem Kriterium psychischer Kontinuität (z. B. Shoemaker 1959; 1970; 1984, Parfit 1971; 1984, Lewis 1976).

Generell macht das Wissen um Einflüsse, der eine Person zwischenzeitlich ausgesetzt war, Erklärungen darüber möglich, warum sie sich verändert hat, indem ein Ereignis als Ursache für ein anderes Ereignis gekennzeichnet werden kann. Daher sind kausale Beschreibungen eine wichtige Voraussetzung dafür, Gegenstände oder Personen, die einem zeitlich bedingten Veränderungsprozess ausgesetzt sind, zu re-identifizieren (so auch Bieri 1986). Für die alltägliche Orientierung ist der Bezug auf solche Kausalrelationen unverzichtbar. Insofern kann man sagen, dass von den genannten Theorien transtemporaler Personenidentität ein Aspekt des Gesamtphänomens expliziert wird, der in alltäglichen Situationen oftmals zum Tragen kommt: Häufig werden Urteile über personale Identität im Rückgriff auf implizite Annahmen über physische und/oder psychische Kontinuität gerechtfertigt.

Dabei muss allerdings berücksichtigt werden, dass die Theorien ein spezifisches Ziel verfolgen. Ihnen geht es im Kern nicht darum, eine plausible und bewährte alltagsnahe Sichtweise genauer zu analysieren. Das Problem der transtemporalen Identität ist nicht – oder zumindest nicht in erster Linie – ein erkenntnistheoretisches, sondern vielmehr ein metaphysisches: Zu zeigen gilt, welche Eigenschaften für personale Identität *konstitutiv* sind, auf welche Eigenschaften die Persistenz der Person reduziert werden kann. Die Grundannahme lautet also zum einen, dass Aussagen über die transtemporale Identität von Personen in Aussagen über bestimmte Eigenschaften von Personen übersetzt werden können, ohne dass sich dabei ihr Wahrheitswert ändert. Zum anderen wird angenommen, dass die Bedeutung von Aussagen über die Identität von Aussagen über körperliche oder mentale Eigenschaften von Personen abhängt. Entsprechend geht es Theorien personaler Identität um die Begründung von *konstitutiven* Kriterien, was Harold Noonan mit der Aussage auf den Punkt bringt: „Their concern is with the constitutive, the metaphysical-cum-semantic, not the evidential, criterion of personal identity." (Noonan 1989, 2)

Diese methodische Blickrichtung hat jedoch eine inhaltliche Verengung zur Folge. Das zeigt sich bereits an der Einseitigkeit hinsichtlich der Perspektive, von der aus transtemporale Personenidentität als Problem in den Blick genommen und formuliert wird: Relevant für die Zuschreibung transtemporaler Personenidentität ist den Theorien zufolge in aller Regel die Beobachterperspektive, also die Perspektive der dritten Person. Damit bleiben von vornherein Aspekte unberücksichtigt, die – was bei diesem Thema zumindest nahe liegend wäre – mit der Perspektive der ersten Person zusammenhängen, also mit der Perspektive derjenigen Person, um deren zeitübergreifende Identität es geht. Ausgeklammert wird also die Art und Weise, wie transtemporale Identität aus der Perspektive der ersten Person erfahrbar ist.

Die Festlegung auf die Perspektive der dritten Person hängt auch mit der Bedeutung von Kausalerklärungen in allgemeinerer Hinsicht zusammen, auf die sich solche Theorien typischerweise stützen. Kausalerklärungen entsprechen einem bestimmten wissenschaftstheoretischen Ideal. Die theoretische Grundanforderung lautet, dass (physische oder psychische) Kausalrelationen, von denen die Wahrheit von Aussagen über die diachrone Identität von Personen abhängt, sich als deskriptiv erfassbare Tatsachen – von außen – beobachten und empirisch verifizieren lassen können müssen (Parfit 1971). Dem liegt zum einen die wissenschaftstheoretische Einschränkung zugrunde, dass nur auf diese Weise objektive, intersubjektiv gültige Aussagen getroffen werden können; und dass Phänomene, die primär in subjektiver Perspektive, also der Perspektive der ersten Person gegeben und deren Beschreibung von dieser Perspektive abhängen, nicht oder zumindest nicht in gleicher Weise intersubjektiv zugänglich seien. Zum anderen wird damit eine neutrale Basis der Beurteilung angestrebt, die evaluative Aspekte, deren Ursprung außerhalb der relevanten Kausalbeziehungen angesiedelt ist, außen vor lässt.[57] Die Maxime lautet, dass die Frage der zeitübergreifenden Identität von Personen objektiv zu beantworten sein muss unter Ausklammerung von kontingenten Aspekten, Werten oder Konventionen.

Dieser theoretische Anspruch ist jedoch problematisch. Denn es ist strittig, ob eine solche wertneutrale, ein für allemal gültige Beurteilungsgrundlage tatsächlich gewährleistet werden und dem Selbstanspruch der Theorien genügen kann. So hat etwa Richard Swinburne kritisch eingewandt, dass die für reduktionistische Theorien entscheidende „Objektivität" solange problematisch bleibt, wie das relevante Maß der Verifizierbarkeit nicht – anwendungsbezogen – begründet wird (Swinburne 1984). Unter welchen Bedingungen ein Sachverhalt als „verifiziert" gelten kann, damit ein entsprechendes Urteil einen eindeutigen Wahrheitswert hat, ist in den Theorien transtemporaler Personenidentität ungeklärt und entspricht insofern einer willkürlichen Festlegung. Wenn man z. B. bei einer Person beobachten und feststellen kann, dass sie dieselben Überzeugungen und Charaktereigenschaften hat wie eine Person zu einem früheren Zeitpunkt und sie darüber hinaus Erinnerungen hat, welche die frühere Person ebenfalls hatte, dann hat man zweifellos gute Gründe für die Annahme, dass es sich nicht um zwei verschiedene, sondern um ein und dieselbe Person handelt. Es liegt, so könnte man sagen, eine ausreichende Ähnlichkeit psychischer Eigenschaften vor, die es erlaubt, die Aussage „X ist dieselbe Person wie Y" als verifiziert zu betrachten (Swinburne 1984, 39 ff.). Da der Begriff der Ähnlichkeit jedoch ein vager Begriff ist, müsste wiederum geprüft werden, unter welchen Bedingung etwas als ähnlich gelten kann, um zu einer entsprechenden Identitätsaussage berechtigt zu sein. Muss die Person bloß über einige wenige Erinnerungen verfügen, die auf eine kausale Kontinuitätsrelation zu früheren Zuständen schließen lässt, oder müssen es darüber hinaus auch ein paar Überzeugungen sein, und wenn ja – wie viele? Sydney Shoemaker spricht von „angemessenen Verbindungen" (*appropriate connections*), die vorhanden sein müssen, um wahre Identitätsaussagen treffen zu können. Allerdings bleibt offen, woran sich die „Angemessenheit" wiederum bemisst.[58] In einer alltäglichen Situation würde man sagen, dass eine Aussage über die diachrone Identität einer Person zutrifft, wenn gewisse Indizien oder Anhaltspunkte für das Bestehen kontinuierlicher Kausalrelationen (zwischen

---

[57] Siehe auch Michael Quante zum Unterschied von Kausalrelationen und Kausalerklärungen (2002, 47 ff.).
[58] Shoemaker 1984, 90. Sein Versuch, die Angemessenheit über die Grundannahme des Funktionalismus im Sinne Putnams zu explizieren, verlagert meines Erachtens lediglich das Problem.

Person A zum Zeitpunkt t_1 und Person B zum Zeitpunkt t_2) sprechen. Dies entspricht aber, wie gesagt, nicht dem Anspruch solcher Theorien. Kriterien transtemporaler Personenidentität sollen nicht den Status bloßer Indizien haben, sondern zeigen, was für Identität *konstitutiv* ist. Die Umsetzung dieses Anspruchs ist aber aus den genannten Gründen fraglich.

Nun könnte man den Theorien allerdings zugestehen, dass sie, obwohl sie vielleicht weniger exakt sind als sie eigentlich vorgeben, dennoch von ihrer gesamten theoretischen Anlage her plausible Vorschläge dazu machen, welche Voraussetzungen für das Vorliegen zeitübergreifender Personenidentität erfüllt sein müssen. Allerdings muss dabei wiederum berücksichtigt werden, dass die Formulierung von Identitätskriterien auf ontologischen Annahmen basiert. Den Theorien zufolge ist nämlich das Vorliegen von Kausalrelationen nicht nur ein Hinweis für das Vorliegen zeitübergreifender Identität, sondern Kausalrelationen sind für personale Identität wesentlich. Diese Behauptung besagt, dass transtemporale personale Identität in physischen und/oder psychischen Kontinuitätsrelationen besteht, personale Identität also als Kontinuität definiert ist; und damit impliziert dies die Annahme, dass personale Identität dann und nur dann besteht, wenn psychische oder physische Kausalrelationen bestehen.

Diese Beschreibung entspricht auch dem Grundgedanken des Lockeschen Erinnerungskriteriums, dem aktuelle Vertreter des Kriteriums psychischer Kontinuität verpflichtet sind.[59] Lockes Identitätskonzeption zufolge besteht personale Identität über die Zeit hinweg überhaupt nur, wenn die betreffende Person persönliche Erinnerungen hat und über sie entsprechend Auskunft geben kann. „As far back as this consciousness can be extended backwards to any past action or thought, so far reaches the identity of that person. It is the same self now with this present one that now reflects on it, that this action was done" (Locke 1981, 420). Nach Locke lässt sich personale Identität auf Erinnerungen als Fall psychischer Kontinuitätsrelationen zurückführen. Damit ist diachrone Personenidentität Locke zufolge aber nicht etwas, das der Person aufgrund ihrer erstpersonalen Perspektive *gegeben* wäre, sondern eine Erinnerungs*leistung*.

Dass Lockes Begründung zirkulär ist, haben bereits seine Zeitgenossen Thomas Reid und Joseph Butler eingewandt: Eine korrekte Analyse von persönlichen Erinnerungen setzt voraus, dass die Person, die sich erinnert, zum Zeit-

---

[59] Wie bereits erwähnt, wird dabei allerdings oftmals übersehen, dass der Ansatz von Locke einen juristischen bzw. forensischen Hintergrund hat: Locke beschäftigt die Frage, unter welchen Bedingungen man eine Person nach verstrichener Zeit für Handlungen oder Taten verantwortlich machen kann. Dieser praktische Kontext fällt in den neuen Debatten über personale diachrone personale Identität vollständig weg.

punkt des erinnerten Ereignisses auch existiert haben muss; nach Locke sollen solche Erinnerungen aber für personale Identität allererst konstitutiv sein.[60]

Zeitgenössische Vertreter des Kriteriums psychischer Kontinuität schließen sich zwar prinzipiell dem Grundgedanken von Locke an (unter Ausklammerung der genannten praktischen, forensischen Ausrichtung), versuchen jedoch, den erwähnten Zirkel zu vermeiden, indem sie beispielsweise bestimmte Aspekte von Erinnerungen genauer untersuchen, die aus ihrer Sicht identitätsrelevant sind. So argumentiert etwa Sydney Shoemaker für die Möglichkeit von Quasi-Erinnerungen (vor allem Shoemaker 1970). Normale Erinnerungen, so Shoemaker, implizieren eine Korrespondenz zwischen zwei Zuständen einer Person: einem aktuellen kognitiven Zustand und einem vergangenen kognitiven und sensorischen Zustand. Demgegenüber ist eine Form schwächerer Erinnerungen – Quasi-Erinnerung – denkbar, die zwar ebenfalls eine Korrespondenz zwischen zwei solchen Zuständen voraussetzt; allerdings ist es hier nicht notwendig, dass der frühere sensorische Zustand derselben Person angehört, die zum späteren Zeitpunkt ein korrespondierendes Erinnerungswissen über ihn hat (Shoemaker 1970, 271). Während also „normale" Erinnerungsaussagen über ein Ereignis voraussetzen, dass der Sprecher dieses Ereignis zu einem früheren Zeitpunkt selbst erlebt hat, implizieren Aussagen auf der Grundlage von Quasi-Erinnerung lediglich, dass *irgendjemand* das frühere Ereignis erlebt hat.[61] Quasi-Erinnerungen sind Erinnerungen an zeitlich zurück liegende Ereignisse, die von der sich (quasi)-erinnernden Person aber nicht notwendigerweise selbst erfahren worden sein müssen und die insofern nicht voraussetzen, dass die sich q-erinnernde Person zum früheren Zeitpunkt bereits existiert haben muss.[62] Der Satz „Ich q-erinnere mich, dass Peter vor drei Jahren aus dem dritten Stock seines brennenden Hauses sprang" ist demnach auch unter der Voraussetzung wahr, dass nicht der Sprecher, sondern eine andere Person den Brand von Peters Haus beobachtet hat. Mit der Möglichkeit von Quasi-Erinnerungen will Shoemaker zeigen, dass das Erinnerungskriterium für personale Identität in nichtzirkulärer Weise angewendet werden kann. Zudem kann Erinnern, selbst in der schwachen Variante des Q-Erinnerns, als ein Fall psychischer Kontinuitätsrelation ausgewiesen werden, der für personale Identität wesentlich ist.

---

60 Butler 1736, 410–421; Reid 1785, in: Perry 1975, 107–118.
61 Shoemaker stützt sich auf die Definition kausaler „direkter Erinnerungen" nach Martin/Deutscher (1966): Demnach sagt man von einer Person, dass sie sich direkt an ein früheres Ereignis erinnert, wenn sie das Ereignis selbst wahrgenommen hat. Im Gegensatz dazu müssen Q-Erinnerungen nicht die „Bedingung vorherigen Erlebens" erfüllen (Shoemaker 1970, 269).
62 Shoemaker 1970. Parfit übernimmt diesen Gedanken und konstruiert weitere Quasi-Formen psychischer Kontinuität (Parfit 1971).

Argumentationsstrategien, die das begründungstheoretische Problem des Zirkels umgehen, ändern jedoch nichts an der Gesamtausrichtung der genannten Theorien personaler Identität. Sie folgen derselben Logik und demselben Schema wie in Bezug auf die zeitübergreifende Identität von z. B. technischen Artefakten und anderen unbelebten Gegenständen. Zurückführen lässt sich dies meines Erachtens u. a. auf die enge Verknüpfung zwischen (der Sache nach plausiblen) erkenntnistauglichen Maßstäben – psychischer und/oder physischer Kontinuität –, die Hinweise für das Vorliegen transtemporaler Personenidentität liefern können, und den ontologischen Annahmen darüber, dass personale Identität in eben solchen (verifizierbaren) Kontinuitätsrelationen definitorisch besteht. Die Bestimmung von Kriterien transtemporaler Identität setzt sowohl im Falle unbelebter Gegenstände als auch im Falle von Personen bei der Suche nach kausalen Zusammenhängen an, die das Fortexistieren von Dingen und Personen erklären. Man versucht, Einzeldinge innerhalb eines raum-zeitlichen Kontinuums zu verorten, um eine kausale Geschichte rekonstruieren zu können. Und diese wiederum hat die Funktion einer Rechtfertigungsgrundlage für ein entsprechendes Urteil transtemporaler Identität. Die hier angesprochenen Probleme (Vagheit in der Bestimmung dessen, was als identitätsrelevante Kausalrelationen gilt, Probleme des Verifikationsprinzips) beziehen sich vor allem auf die Grundannahmen und die allgemeine Ausrichtung reduktionistischer Theorien. Im nächsten Abschnitt werde ich mich weiteren problematischen Konsequenzen zuwenden, die sich aus meiner Sicht aus der sachlichen Vernachlässigung der erstpersonalen Perspektive ergeben.

6.2 Alltagspraktische Konsequenzen reduktionistischer Theorien

Die Annahme, dass die kausale Geschichte einer Person, sei es in Form psychischer oder physischer Kontinuitätsrelationen, für die zeitübergreifende Identität einer Person allein bestimmend ist, zieht Konsequenzen nach sich, die unserem Alltagsverständnis zuwider laufen. Deutlich wird dies im Hinblick auf extreme Anwendungsfälle des Kriteriums, wie dies mit dem oben skizzierten Gedankenexperiment der Hirnteilung bereits aufgezeigt wurde. Auch hatte ich weiter oben auf die (mögliche) semantische Unterbestimmtheit von Identitätsrelationen mit Blick auf unbelebte Gegenstände hingewiesen. Die wichtige Pointe dabei ist, dass sich solche semantischen Ambivalenzen in Bezug auf numerische Identitätsaussagen von Gegenständen letztlich nur „beseitigen" lassen, indem eine mehr oder weniger willkürliche Entscheidung getroffen wird – was vor dem Hintergrund der ontologischen Grundannahmen im Extremfall hieße, dass ein Gegenstand möglicherweise mit überhaupt keinem früher existierenden Gegenstand identisch ist. Ob oder in welchem Maße ein Gegenstand über die Zeit hinweg derselbe ist wie ein Gegenstand zu einem früheren Zeitpunkt, ist zumindest in manchen Fällen kontingent, wie das oben konstruierte Beispiel des umgebauten Stuhls demonstriert.[63] Ist dies im Falle von Identitätsaussagen über unbelebte Gegenstände ein Verfahren, das sich alltagspraktisch durchaus anwenden lässt, so gilt dies für Personen und andere bewusstseinsfähige Individuen nicht in derselben Weise. Es wäre aus alltäglicher Sicht schwer vorstellbar, dass eine Person mit sich zu einem früheren Zeitpunkt nur dann numerisch identisch ist, wenn bestimmte Bedingungen als erfüllt gelten können, wenn etwa ein empirischer Nachweis erbracht werden kann. Betont sei aber noch einmal, dass mit dem hier formulierten Einwand nicht geleugnet wird, dass es faktisch extreme Fälle geben könnte, die es für Außenstehende nahezu unmöglich machen, eine Person mit einer früher existierenden Person zu identifizieren. Fälle extremer psychischer Verwirrung, z. B. bestimmte Formen der Amnesie oder von körperlicher Deformation machen auf die erwähnten Schwierigkeiten aufmerksam. Dennoch würde man – grundsätzlich – immer davon ausgehen, dass die betreffende Person mit einer früheren Person identisch ist, sie also als numerisch *eine* Person eine Geschichte hat, auch wenn man dies vorübergehend nicht genau klären kann. Dass wir im Alltag von dieser Voraussetzung Gebrauch machen, zeigt sich daran, dass man in einem Zweifelsfall nach einer Klärung der Identität einer Person mit Nachdruck suchen würde. Man würde es nicht dabei bewenden lassen, grundsätzlich keine klare Entscheidung treffen zu können – anders als im Falle unbelebter Gegenstände. Genau dieses Bestreben, die zeitübergreifende Identität von Personen, die zu verschiedenen Zeitpunkten existieren, abschließend zu klären, lässt sich aus den Annahmen reduktionistischer Theorien personaler Identität jedoch nicht ableiten.

Diese Einschätzung wird durch die genannten Gedankenexperimente weiter verstärkt. Hier sei noch einmal das bereits erwähnte Verdoppelungsszenario (*fission case*) genannt, also die Vorstellung, dass das Gehirn einer Person im Zuge einer Operation geteilt und die eine Hirnhälfte und damit weite Teile ihrer Erin-

---

[63] Derek Parfit vertritt dabei die wohl extremste Position, deren sprachkritisch motivierte Schlussfolgerung lautet, den Begriff der personalen Identität fallen zu lassen und allein graduelle, direkte und indirekte Kontinuitätsrelationen als relevant zu betrachten – und zwar nicht nur in theoretischer Perspektive, sondern auch hinsichtlich unseres Selbstverständnisses, das sich auf das zukünftige Weiterexistieren richtet (1971; 1984). Parfits provokante These: „Identity is not what matters in survival" hat die Debatte über transtemporale personale Identität auf die Frage gelenkt, in welchem Sinn nicht nur die Vergangenheit, sondern auch die Zukunft von Personen mit dem Begriff der Identität zusammenhängt (siehe dazu Quante 1999). Wie an früherer Stelle bereits erwähnt, beschränkt sich die vorliegende Untersuchung auf die Relation von Gegenwart und Vergangenheit und ihre Bedeutung für das biographische Selbstverständnis.

nerungen in einen anderen Körper implantiert werden kann. Wenn man ein solches Szenario als möglich betrachtet, dann akzeptiert man zum einen, dass personale Identität eine Relation ist, die nicht zwingend besteht oder nicht besteht. Zum anderen wird deutlich, dass für die Bestimmung transtemporaler Identität neben dem Erfordernis von Kontinuitätsrelationen weitere Bedingungen notwendig sind. So besteht etwa der Vorschlag von Robert Nozick in einer extrinsischen Zusatzanforderung: Diese besagt, dass personale Identität, als Kontinuitätsrelation verstanden, zwischen Person Y zu t_2 und Person X zu t_1 genau dann vorliegt, wenn kein weiterer Kandidat (neben Person Y) für eine solche Kontinuitätsrelation zur Verfügung steht. Ist dies jedoch nicht der Fall, gibt es also, wie im Verdoppelungsszenario, mehrere gleich geeignete Kandidaten, dann wäre niemand dieser Kandidaten mit der früheren Person identisch – trotz nachweislicher psychischer Kontinuitätsrelationen (Nozick 1981, 103).

Diese Argumentation setzt die Logik der reduktionistischen Theorien in konsequenter Weise fort: Die Bedeutung der Perspektive der ersten Person wird hier nicht lediglich ausgeklammert, vielmehr wird das Bestehen oder Nichtbestehen von personaler Identität explizit von äußeren kontingenten Tatsachen abhängig gemacht. Dies läuft jedoch unseren Intuitionen über die Bedeutung personaler Identität zuwider: Denn die Bedeutung und Rechtfertigung von Urteilen personaler Identität hängt offenbar, wie bereits erwähnt, in hohem Maße davon ab, dass Personen über eine bewusste Innenperspektive verfügen. Weil dies so ist, können wir in der Regel nicht akzeptieren, dass die Frage, ob eine Person mit einer Person zu einem früheren Zeitpunkt identisch ist, nicht eindeutig zu beantworten ist. Darüber hinaus ist es aus methodologischen Gründen problematisch, das metaphysische Problem der personalen Identität auf eine erkenntnistheoretische Frage zu reduzieren. Es ist schlicht inkohärent, dass personale Identität allein in einer äußeren Tatsache besteht – ebenso wie es nicht der Fall ist, dass personale Identität in dem für Individuen unverwechselbaren Fingerabdruck besteht; dieser besitzt die erkenntnistheoretische Funktion eines Indizes für das Vorliegen personaler Identität, ohne für sie jedoch – ontologisch – konstitutiv zu sein. Daher kann man sagen, dass solche Theorien nicht nur einen wichtigen Aspekt zeitübergreifender Personenidentität ausklammern (Perspektive der ersten Person), sondern dass sie auch zu Schlussfolgerungen führen, die mit unseren Alltagsintuitionen nicht in Einklang stehen.

Zusammenfassend lässt sich also Folgendes festhalten: Die meisten reduktionistischen Theorien definieren transtemporale Personenidentität im Rückgriff auf Eigenschaften, die – in einer Hinsicht – auch für unser alltägliches Verstehen leitend sind, nämlich dann, wenn wir uns über die Identität von Personen Klarheit verschaffen wollen und diese zum Gegenstand eines entsprechenden Urteils machen. Es handelt sich sowohl um körperliche als auch um psychische Merkmale, die wir unter Berücksichtigung zeitlich bedingter Einflüsse beurteilen und mit der Fortexistenz einer Person in Verbindung bringen. In dieser Hinsicht kann man sagen, dass reduktionistische Theorien eine wichtige Dimension des Gesamtphänomens transtemporaler Personenidentität in den Blick bringen. Während allerdings in alltäglicher Sicht körperliche und psychische Merkmale den Status von Indizien für das Vorliegen transtemporaler Personenidentität besitzen, wird ihre Rolle innerhalb reduktionistischer Theorien jedoch metaphysisch verstanden: Transtemporale Personenidentität wird auf physische und/oder psychische Kontinuitätsrelationen reduziert. Diese Zuspitzung ist jedoch insofern problematisch, als sie im Ergebnis Grauzonen zulässt, die sich auf die zeitübergreifende Identität von Sachgegenständen zwar problemlos anwenden lassen, auf die Identität von Personen jedoch nicht. Dies hängt, so hatte ich ausgeführt, mit bestimmten Voraussetzungen zusammen (z. B. dem Eindeutigkeitspostulat), die wir bei der Beurteilung der transtemporalen Identität in Anspruch nehmen – Voraussetzungen, die sich aus reduktionistischen Theorien allerdings nicht herleiten lassen. In dieser Hinsicht ergeben sich aus reduktionistischen Theorien Spannungen im Hinblick auf unser Alltagsverständnis von transtemporaler personaler Identität.

6.3 Probleme dualistischer Ansätze

Diese kritische Betrachtung reduktionistischer Theorien hat zwar bereits einige Aspekte zum Vorschein gebracht, die für eine am Alltagsverständnis orientierte Analyse transtemporaler Personenidentität von Bedeutung sind. Der nächste – konstruktive – Schritt wird darin bestehen, zu präzisieren, wo primär angesetzt werden muss, um weitere Facetten des Begriffs der zeitübergreifenden Personenidentität angemessen aufzuklären und Strukturmerkmale zu identifizieren, die für ein biographisches Personenverständnis konstitutiv sind.

Es sind vor allem zwei inhaltliche Punkte, die aus den vorigen Überlegungen hervorgehen und die einen solchen Ansatz sachlich vorbereiten. Aus der Kritik an reduktionistischen Theorien scheint sich zunächst „von selbst" eine bestimmte Schlussfolgerung zu ergeben, die einer konstruktiven Konzeption personaler Identität die Richtung vorgibt: Wenn es problematisch ist, die Anwendung des Begriffs personaler Identität über die Zeit hinweg auf das Vorhandensein von Kausalrelationen zu verengen, dann scheint personale Identität etwas zu sein, das prinzipiell irreduzibel ist. Diese Schlussfolgerung ist von vielen Kritikern an reduktionistischen Theorien transtemporaler Personenidentität gezogen worden – bereits von Joseph Butler (1636) und Thomas Reid (1785), Roderick Chisholm (1969, 1976), Richard Swinburne (1984) und (obgleich mit anderer Gewichtung) in der aktuellen Diskussion von Martine Nida-Rümelin (2006). Allerdings ist die Art und Weise, wie die genannten Autoren an diese Schlussfolgerung anknüpfen und für ihre Theorie verwenden, ebenfalls problematisch und theoretisch fragwürdig. Die These, personale Identität sei nicht weiter analysierbar, ist in den meisten Fällen mehr oder weniger explizit durch substanzontologische Annahmen motiviert: So argumentiert etwa Swinburne, personale Identität bestehe in etwas „Letztem" (Swinburne 1974, 240), weil Identität im strikten Sinn überhaupt nur von etwas ausgesagt werden kann, das keine Teile habe. Da Einzeldinge unter dem Aspekt ihrer Körperlichkeit jedoch das Bestehen aus Teilen implizierten, bleibe nur das Mentale als ontologische – identitätsrelevante – Kategorie übrig. Theoretische Aussagen über personale Identität setzen diesen Positionen zufolge eine Konzeption des Immateriellen voraus, das sich substanziell von Materiellem unterscheidet. Diese metaphysische Position liegt auch Nida-Rümelins Ansatz zugrunde (Nida-Rümelin 2006). Sie argumentiert für die „realistische" These, dass die transtemporale Identität von Personen eine grundlegende Wirklichkeit sei, eine objektive in der Welt vorfindbare Tatsache. Wie bereits an früherer Stelle bemerkt, halte ich Nida-Rümelins Beobachtung für zutreffend, dass die Existenz einer Innenperspektive bei der Beurteilung personaler transtemporaler Identität grundsätzlich relevant ist. Allerdings stimme ich ihrer Argumentation an entscheidender Stelle nicht zu. So versucht Nida-Rümelin etwa im Rückgriff auf die debattentypischen Gedankenexperimente zu zeigen, dass es vorstellbar sei, in einen anderen Körper zu schlüpfen und weiter zu existieren (193 f.). Dies soll ihre zentrale These begründen, dass das Fortexistieren einer Person begrifflich vollständig unabhängig davon sei, was Personen in materieller Hinsicht charakterisiere (180 ff.). Hier drängt sich jedoch die Frage auf, wie der exklusive Bezug auf eine körperlose Innenperspektive eine hinreichende Rechtfertigungsbasis für Urteile transtemporaler Identität bereitstellen soll. Ich halte es für nicht kohärent denkbar, dass man einer Person die Eigenschaft einer persistierenden Innenperspektive zuschreiben kann, ohne sie als Einzelding im Raum zu identifizieren. Dies setzt voraus, dass Personen zumindest *auch* über körperliche Eigenschaften beschreibbar sind.[64] Dieser grundlegende Einwand lässt sich auf folgende Weise variieren und konkretisieren: In Teil I. dieser Untersuchung wurde mehrfach darauf hingewiesen, dass die Innenperspektive von Personen, die Fähigkeit zu (vergangenen und zukünftigen) Selbstzuschreibungen, nicht als etwas Gegebenes zu betrachten ist, sondern auf verschiedenen strukturellen Bedingungen beruht.

---

64 Im Anschluss an Strawson ließe sich weiter behaupten, dass ich mir selbst nur mentale Eigenschaften zuschreiben kann, weil ich anderen solche Eigenschaften zuschreiben kann; dies setzt aber voraus, dass sie für mich – aufgrund körperlicher Eigenschaften – identifizierbar und unterscheidbar sind (Strawson 1964, 87 ff.).

Unterstützt durch empirische Studien wurde beispielsweise als wichtige Bedingung der soziale Raum genannt (Kap. 4.), in welchem die Fähigkeit artikuliert und erlernt wird. Soziale Interaktion setzt notwendigerweise körperliche Individuen voraus, die als identifizierbare Einzeldinge im Raum existieren. Dies legt die Annahme nahe, dass die persistierende Innenperspektive von Personen, anders als Nida-Rümelin behauptet, nicht als grundlegende primäre Realität verstanden werden kann. Es steht außer Frage, dass dies genauer untersucht werden müsste, als es an dieser Stelle möglich und zweckmäßig ist. Festzuhalten ist jedoch, dass die behauptete begriffliche Unabhängigkeit der Fortexistenz bewusstseinsfähiger Wesen von materiellen Bestimmungen problematisch ist.

Aus den Betrachtungen ergeben sich zwei für den weiteren Argumentationsgang wichtige Folgen: Zum einen zeigt sich erneut, dass eine (metaphysisch motivierte) Verengung zu Konsequenzen führt, die mit unseren alltäglichen Intuitionen konfligieren. Zwar betonen die dualistischen Positionen zu Recht, dass die Innenperspektive von Personen bei der Beurteilung der transtemporalen Identität relevant ist; und dies wiederum wird von den im vorigen Abschnitt kritisierten reduktionistischen Ansätzen ausgeklammert. Es hat sich jedoch als problematisch erwiesen, dass die Ansätze zur Struktur der persistierenden Innenperspektive nichts weiter sagen; denn diese ist dem theoretischen Anspruch nach ein irreduzibles Faktum. Die hier vertretene These lautet demgegenüber, dass der Zusammenhang von zeitübergreifender Identität und der Innenperspektive von Personen weiter analysierbar ist. Dieser Zusammenhang soll in den nächsten Abschnitten genauer untersucht und begrifflich entwickelt werden. Im Zentrum steht die Identifikation und Analyse von identitätsrelevanten Strukturen des bewussten „Innenlebens" von Personen.

Der nächste Abschnitt befasst sich daher mit folgenden Fragen: Was heißt es, dass bewusstseinsfähige Individuen (normalerweise) in nichtinferenzieller Weise wissen, dass sie über die Zeit hinweg als numerisch identische Individuen existieren? Ist dieses Bewusstsein vorbegrifflich, und hat es insofern strukturelle Ähnlichkeit mit dem „präreflexiven Selbstbewusstsein"? Was ist das Verhältnis von *synchroner* Einheit des Bewusstseins und von *diachroner* Einheit der Person? Wie verhalten sich persönliche Erinnerungen und das Bewusstsein diachroner Einheit zueinander?

7 Transtemporales Identitätsbewusstsein

Die beiden letzten Kapitel befassten sich mit dem Problem der personalen Identität über die Zeit hinweg. Ich hatte mich dabei insbesondere auf Urteile transtemporaler Identität konzentriert, auf Urteile also, in denen behauptet wird, dass zwei Objekte, die zu unterschiedlichen Zeitpunkten existieren, ein- und dasselbe Objekt seien. In diesem Zusammenhang ist die Frage relevant, worauf solche Urteile, die im Alltag nicht selten vorkommen, basieren – welche impliziten Annahmen gemacht werden und im Rückgriff worauf sie gerechtfertigt werden. Ich hatte auf einen Unterschied hingewiesen, der zwischen Identitätsurteilen über unbelebte Gegenstände und Identitätsurteilen über bewusstseinsfähige Individuen besteht. Die These lautete, dass transtemporale Identitätsurteile über bewusstseinsfähige Individuen, anders als im Falle unbelebter Gegenstände, mit der Forderung verknüpft sind, einen eindeutigen Wahrheitswert zu haben: Entweder es handelt sich bei P2 zu t_2 und P1 zu t_1 um ein- und dieselbe Person oder nicht. Dass dies so ist, hängt der Annahme nach mit der Tatsache zusammen, dass bewusstseinsfähige Individuen über eine bewusste Innenperspektive verfügen und ihrerseits ein Bewusstsein ihrer fortdauernden Existenz und Identität haben. In diesem Kontext hatte ich Konsequenzen diskutiert, die sich ergeben, wenn die Perspektive der ersten Person in den Analysen personaler Identität nicht berücksichtigt oder wenn transtemporale Identität als unanalysierbare Tatsache verstanden wird.

Der nächste Schritt besteht nun in der Beantwortung der Frage, ob die Perspektive der ersten Person, ihre Struktur und vor allem subjektive, erlebnishafte Eigenschaften mentaler Zustände geeignet sind, transtemporale Identität von Personen zu begründen und zu erklären. Wie genau ist der Zusammenhang zwischen dem Begriff der transtemporalen Identität und der Perspektive der ersten Person zu verstehen? Lässt sich über den Zusammenhang mehr sagen, als es in den Debatten üblicherweise geschieht?

Um diese Fragen zu klären, ist zunächst eine strukturelle Analyse des Bewusstseins von Einheit notwendig. Die Eigenschaft der Einheit kennzeichnet viele mentale Zustände und Prozesse, vielleicht sogar alle. Dies wird besonders gut erkennbar, wenn man Bewusstseinszustände zu einem gegebenen Zeitpunkt in Betracht zieht, also den zeitübergreifenden Aspekt vorerst ausklammert. Das vorliegende Kapitel hat entsprechend zwei Teile: Im ersten Teil werde ich mich dem Problem der synchronen Einheit des Bewusstseins zuwenden und mich dabei schwerpunktmäßig auf die Argumente von Tim Bayne (2010) beziehen. Es gilt zu klären, wie die Einheit von bewussten mentalen Zuständen genau strukturiert ist und welche mit den verschiedenen Formen von Einheit verbunden sind. Zugleich werden systematische Verbindungen zur Analyse des Selbstbewusstseins in Teil I. aufgezeigt. Im zweiten Abschnitt werde ich die Frage der Bewusstseinseinheit auf das Problem der zeitübergreifenden Identität beziehen. Ich werde mich vor allem mit Barry Daintons Argument der phänomenalen Kontinuität (2000, 2005) auseinandersetzen und es zurückweisen. Anschließend werde ich einen Vorschlag machen, wie das Thema methodisch fokussiert werden muss, um für die Analyse des zeitübergreifenden Identitätsbewusstseins von Personen informativ zu sein.

7.1 Synchrone Einheit des Bewusstseins

Das Thema der Einheit des Bewusstseins spielt u.a. in kognitionswissenschaftlichen Diskussionen über die Sinneswahrnehmung eine Rolle. Die zentrale Frage lautet: Wie ist es zu erklären, dass unterschiedliche sinnliche Informationen sich „automatisch" zu einer einheitlichen Wahrnehmung zusammensetzen? Wenn ich beispielsweise am Schreibtisch sitze und auf den Baum vor meinem Fenster schaue, dann präsentieren sich mir vielfältige visuelle Sinneseindrücke: Farbeindrücke (z.B. verschiedene Schattierungen von braun und grün), ich sehe Formen (z.B. längliche, dünne, runde, winklige Formen). Diese verschiedenen Informationen werden zu einem einheitlichen Wahrnehmungseindruck zusammengefasst: der Baumwahrnehmung. Die Frage, wie neuronale Strukturen im Gehirn eine solche sensorische Integration realisieren, wird in den kognitiven Neurowissenschaften als „binding problem" bezeichnet.[65] Strittig ist, auf welche Weise das Gehirn diese Leistung vollbringt.[66] Die Baumwahrnehmung ist allerdings ein relativ einfaches Beispiel, weil es sich dabei um eine einzelne Sinnesmodalität handelt, die visuelle Wahrnehmung. Ein komplizierteres Bild ergibt sich, wenn man sich z.B vorstellt, am Tisch zu sitzen, auf dem ein Teller mit einem Stück heißem Apfelstrudel steht. In dieser Situation erhält man Informationen über verschiedene Sinnesmodalitäten: Man hat visuelle Wahrnehmungen (man sieht Farben und Formen); man hat zugleich eine Geruchswahrnehmung; darüber

---

[65] In den Neurowissenschaften verweist der Ausdruck auf verschiedene Aspekte und Formen der Integration von neuronalen Aktivierungen. „Binding" kann sich auf räumlich oder zeitlich auseinander liegende Aktivierungen beziehen; auf unterschiedliche perzeptuelle Modalitäten; auf die Verbindung kognitiver und perzeptueller Zustände; auf sensomotorische Zustände etc. (Roskies 1999).

[66] Einige vertreten die Auffassung, dass die Einheit von unterschiedliche repräsentierten Eigenschaften durch bestimmte Neuronenverbände zustande gebracht wird (Riesenhuber/Poggio 1999). Nach Wolf Singer wird die Einheit durch synchrone Oszillationen von Neuronen realisiert (Engel/Singer 2001).

hinaus nimmt man eventuell die Temperatur wahr, die vom Kuchenstück ausgeht – im Vergleich zur sonstigen Raumtemperatur. Obwohl mehrere Sinne angesprochen sind, nimmt man die Informationen typischerweise nicht separat wahr, sondern als Einheit: Man hat eine in einen raum-zeitlichen Kontext eingebettete einheitliche Gesamtwahrnehmung des Kuchenstücks.

Man kann den Blick allerdings auf den *Gesamtzustand* erweitern: Neben der aus vielfältigen Informationen zusammengesetzten Wahrnehmung des Kuchenstücks verspürt man Appetit auf das Stück Kuchen; dies wird über die somatische Eigenwahrnehmung vermittelt. Darüber hinaus hat man weitere taktile Empfindungen, man sitzt auf einem Stuhl, und das eigene Körpergewicht drückt einen auf die harte Stuhloberfläche. Ferner verfügt man über eine zumindest implizite Kenntnis, wie man an das Stück Kuchen gekommen ist (man hat den Kuchen selbst aus dem Ofen geholt, ein Stück abgeschnitten und auf den Teller gelegt etc.). Die Liste könnte weiter fortgesetzt werden. Das Beispiel macht jedenfalls deutlich, dass die Eigenschaft der Einheit von mentalen Zuständen und Prozessen in unterschiedlichen Facetten in Erscheinung tritt. Welche Erkenntnisse kann man daraus ableiten – wie lassen sich genauere Phänomenbeschreibungen theoretisch stark machen und in Beziehung zum transtemporalen Identitätsbewusstsein setzen?

Tim Bayne (2010) argumentiert für die These, dass Einheit – in einem noch zu präzisierenden Sinn – ein wesentliches Merkmal von bewussten Zuständen und Prozessen ist. Was bedeutet das? Bayne formuliert eine Allaussage: Für alle möglichen Bewusstseinszustände gilt, dass sie einheitlich auftreten oder vereinheitlicht sind (Bayne 2010, 14 ff.). Um zu verstehen, was mit dieser Aussage genau gemeint ist, werde ich im Folgenden klären, was zum einen unter „Bewusstseinszuständen" (1) und was zum anderen unter „Einheit" (2) verstanden wird.

(1) Bewusstsein als Eigenschaft mentaler Zustände

Nach Bayne werden Bewusstseinsgehalte qualitativ oder phänomenal erlebt. Bewusstseinszustände haben also die Eigenschaft, dass sie sich für das Erfahrungssubjekt auf eine bestimmte Weise anfühlen. Für das Subjekt *ist* es auf eine bestimmte Weise, sie zu haben: Das Hören von Klaviermusik fühlt sich anders an als der Geruch von Bratäpfeln. Nach der beschriebenen Auffassung sind bewusste mentale Zustände stets perspektiviert – das Subjekt erlebt sie aus seiner Perspektive (siehe dazu auch Kap. 2.2.4.). Auch hier macht Bayne eine Allaussage: Für alle bewussten mentalen Zustände gilt, dass sie qualitativ erlebt werden. „Bewusstsein" als Eigenschaft mentaler Zustände und Prozesse ist identisch mit phänomenalem Bewusstsein (Bayne 2010, 6 ff.). Diese Sichtweise ist in den Debatten umstritten. Viele Philosophen beschränken die Zuschreibung von phänomenalen, erlebnishaften Eigenschaften auf sensorische Zustände, typischerweise auf Empfindungen (z. B. Tye 2000; Haugeland 1985). Bayne vertritt jedoch die Auffassung, dass *sämtliche* Bewusstseinszustände diese Eigenschaft besitzen, auch kognitive Zustände und Episoden, wie Gedanken, Reflexionen und aktuell auftretende Überzeugungen.[67]

Darüber hinaus unterscheidet Bayne verschiedene Ebenen des Bewusstseins (Bayne 2010, 7). So wird etwa das Vorhandensein von so genannten Hintergrundzuständen beschrieben. Beispiele hierfür sind extreme Wachheit, Schläfrigkeit oder Delirium. Ergänzen lässt sich hier das, was Matthew Ratcliffe als „existential feelings" bezeichnet (2008). Der Ausdruck verweist auf Formen eines grundlegenden affektiven Verhältnisses von Subjekten zur Welt. Gemeint ist das (globale) Gefühl, in spezifischer Weise in der Welt zu existieren. Beispiele hierfür sind: sich eins und in Harmonie mit der Welt oder losgelöst und isoliert von ihr zu fühlen, oder das grundlegende Gefühl der Vertrautheit oder Unvertrautheit. Charakteristisch für diese Phänomene ist ihre Funktion im Hinblick auf konkrete objektgerichtete Zustände: Hintergrundzustände wirken sich auf den Gehalt intentionaler Zustände aus. Der mentale Gesamtzustand eines Individuums wird z. B. im Kontext von Wachheit (im Unterschied zu Schläfrigkeit) entsprechend moduliert. Das Gefühl, sich eins mit der Welt zu fühlen, verleiht konkreten Gedanken eine angenehme „Tönung". Wenn ich hellwach bin, fühlen sich meine konkreten mentalen Zustände wie z. B. Gedanken und Sinneswahrnehmungen anders an, als wenn ich schläfrig bin. Darüber hinaus beeinflussen Hintergrundzustände, welchen Gedanken ich mich – bildlich gesprochen – mental zuwende. Im Wachzustand werde ich eher den Gedanken fassen, zum Schwimmbad zu fahren, als wenn ich schläfrig bin.

Eine solche funktionale Relation zwischen verschiedenen Zuständen deutet auf eine grundlegende Eigenschaft von mentalen Zuständen hin: Sie treten zumeist als Einheit auf.

(2) Die Eigenschaft der Einheit
Um zu verdeutlichen, was mit „Einheit" genau gemeint ist, werden drei Einheitsrelationen unterschieden, die bewusste Zustände strukturieren können: (i) Subjekt-Einheit, (ii) repräsentationale Einheit und (iii) phänomenale Einheit.

Unter *Subjekt-Einheit* (i) versteht Bayne die Einheit mentaler Zustände des betreffenden Erfahrungssubjekts (Bayne 2010, 9). Mentale Zustände sind einheitlich, insofern sie die Zustände eines einzelnen Subjekts sind. Mentale Zu-

---

[67] Weitere Verfechter der These, dass phänomenale Eigenschaften *sämtliche* Typen bewusster mentaler Zustände kennzeichnen (bisweilen auch als „liberale" im Unterschied zur „konservativen" Position bezeichnet), sind z. B. Flanagan 1992 und Searle 1992; 2002.

stände, die ich habe, sind *meine* Zustände. Dies entspricht der von phänomenologischen Selbstbewusstseinstheorien hervorgehobenen und in Kapitel 2.2.3. diskutierten Eigenschaft der so genannten *Meinigkeit* mentaler Zustände; hierauf werde ich weiter unten noch einmal zu sprechen kommen. Bei der Subjekt-Einheit handelt es sich um eine formale Eigenschaft, die nicht mit dem Begriff z. B. der integrierten Persönlichkeit eines Individuums verwechselt werden darf. Beachtet werden muss ferner, dass es in diesem Zusammenhang nicht um das Phänomen der *zeitübergreifenden* Subjekt-Einheit geht, sondern der Einheit mentaler Zustände zu einem gegebenen Zeitpunkt.

Repräsentationale Einheit (ii) ist diejenige Einheitsrelation, die in anderen Disziplinen wie den kognitiven Neurowissenschaften am meisten diskutiert wird und die zu Beginn des Kapitels erwähnt wurde. Gemeint ist die Einheit des Gehalts von Bewusstseinszuständen, genauer: die Tatsache, dass der jeweilige Gehalt von bewussten mentalen Zuständen als ein integriertes Ganzes erscheint. Repräsentationale Einheit ist eine Eigenschaft unterschiedlicher Typen von mentalen Zuständen und Operationen. Zum einen bezieht sie sich auf die Einheit des Wahrnehmungsobjekts, was ich mit dem Beispiel der Baumwahrnehmung beschrieben hatte: Einzelne Wahrnehmungseigenschaften treten nicht isoliert voneinander auf, sondern werden zu einem einheitlichen Objekt zusammengesetzt – dies wird oftmals als „feature-binding" bezeichnet. Die Eigenschaft des „feature-binding" bezieht sich auf die Zusammensetzung sowohl von Informationen, die über einen einzelnen Sinneskanal geleitet werden (z. B. verschiedene visuelle Wahrnehmungen), als auch von Informationen unterschiedlicher Wahrnehmungsmodalitäten, z. B. olfaktorische, auditive, taktile Informationen. Repräsentationale Einheit verweist also auf die Zusammensetzung von sinnlichen Eigenschaften zu einem Objekt, und von mehreren Objekten wiederum zu einer „Szene". Aber auch Gedanken können repräsentational vereinheitlicht sein: Einzelne Gedanken können inhaltlich konsistent sein, mehrere Gedanken können konsistent in Bezug auf ein gemeinsames, übergreifendes Thema sein. Allerdings ist es aus meiner Sicht sinnvoll, die so beschriebene Einheit von der prototypischen repräsentationalen Einheit von Wahrnehmungen abzugrenzen, weil Bayne hierunter offenbar eine bewusste Leistung versteht: Die Konsistenz von einzelnen Gedanken, vor allem deren konsistente Einbettung in einen übergreifenden Zusammenhang, wird Bayne zufolge vor allem durch die Fähigkeit zur Metakognition ermöglicht (Bayne 2010, 10).

Die dritte und zentrale Einheitsrelation, die auch für die anschließende Analyse des transtemporalen Identitätsbewusstseins relevant sein wird, ist die so genannte *phänomenale Einheit* (iii) (2010, 10). Verglichen mit den beiden anderen Einheitsrelationen ist phänomenale Einheit grundlegender. Mit ihr wird die Eigenschaft bezeichnet, dass verschiedene simultan auftretende mentale Zustände durch einen gemeinsamen erlebnishaften Charakter (*conjoint experiential character*) miteinander verbunden sind. Wie bereits erläutert, ist nach Bayne allen mentalen Zuständen gemeinsam, dass sie sich auf bestimmte Weise „anfühlen". Die phänomenale Einheit bezeichnet die so genannte „ko-bewusste" Verbindung zwischen verschiedenen mentalen Zuständen, die in einem einzelnen „Bewusstseinsfeld" auftreten. Der Begriff des Bewusstseinsfelds darf nicht mit denen des „Bewusstseinsflusses" oder „Bewusstseinsstromes" verwechselt werden, die durch zeitliche Ausdehnung gekennzeichnet sind und sich auf Eigenschaft der *diachronen* phänomenalen Einheit beziehen (dazu im nächsten Abschnitt mehr). Zu einem gegebenen Zeitpunkt wird, so Bayne, die Vielfalt verschiedener Objekte und Relationen von Objekten nicht isoliert voneinander erlebt; vielmehr werden sie wahrgenommen als Aspekte, Komponenten, Elemente eines größeren Bewusstseinszusammenhangs. Ich spüre die Sitzoberfläche des Stuhls, auf dem ich sitze, ich spüre die angespannten Muskeln in Händen und Armen, weil ich eine Zeitung halte, und ich habe Gedanken und Vorstellungen über den Inhalt des Artikels, den ich lese. Was rechtfertigt aber Baynes Behauptung, dass die phänomenale Einheit die *zentrale* Einheit von Bewusstsein ist?

Zunächst ist es wichtig zu sehen, dass verschiedene mentale Zustände, die simultan auftreten, nicht inhaltlich miteinander harmonieren müssen, um von ihnen sagen zu können, sie bildeten eine Einheit. Wäre dies der Fall, dann würde man behaupten müssen, dass es niemals inhaltliche Spannungen zwischen verschiedenen Überzeugungen geben könnte; dies widerspricht allerdings der Alltagserfahrung. Ein extremes Beispiel hierfür ist die Müller-Lyer-Illusion, eine optische Täuschung, bei der sich visuelle Informationen und kognitive Informationen über die Länge zweier (objektiv gleich langer, aber als unterschiedlich lang wahrgenommener) Balken widersprechen.

Verschiedene mentale Zustände, die jemand zu einem bestimmten Zeitpunkt hat, sind also in einem anderen Sinn als „inhaltlich harmonierend" vereint. Denn selbst wenn ich verschiedene, konkurrierende Überzeugungen habe, wenn ich etwa nicht sicher bin, ob A oder B der Fall ist, sind sie Teil eines – bildlich gesprochen – übergreifenden Zustandes. Entsprechend lautet Baynes These der Einheit (*unity thesis*):

> Necessarily, for any conscious subject of experience (S) and any time (t), the simultaneous conscious states that S has at t will be subsumed by a single conscious state – the subject's total conscious state. (Bayne 2010, 16)

Für ein genaueres Verständnis dieser These sind weitere Präzisierungen notwendig. Zentral ist der Begriff des bewussten Gesamtzustandes (*total conscious state*). In formaler Hinsicht handelt es sich um einen mentalen Zustand, der andere mentale Zustände in sich enthält oder unter sich fasst. Dies gilt aber nicht für ihn selbst. Er selbst ist in keinem weiteren Zustand enthalten. Insofern ist der Begriff des bewussten Gesamtzustands nichts anderes als der Begriff des phänomenalen Bewusstseinsfeldes, ein qualitativer Erlebniszustand also, der sich aus verschiedenen unterscheidbaren Einzelzuständen zusammensetzt. Dies impliziert auch, dass es nur einen einzigen bewussten Gesamtzustand und keinen parallel dazu verlaufenden weiteren Gesamtzustand geben kann.

Darüber hinaus enthält die Einheitsthese die Aussage, dass phänomenale Einheit des Gesamtzustandes eine *notwendige* Eigenschaft von Bewusstsein als Merkmal mentaler Zustände und Prozesse ist. Einzelne Erlebniszustände, die sich aufgrund ihres erlebnishaften und intentionalen Gehalts voneinander unterscheiden lassen, treten niemals separat auf, sondern stets als Komponenten eines – bildlich gesprochen – übergreifenden phänomenalen Feldes. Phänomenale Einheit ist insofern wesentliche Eigenschaft von Erlebniszuständen.

Die Einheitsthese beschränkt sich allerdings nicht auf phänomenale Einheit. Mit Blick auf die zuvor genannten drei unterschiedlichen Einheitsrelationen – Einheit des Subjekts, repräsentationale Einheit, phänomenale Einheit – zeigt sich, dass auch die Einheit des Subjekts eine bedeutende Rolle spielt. Die Einheitsthese macht die auf den ersten Blick triviale Behauptung, dass die Bewusstseinszustände einem einzelnen Subjekt angehören. Doch was heißt das genau? Die Einheit des Subjekts ist, darauf hatte ich bereits hingewiesen, eine formale Eigenschaft, die nicht mit dem Begriff z. B. einer integrierten Persönlichkeit eines Individuums verwechselt werden darf. Mentale Zustände gehören einem Subjekt an: Sie laufen in einem Punkt zusammen. Wenn man sich die Einheitsthese genauer ansieht, fällt auf, dass darin bereits die Vorstellung eines Subjekts impliziert ist, die mehr als eine bloß formale Bestimmung enthält. Darauf weist die zeitliche Komponente hin, die in der Einheitsthese eine zentrale Position einnimmt. Die Beschreibung eines Erfahrungssubjekts S zu einem gegebenen Zeitpunkt t kann nur auf ein Erfahrungssubjekt referieren, das raum-zeitlich existiert. Ausgeschlossen wird damit die Bedeutung von „Subjekt" als immaterieller Substanz. Das Erfahrungssubjekt muss daher als ein körperliches Einzelding aufgefasst werden, und Bayne präzisiert: als ein Organismus (Bayne 2010, 9). Diese biologische Auffassung eines Erfahrungssubjekts wird nicht weiter begründet und erfüllt lediglich den Zweck einer minimalen materiellen Beschreibung, die das Erfahrungssubjekt als „zählbares" Individuum charakterisiert.

Es stellt sich jedoch die Frage, welche Beziehung zwischen den beiden verschiedenen Einheitsrelationen besteht, die in Baynes Einheitsthese vertreten sind. Phänomenale Einheit bezeichnet, wie gesagt, die Einheit von simultan auftretenden mentalen Zuständen. Sie gehören einem einzelnen, übergreifenden phänomenalen Feld an: Sie sind darin „zusammengefasst". Der Ausdruck „phänomenal" verweist auf einen Erlebnisaspekt, auf die Eigenschaft des Sich-Anfühlens. Wenn es zutrifft, dass simultan auftretende mentale Zustände phänomenal vereinheitlicht sind, dann heißt das nichts anderes, als dass sie als Einheit *erlebt* werden.

Es stellt sich allerdings die Frage, ob die in der Einheitsthese angesprochene Einheit des Subjekts zu der qualitativ erlebten, phänomenalen Einheit mentaler Zustände etwas Informatives hinzufügt. Zu beachten ist, dass Bayne die Zugehörigkeit verschiedener mentaler Zustände zu einem Subjekt als „ownership-Komponente" bezeichnet. Diese in kognitionswissenschaftlichen Debatten übliche Bezeichnung („sense of ownership"; z. B. Gallagher 2006, 2007; Synofzik et al. 2008) ist begrifflich äquivalent zu dem, was in phänomenologischen Theorien des Selbstbewusstseins mit dem Ausdruck „Meinigkeit" bezeichnet wird, wie in Kapitel 2.2.3. erläutert. Der Begriff verweist auf ein erstpersonales Phänomen: Verschiedene mentale Zustände, die sich aufgrund ihrer phänomenalen und intentionalen Eigenschaften voneinander unterscheiden lassen, gehören einem Subjekt an, insofern sie – vom Subjekt – erlebt werden. Baynes Rede von der Einheit des Subjekts ist also keine äußere drittpersonale Beschreibung, vielmehr setzt sie die Perspektive der ersten Person voraus. Die Einheit des Subjekts ist eine *erlebnishafte* Einheit. Diese Beschreibung enthält allerdings nicht mehr als das als zentral ausgewiesene Merkmal der phänomenalen Einheit, die *erlebte* Einheit verschiedener mentaler Zustände. Der Verweis auf beide Einheitsrelationen ist demnach redundant.

Hiervon bleibt die zentrale These jedoch unberührt, und zwar die starke Behauptung, wonach es *notwendigerweise* der Fall ist, dass – zu einem gegebenen Zeitpunkt – sämtliche mentalen Zustände in einem phänomenal-subjektiv erlebten Gesamtzustand zusammengefasst sind. Bayne macht die Notwendigkeitsbehauptung gegen mögliche Einwände stark und diskutiert eine Reihe von empirischen Argumenten, indem er sich auf entsprechende Studien bezieht (z. B. Schizophrenie, Anosognosie, Split Brain), auf die ich an dieser Stelle jedoch nicht näher eingehen werde. Für den vorliegenden Zusammenhang ist eine bloße Charakterisierung der erlebnishaften Einheit mentaler Zustände ausreichend, denn es handelt sich dabei um eine Vorklärung der Frage, wie die Perspektive der ersten Person mit dem Problem der transtemporalen Identität begrifflich zusammenhängt.

Zu Beginn des Kapitels wurde an der Argumentation so genannter reduktionistischen Theorien transtemporaler personaler Identität kritisiert, dass die Perspektive der ersten Person typischerweise nicht berücksichtigt wird. Dass es sich dabei um ein sachliches Defizit handelt, habe ich damit begründet, dass die erstpersonale Perspektive nachweislich eine zentrale Rolle spielt, wenn die transtemporale Identität von Personen beurteilt wird.

Es stellt sich nun die Frage, ob der von Bayne explizierte Begriff der phänomenalen Einheit eine theoretisch tragfähige Funktion für die Begründung transtemporaler Identität übernehmen kann. Lässt sich die Einheitsthese auch auf zeitlich ausgedehnte Zustände anwenden? Lassen sich hieraus Aussagen über Bedingungen der Fortexistenz von Personen ableiten?

Um diese Fragen geht es in dem Ansatz von Barry Dainton (2000; 2005; 2008), den er teilweise mit Tim Bayne zusammen erarbeitet hat. Es wird darin für die These argumentiert, dass das subjektive Erleben von phänomenaler Einheit und Kontinuität für transtemporale Identität von Personen konstitutiv seien. In den folgenden Abschnitten werde ich mich mit dem Argument kritisch auseinandersetzen und es an entscheidender Stelle zurückweisen. Anschließend werde ich einen eigenen Vorschlag zur strukturellen Bedeutung der erstpersonalen Perspektive hinsichtlich des Problems der transtemporalen Identität machen.

7.2 Transtemporale Identität des Subjekts

Wie bislang deutlich wurde, hängen die philosophischen Probleme des Selbstbewusstseins, der Perspektive der ersten Person, der Bewusstseinseinheit, der Zeitlichkeit und der Fortdauer einer Person systematisch zusammen. Das zeigt sich bereits an der Alltagserfahrung: Personen haben normalerweise ein Bewusstsein ihrer zeitlichen Existenz und zeitübergreifenden Identität. Obwohl es eher selten der Fall ist, dass Personen konkret über ihre zeitliche Fortdauer reflektieren, sind sie sich derer dennoch *implizit* bewusst: Normalerweise muss man keine komplizierten kognitiven, inferenziellen Operationen durchführen, um zu „wissen", dass man zu einem früheren Zeitpunkt bereits existiert hat. Diese Beschreibung, auf die ich weiter unten ausführlicher eingehen werde, deutet darauf hin, dass das Bewusstsein der eigenen Fortdauer (diachrone „numerische" Identität), weil es nicht auf Inferenzen basiert, vor allem durch erlebnishafte, phänomenale Eigenschaften gekennzeichnet ist. Welche theoretische Funktion könnten diese erlebnishaften Eigenschaften bei der Frage der personalen Identität über die Zeit hinweg haben? Lässt sich eventuell dafür argumentieren, dass erlebnishafte Eigenschaften für personale Identität über die Zeit hinweg *konstitutiv* sind?

Diesen Weg schlägt Barry Dainton ein. Er definiert personale Identität im Rückgriff auf qualitative, erlebnishafte „Verknüpfungen" (z. B. Dainton 2000; 2008; Dainton/Bayne 2005). Der Art nach handelt es sich dabei um die von Bayne beschriebene phänomenale Einheit – bezogen auf zeitlich andauernde mentale Zustände, die ineinander übergehen. Dainton argumentiert, dass die Kontinuität von Erfahrungen (der so genannte Erlebnisstrom) für transtemporale personale

Identität konstitutiv ist und behauptet damit, dass Identität im Rückriff auf erlebnishafte Relationen analysiert werden kann.

Diese Grundüberlegung ist jedoch mit einem empirischen Problem behaftet: Erlebnisströme sind normalerweise nicht von langer Dauer, sie werden unterbrochen, zumindest in Phasen traumlosen Tiefschlafs. Dies erzeugt auf theoretischer Ebene das so genannte Brückenproblem (*bridge problem*). Um dieses Problem zu lösen, argumentiert Dainton für die These, dass allein die *Fähigkeit* zu phänomenaler Kontinuität gegeben sein muss: Das Fortbestehen der Fähigkeit „überbrücke" die Unterbrechungen des qualitativen Erlebnisstroms und sei somit dennoch konstitutiv für die Fortexistenz der Person.

Im Folgenden werde ich diesen Teil des Arguments kritisch beleuchten. Obwohl es aus meiner Sicht grundsätzlich richtig ist, qualitative Eigenschaften mentaler Zustände bei der Analyse transtemporaler Personenidentität zu berücksichtigen, werde ich zeigen, dass Daintons Vorschlag das Brückenproblem nicht lösen kann. Im ersten Teil (1) werde ich zunächst Daintons Argument näher erläutern. Im zweiten Abschnitt (2) werde ich das zentrale Problem, das „Brückenproblem", diskutieren. Anschließend (3) werde ich eine wichtige Prämisse des Arguments kritisieren. Obwohl die Kritik darauf hinauszulaufen scheint, dass eine Analyse transtemporaler Personenidentität im Rückgriff auf qualitative Eigenschaften mentaler Zustände scheitert, werde ich im letzten Abschnitt (4) eine andere Problemformulierung vorschlagen: Die Relevanz von qualitativen, erlebnishaften Eigenschaften wird erkennbar, wenn man abrückt von der Suche nach *Kriterien* für diachrone Personenidentität und stattdessen die Struktur und den Gehalt des (Selbst-)*Bewusstseins* der eigenen diachronen Identität in den Blick nimmt. Ich werde schließlich eine Unterscheidung zwischen zwei Typen qualitativer Eigenschaften mentaler Zustände vorschlagen, um die gesamte Idee zu unterstützen.

7.2.1 Transtemporale Identität und die Bedeutung phänomenaler Eigenschaften

Wie in den letzten beiden Kapiteln ausgeführt, befassen sich Theorien transtemporaler personaler Identität typischerweise mit der Frage, welche Bedingungen erfüllt sein müssen, damit man korrekterweise sagen kann, dass eine Person als numerisch identisches Einzelding fortexistiert. So wurde gesagt, dass die Mehrzahl der Ansätze Kriterien formuliert, die die Perspektive der dritten Person voraussetzen: Personale Identität wird überwiegend im Rekurs auf Kausalrelationen analysiert – entweder als Fall von psychischer oder von körperlicher Kontinuität. Die wenigsten Ansätze stellen explizit die Perspektive der ersten

Person und phänomenale Eigenschaften mentaler Zustände ins Zentrum, um transtemporale Personenidentität zu definieren.[68] Verzichtet man allerdings auf die Einbeziehung solcher Eigenschaften, schließt man einen zentralen Aspekt des Selbstverständnisses von Personen von vornherein aus: Personen haben normalerweise ein Bewusstsein davon, dass sie als Erfahrungssubjekte über die Zeit hinweg existieren. Selbst in Abwesenheit konkreter Erinnerungen „wissen" Personen zumindest implizit, dass sie auch bereits in der Vergangenheit als Erfahrungssubjekte gelebt haben. Und es scheint viel dafür zu sprechen, dass dieses Bewusstsein der eigenen diachronen Identität nicht auf propositionale Strukturen oder inferenzielle Prozesse reduzierbar ist. Vielmehr scheint es sich dabei um eine Bewusstseinsform zu handeln, die vor allem durch erlebnishafte oder phänomenale Eigenschaften gekennzeichnet ist.

Barry Dainton und Tim Bayne (2005)[69] haben ein Argument in die Diskussion eingebracht, demzufolge für transtemporale Personenidentität die Kontinuität des qualitativen Erlebens konstitutiv ist. Im Unterschied zu neo-Lockeschen Standard-Auffassungen, wonach personale Identität in *psychischer* Kontinuität besteht (siehe voriges Kapitel – z.B. Parfit 1984; Shoemaker 1959), behaupten Dainton und Bayne, dass hierfür *phänomenale* Kontinuität konstitutiv sei. Die Definition stützt sich auf die These, dass einzelne bewusste Erfahrungen genau dann phänomenal kontinuierlich sind, wenn sie demselben einheitlichen Bewusstseinsstrom angehören.[70] Bevor ich mich dem Argument selbst zuwende, werde ich zunächst einige Grundannahmen erläutern.

In methodologischer Hinsicht muss betont werden, dass Baynes und Daintons Überlegungen nicht darauf abzielen, einen bestimmten Aspekt des Selbstbewusstseins oder subjektiven Perspektive zu erhellen. Ihnen geht es nicht um die Frage, was es heißt, ein Bewusstsein der eigenen diachronen Identität zu haben. Vielmehr haben sie ein metaphysisch-ontologisches Anliegen, insofern das Argumentationsziel darin besteht, notwendige und hinreichende Bedingungen für die diachrone Identität von bestimmten Dingen – von Personen – zu spezifizieren. Darüber hinaus gehört Daintons und Baynes Ansatz in die oben bereits erwähnte

---

[68] Sturma betont den sachlichen Zusammenhang zwischen transtemporaler Identität und Selbstbewusstsein und bezieht sich auf den Personenbegriff in Kants Erkenntniskritik (Sturma 2008).

[69] Obwohl Barry Dainton bereits vielerorts über das Thema geschrieben hat, nicht zuletzt in seinem Buch *Stream of Consciousness* (2000), werde ich mich im Folgenden hauptsächlich auf den mit Tim Bayne zusammen verfassten Aufsatz beziehen (2005), da das relevante Argument hier am klarsten präsentiert ist.

[70] Das Argument von Dainton und Bayne diskutiere ich auch in Crone 2012. Eine gekürzte und geänderte Fassung dieses Unterkapitels erscheint in dem Sammelband Heilinger/Nida-Rümelin 2015.

Kategorie reduktionistischer Ansätze: Personale Identität über die Zeit hinweg wird im Rückgriff auf etwas anderes analysiert, und zwar hier im Rückgriff auf phänomenale Verbundenheit. Die Annahme lautet also, dass Aussagen über transtemporale Identität in Aussagen über phänomenale Verbundenheit übersetzt werden können, ohne ihren Wahrheitswert zu ändern. Das heißt ferner, dass Sätze über phänomenale Kontinuität eine semantische Funktion für Sätze über transtemporale Identität einer Person haben, insofern sie bedeutungskonstitutiv sind. Sie legen fest, was es heißt, dass eine Person über die Zeit hinweg als dieselbe existiert.

Um die Grundidee des Ansatzes verständlich zu machen, müssen zuvor einige Begriffe geklärt werden. Es ist wichtig zu sehen, dass der Begriff „Bewusstsein" auch hier in einem sehr weiten Sinn verwendet wird. Ebenso wie in Baynes Theorie der Bewusstseinseinheit (wie im vorigen Kapitel beschrieben) verweist der Ausdruck auf den phänomenalen, qualitativen Charakter mentaler Zustände, also darauf, wie es sich „anfühlt", in einen bestimmten mentalen Zustand zu sein – im Unterschied zu einem anderen mentalen Zustand. Während Standard-Auffassungen phänomenale Eigenschaften von Bewusstsein zumeist auf sensorische Zustände wie der Farbwahrnehmung und Schmerzzustände beschränken, vertreten Dainton und Bayne die These, dass phänomenale Eigenschaften sämtliche Typen mentaler Zustände charakterisieren (kognitive, emotionale, perzeptuelle ect.) sowie verschiedene „Schichten" von Erlebniszuständen, etwa die Qualität („Einfärbung") des Hintergrunds von Erlebnissen (Dainton 2004, 368; ebenso Bayne 2010, 4–9).

Wie wird dieses Verständnis von „Bewusstsein" auf das Problem transtemporaler personaler Identität bezogen? Wie bereits in Kapitel 6. ausgeführt, sind philosophische Theorien transtemporaler personaler Identität typischerweise mit einer bestimmten Form von Kontinuität befasst, von der behauptet wird, dass sie sowohl notwendig als auch hinreichend für transtemporale Identität ist. Während die meisten Theorien psychische oder körperliche Kontinuität ins Zentrum stellen, ist nach Dainton und Bayne *phänomenale* Kontinuität konstitutiv für die transtemporale Identität der Person (Dainton/Bayne 2005, 554). Dem Ansatz zufolge ist das kontinuierliche „Bewusstsein" (im Sinne phänomenaler Verbundenheit) sowohl notwendig als auch hinreichend für transtemporale personale Identität: Wenn Person A zum Zeitpunkt t_1 und Person B zum Zeitpunkt t_2 phänomenal miteinander verbunden sind, dann ist es korrekt zu sagen, dass es sich bei ihnen um ein und dieselbe Person handelt (und nicht um zwei verschiedene Personen).

Was ist unter „phänomenaler Verbundenheit" genau zu verstehen? Grob gesagt, referiert der Ausdruck auf die Tatsache, dass verschiedene Erlebniszustände im Normalfall zusammen auftreten, genauer: Sie treten als Einheit auf. Hier kommt der im vorigen Abschnitt bereits angesprochene Unterschied zwischen synchroner und diachroner Einheit zum Tragen. Synchrone phänomenale Einheit verweist auf die Tatsache, dass verschiedene mentale Zustände nicht isoliert voneinander auftreten; sie können zwar im Hinblick auf Gehalt und Modus voneinander unterschieden werden, dennoch sind sie „ko-bewusst", insofern sie einem einzelnen („übergreifenden") Gesamtzustand angehören.

Entscheidend im vorliegenden Kontext ist jedoch, dass auch solche Erlebnisse, die *nicht* simultan auftreten, durch phänomenale Einheit gekennzeichnet sind. Dabei ist zu beachten, dass Dainton und Bayne eine Eigenschaft ins Zentrum rücken, die in Teil I. als phänomenale Eigenschaft des Selbstbewusstseins ausgewiesen wurde, und zwar das phänomenale („innere") Zeitbewusstsein, eine Beschreibung, die auf Husserl zurückgeht. Diese Eigenschaft wird von Dainton und Bayne weiter spezifiziert, wie sich weiter unten zeigen wird. Anknüpfungspunkt der Analyse ist zunächst die Beobachtung, dass verschiedene bewusste mentale Zustände nicht plötzlich auftauchen und anschließend ebenso abrupt wieder verschwinden, vielmehr gehen sie unmittelbar ineinander über. Dies wird deutlich, wenn man sich beispielsweise das Geräusch eines Autos, das vor dem Fenster vorbei fährt, vorstellt. Jede Phase der auditiven Wahrnehmung „fließt" nahtlos in die nächste über – ohne Unterbrechung. Diachron auftretende bewusste mentale Zustände sind nicht nur direkt miteinander verbunden, sondern sie werden auch als verbunden *erlebt*. Das Beispiel macht deutlich, dass es in der Kontinuität von Erfahrungen Momente gibt, in denen man die Veränderung mentaler Gehalte und deren Persistenz *direkt* bemerkt. Ein solcher Moment ist jedoch von vergleichsweise kurzer Dauer; dies wird in Theorien des Zeitbewusstseins oftmals als „flüchtiger Gegenwartsmoment" (*specious present*) bezeichnet: Was einem gegenwärtig bewusst ist, dauert weniger als eine Sekunde an.[71] Der aktuell erlebte Moment ist insofern kein unausgedehnter Punkt, den man zwischen der unmittelbaren Vergangenheit und der noch nicht eingetretenen Zukunft verorten muss und der als solcher verschwindet;[72] vielmehr hat er eine zeitliche Erstreckung: Es gibt frühere und spätere Abschnitte des erlebten Gegenwartsmoments – wie das Beispiel des allmählichen Verklingens des Motorengeräuschs zeigt. Die Übergänge zwischen den zeitlichen Abschnitten (früheren, späteren) werden direkt wahrgenommen. Nach Dainton und Bayne sind die

---

71 Die debattentypische Verwendung des Ausdruck *specious present* geht auf William James zurück. James versteht darunter: „the short duration of which we are immediately and incessantly sensible" (James 1981, 594).
72 Das Problem, eine Realdefinition der Gegenwart zu geben, da sie als unausgedehnter Punkt zwischen vergangenen und zukünftigen Episoden zu „verschwinden" und insofern nicht zu existieren scheint, formuliert besonders pointiert Augustinus (Ausgabe 1998).

zeitlichen Abschnitte phänomenal miteinander verbunden. Sie sind also ebenfalls „ko-bewusst".

Diese Beschreibung bezieht sich jedoch zunächst nur auf das Erleben des einzelnen zeitlich ausgedehnten Gegenwartsmoments. Die These von Dainton und Bayne lautet weiter, dass zwischen den gegenwärtig erlebten Momenten ebenfalls vollständige phänomenale Verbindungen bestehen, Verbindungen, die als solche erlebt werden. Die gegenwärtig erlebten Momente fließen ganz und gar lückenlos ineinander. Daraus ergibt sich folgendes Bild: Einzelne Erfahrungen, die nicht gleichzeitig auftreten, gehören demselben Bewusstseinsstrom an, wenn sie über die Zeit hinweg phänomenal miteinander verbunden (ko-bewusst) sind. Diese Verbindungen bestehen entweder direkt – das heißt, sie treten in demselben erlebten Gegenwartsabschnitt (*specious present*) auf – oder indirekt: dann gehören sie einer Kette von sich überlappenden Gegenwartsabschnitten an.

Die Gesamtstruktur des Bewusstseinsstroms sieht also dieser Beschreibung nach folgendermaßen aus: Der Bewusstseinsstrom eines Erfahrungssubjekts ist eine einzige phänomenal erlebte Kontinuität; diese besteht – ihrem Gehalt nach – aus individuellen Erfahrungssequenzen, deren Kontinuität allerdings nur innerhalb eines zeitlich ausgedehnten Gegenwartsabschnitts direkt erlebt wird. Die jeweiligen Gegenwartsmomente sind ebenfalls phänomenal miteinander verbunden – analog zu der Verbindung einzelner bewusster mentaler Zustände. Ein Bewusstseinsstrom ist also keine bloße Aufeinanderfolge oder Aneinanderreihung von einzelnen mentalen Zuständen. „Each brief phase of a stream of consciousness is experienced as flowing into the next" (Dainton/Bayne 2005, 554). Auf diese Weise dauert der Bewusstseinsstrom an, wenngleich man kaum jemals bewusst Notiz von ihm nimmt. Es handelt sich hierbei um einen Fall phänomenaler Kontinuität, die Daintons und Baynes Argument zufolge, sofern sie gegeben ist, die transtemporale Identität von Personen garantiert.

Diese grobe Beschreibung lässt bereits die Frage zu, ob sich das Argumentationsziel im Rückgriff auf den so charakterisierten Bewusstseinsstrom überhaupt erreichen lässt. Es entspricht, wie gesagt, der Alltagserfahrung, dass Personen normalerweise wissen, als identische Erfahrungssubjekte über die Zeit hinweg zu existieren. Sie müssen keine komplizierten Reflexionen und Inferenzen vollziehen, um über dieses „Wissen" zu verfügen. Ist es plausibel, dass Personen dieses „Wissen" aufgrund des kontinuierlichen Bewusstseinsstroms haben? Die Frage spiegelt eine erkenntnistheoretische Lesart von Daintons und Baynes These wider. Allerdings ist zu beachten, dass Dainton und Bayne in erster Linie einen metaphysischen Vorschlag zur transtemporalen Personenidentität machen, weshalb die Frage lauten muss: Ist die Annahme plausibel, dass transtemporale Identität nichts anderes *ist* als ein kontinuierlicher phänomenaler Erlebnisstrom? Und dabei stellt sich folgendes Problem: Die Fortexistenz eines Individuums hat typischerweise eine lange zeitliche Erstreckung. Auch unserer Alltagserfahrung nach haben wir die Gewissheit, einheitliche, identische Erfahrungssubjekte gewissermaßen unser ganzes Leben hindurch zu sein. Der Bewusstseinsstrom, von dem hier die Rede ist, wird aber faktisch immer wieder unterbrochen – man denke etwa an Phasen des traumlosen Schlafes, an eine Vollnarkose etc. Wie soll ein faktisch lückenhafter Bewusstseinsstrom „langfristige" zeitübergreifende Identität konstituieren und damit erklären können?

7.2.2 Das „Brückenproblem"

Die zentrale These der Argumentation lautet: Person A zum Zeitpunkt t_1 und Person B zum Zeitpunkt t_2 sind genau dann ein und dieselbe Person, wenn zwischen ihnen eine erlebnishafte Verbindung vorliegt – wenn sie also aufgrund eines einheitlichen Erlebnisstroms miteinander verbunden sind. Allerdings ist eine weitere Prämisse zu beachten, bevor das gesamte Argument beurteilt werden kann. Diese bezieht sich auf die Art von Verbindung zwischen einem Bewusstseinsstrom und einer bestimmten Person – dem Subjekt des Stroms. Dainton und Bayne formulieren hier lediglich eine These (die so genannte Nichttrennbarkeitsthese – *Inseparability Thesis*): „Self and phenomenal continuity cannot come apart: all the experiences in a single (non-branching) stream of consciousness are co-personal" (Dainton/Bayne 2005, 557). Diese These basiert auf der probabilistischen Aussage, wonach es „höchst unwahrscheinlich" sei anzunehmen, dass (metaphorisch gesprochen) der Bewusstseinsstrom sich fortsetzt und dabei das „Subjekt" zurücklässt. Zu beachten ist ferner, dass die Ausdrücke „Selbst", „Person" und „Subjekt" synonym verwendet werden.

Das Argument wirkt auf den ersten Blick plausibel: Dass die Fortexistenz von Personen durch phänomenale Kontinuität bedingt ist, scheint unseren Alltagsintuitionen zu entsprechen. Zum einen besteht phänomenale Kontinuität und damit personale Identität auch dann, wenn Erfahrungssubjekte sie nicht bewusst wahrnehmen; die Existenz des Erlebnisstroms ist an keine kognitive Leistung höherer Ordnung gebunden. Zum anderen sichert die Kontinuität des Erlebnisstroms auch dann die Fortdauer der Person, wenn der Fall einer *Dis*kontinuität psychischer Zustände und Fähigkeiten eintreten würde (z. B. beim Verlust von Erinnerungen, Vorlieben, langfristigen Überzeugungen etc.). Wenn beispielsweise jemand in Folge eines schweren Unfalls unter einer retrograden Amnesie leidet und eine Vielzahl seiner persönlichen Erinnerungen ausgelöscht wären, würde man nicht dennoch sagen, dass die Person vor und nach dem Unfall numerisch dieselbe ist (und nicht zwei verschiedene)? Dass wir geneigt sind, die Frage zu bejahen, hängt auch damit damit zusammen, dass die Kontinuität der subjektiven

Erlebnisperspektive den faktischen Verlust von Erinnerungen, längerfristigen Absichten und Vorlieben überdauert. Auch wenn bestimmte encodierte mentale Inhalte aufhörten zu existieren, würde die Erlebnisperspektive fortbestehen. Und das deutet darauf hin, dass kontinuierliche qualitative Eigenschaften in der Tat für transtemporale Personenidentität relevant sind.

Dennoch muss sich die Theorie einem entscheidenden Problem stellen. Dies wird deutlich, wenn man längere Zeitabschnitte in Betracht zieht. Denn was geschieht, wenn die Zeitpunkte t_1 und t_5, zu denen Person A und B existieren, länger, z. B. einige Tage auseinander liegen? Ist es tatsächlich vorstellbar, dass A und B phänomenal durch einen lückenlosen Erlebnisstrom miteinander verbunden sind? Dass dies unwahrscheinlich ist, hängt damit zusammen, dass ein Erlebnisstrom normalerweise nicht besonders lang andauert: Phänomenale Kontinuität wird üblicherweise immer wieder unterbrochen. Was wäre die typische Länge eines Bewusstseinsstroms? Es ist davon auszugehen, dass ein kontinuierlicher Bewusstseinsstrom zumindest für die Dauer des Wachzustands andauert. Im Wachzustand erlebt ein empfindungsfähiges Wesen stets *etwas* (in unterschiedlichen, wechselnden Graden der Intensität). Man könnte ebenfalls behaupten, wie Dainton und Bayne es auch tun, dass niedrigstufige (nur unterschwellig bewusste) Erfahrungen sogar in Phasen des leichten Schlafes und Träumens andauern. Allerdings wird spätestens im Zustand des traumlosen Schafes oder unter Vollnarkose der Bewusstseinsfluss unzweifelhaft unterbrochen.

Dieses Problem wird von Dainton und Bayne als „Brückenproblem" bezeichnet. Zu beachten ist, dass es dabei keineswegs um eine bloße Einschränkung der Aussage des Arguments handelt, vielmehr hängt das gesamte Argument über diachrone Personenidentität entscheidend von einer akzeptablen Lösung des Brückenproblems ab. Um die Gültigkeit des Arguments zu erhalten – personale Identität über die Zeit hinweg ist nichts anderes als phänomenale Kontinuität –, bedarf es zusätzlicher Prämissen. In erster Linie muss gezeigt werden, welche Art von Verbindung zwischen Phasen kontinuierlichen Erlebens und gänzlich bewusstlosen Phasen besteht. Dieser Verbindung (Überbrückung) kommt eine zentrale Funktion innerhalb des Arguments zu. Denn sie muss für phänomenale Kontinuität und damit für personale Identität notwendig und hinreichend sein. Es muss sich um eine Verbindung handeln, von der sich zeigen lässt, dass sie die Lücken aller denkbaren Fälle phänomenaler *Dis*kontinuität schließt.

Es gibt zwei offenkundige Möglichkeiten, das Brückenproblem anzugehen: Zum einen könnte man behaupten, dass Bewusstseinsströme schlicht und ergreifend irgendwann enden – und ebenso die Existenz von Personen. Diese radikale Lösung favorisiert z. B. Galen Strawson (2009). Sie ist jedoch mit dem Problem behaftet, dass sie unserem Alltagsverständnis stark zuwiderläuft. Zum anderen könnte man im Gegenteil argumentieren, dass der Bewusstseinsstrom selbst in Phasen des traumlosen Tiefschlafs andauert – auch wenn das Erfahrungssubjekt davon keine Notiz nimmt; diese Sichtweise vertritt etwa Johan Gustafsson (2011). Damit würde man behaupten, dass es ein Brückenproblem letztlich gar nicht gibt. Diese Variante ist allerdings in begrifflicher Hinsicht problematisch, da der Begriff des Erlebnisstroms auf unbewusste und subpersonale Zustände und Prozesse ausgeweitet wird.

Dainton und Bayne lehnen beide Strategien ab und schlagen eine andere, dritte Lösung vor. Als Tatsache wird akzeptiert, dass Bewusstseinsströme nicht ewig andauern, sondern bisweilen langsam „verklingen" oder enden und neue zu einem späteren Zeitpunkt beginnen. Um an der grundlegenden Idee, wonach phänomenale Kontinuität (Kontinuität des Bewusstseinsstroms) relevant für Personenidentität ist, festzuhalten, bedarf es daher einer Modifikation der übergreifenden These oder, wie Dainton und Bayne es ausdrücken, einer perspektivischen Verschiebung: Nicht die *aktuelle*, tatsächlich gegebene kontinuierliche Erfahrung wird als hinreichend für die Fortexistenz einer Person betrachtet, sondern die *Fähigkeit* zur einheitlichen, kontinuierlichen Erfahrung. Erfahrungssubjekte produzieren zwar nicht immer bewusste Erfahrungen, die definitorisch mit anderen Erfahrungen phänomenal verknüpft sind; Erfahrungssubjekte besitzen jedoch die *Fähigkeit* zu ganz und gar lückenlosem Bewusstsein. In Phasen der Abwesenheit des Erlebnisstroms hört eine Person demnach nicht auf zu existieren, denn sie besitzt die Fähigkeit zu kontinuierlichem Bewusstsein, was bedeutet, dass an frühere Teile des Bewusstseinsstroms angeknüpft werden kann. Dainton und Bayne zufolge existiert eine Person als numerisch eine Person, solange die bloße Fähigkeit gegeben ist – unabhängig davon, ob die Fähigkeit aktuell ausgeübt wird oder nicht. Zu beachten ist, dass Dainton und Bayne trotz der perspektivischen Verschiebung an ihrem phänomenologisch orientierten Theorietypus festhalten, wonach Bedingungen für die zeitübergreifende Personenidentität im Rückgriff auf Erlebniszustände definiert werden – im Unterschied zu z. B. körperlichen oder kognitiven Eigenschaften.

Ich werde im Folgenden Einwände gegen das Argument formulieren, die um zwei Hauptfragen kreisen: (1) Ist die bloße Fähigkeit zu ko-bewussten Erfahrungen, die zu Zeiten aber gar nicht aktiv ist, tatsächlich erlebnishaft, d. h. gehört die Fähigkeit einer erlebnishaften Kategorie an? Diese Frage betrifft Daintons und Baynes theorieinternen Anspruch. (2) Ist die Annahme einer bloßen Möglichkeit zu phänomenaler Kontinuität für das faktische transtemporale Identitätsbewusstsein von Personen hinreichend? Diese Frage betrifft die zentrale Prämisse des Arguments.

Im letzten Teil des Kapitels werde ich einen Vorschlag machen, der zum einen der Grundidee von Dainton und Bayne Rechnung trägt – der Idee nämlich, dass erlebnishafte Eigenschaften mentaler Zustände für die Frage diachroner Personenidentität relevant sind –, der aber zum anderen bestimmte argumentative Schwierigkeiten vermeidet.

7.2.3 Probleme mit der Lösung des Brückenproblems

Daintons und Baynes Argument hängt wesentlich von einer plausiblen Lösung des Brückenproblems ab. Ihre Strategie besteht in der Behauptung, dass Bedingungen für transtemporale personale Identität erfüllt sind, solange die bloße Fähigkeit zu phänomenaler, erlebnishafter Kontinuität gegeben ist. Der Begriff der Fähigkeit impliziert, dass sie nicht aktiv sein muss, um argumentativ zweckmäßig zu sein; sie muss lediglich *existieren*. Die Argumentationslinie macht deutlich, dass das Problem auf eine andere Ebene verlagert wird: Hinreichende Bedingung für transtemporale Identität ist nicht mehr phänomenale Kontinuität, sondern die (diachrone) Existenz der *Fähigkeit* zu phänomenaler Kontinuität – die manchmal aktiv ist und manchmal nicht. Das bedeutet der Annahme nach, dass Aussagen über die transtemporale Fortexistenz eines Individuums vollständig in Aussagen über die (kontinuierliche) Existenz einer bestimmten Fähigkeit übersetzt werden können.

Obwohl die Analyse von Fähigkeiten traditionell eine komplizierte und strittige Angelegenheit ist, werde ich dieses Problem hier nicht im Detail diskutieren (tatsächlich wird dies von Dainton und Bayne nicht einmal erwähnt). Grob gesagt, werden Fähigkeiten zumeist als eine Form von Dispositionen aufgefasst. Aussagen über dispositionale Eigenschaften werden typischerweise im Rückgriff auf kontrafaktische Aussagen analysiert (Choi/Fera 2012). Ob die Aussage „x ist F" wahr ist (wobei F eine dispositionale Eigenschaft wie „zerbrechlich sein" ist), hängt von der Wahrheit einer kontrafaktischen Aussage ab, der zufolge x – unter bestimmten Umständen – die Eigenschaft f hat (wobei f eine Manifestation von F ist, beispielsweise „zerbrechen"). Bezogen auf die vorliegende Frage würde man korrekterweise behaupten können, dass Person P die Fähigkeit C (hier: die Fähigkeit zu phänomenaler Kontinuität) genau dann besitzt, wenn sie – unter bestimmten Umständen – tatsächlich die Eigenschaft c hat (wobei c eine Manifestation von C ist: kontinuierlich phänomenal bewusst sein). Bettet man dies nun in das Argument diachroner Personenidentität ein, erhält man die folgende Aussage: Wenn die Fähigkeit zu phänomenaler Kontinuität aktiv *wäre*, dann *würden* kontinuierliche, sich überlappende Erfahrungen produziert, die sämtlich demselben

Subjekt angehören *würden*.⁷³ Erfahrungssysteme müssen demnach nicht aktiv Erfahrungen hervorbringen, die genau dann demselben System angehören, wenn sie faktisch phänomenal miteinander verbunden sind; vielmehr reicht es aus, dass Systeme Erfahrungen hervorbringen *könnten*, die phänomenal miteinander verbunden *wären* und so demselben System angehören *würden*.

Meine Einwände beziehen sich vor allem auf die Funktion, welche die *Fähigkeit* innerhalb des Arguments der transtemporalen Identität übernehmen soll. Obwohl Dainton und Bayne zurecht eine Präzisierung dessen anstreben, was es heißt, diese bestimmte Fähigkeit zu haben, bin ich der Auffassung, dass das übergreifende Problem auf diese Weise nicht gelöst werden kann. Dabei ist vor allem zu beachten, dass der Fokus des Arguments, aufgrund des Brückenproblems, verschoben werden musste: von aktueller phänomenaler Kontinuität hin zur entsprechenden Fähigkeit, von der behauptet wird, dass sie sowohl notwendig als auch hinreichend für transtemporale Identität sei. *Bevor* der Perspektivwechsel vollzogen wurde, schien für die Begründung in begrifflicher Hinsicht Einiges zu sprechen. Angesichts der Tatsache, dass Personen genuin empfindungs- bzw. erlebnisfähige Wesen sind, wird man kaum leugnen können, dass eine Person weiterhin existiert, solange sie tatsächlich kontinuierlich „bei Bewusstsein ist", also etwas *erlebt*. Dies zeigt, dass der Gedanke der phänomenalen Kontinuität mit der Fortexistenz einer Person begrifflich direkt verbunden ist: Phänomenale Kontinuität ist nichts anderes als eine lückenlose „Kette" transtemporaler mentaler Ereignisse, die einem Subjekt angehören.

Diese begriffliche Verbindung ist im Falle der bloßen *Fähigkeit* zu phänomenaler Kontinuität jedoch nicht gegeben. Der Grund hierfür ist, dass Personen normalerweise über eine erhebliche Anzahl an Fähigkeiten verfügen. Warum sollte von all diesen ausgerechnet die Fähigkeit zu phänomenaler Kontinuität konstitutiv für transtemporale Personenidentität sein? In theoretischer Hinsicht erscheint es willkürlich, welche Fähigkeit man als Prämisse in das Argument einbaut. Wenn nach Dainton und Bayne die Fortexistenz einer Fähigkeit notwendig und hinreichend für transtemporale Personenidentität ist, dann sehe ich nicht, warum eine spezifische Fähigkeit theoretisch privilegierter sein soll als eine andere (etwa die Erinnerungsfähigkeit, die Fähigkeit zu denken oder zu entscheiden).

---

73 Dainton and Bayne führen eine neue Terminologie ein, die es erlauben soll, Personen als „phänomenale Substanzen" zu definieren (Dainton/Bayne 2005, 565–568). Die Fähigkeit zu phänomenal verbundenen Erlebnissen wird als „Erlebnis-Produzent" (EP) bezeichnet; eine „E-verknüpfte" Ansammlung von EPs sind ein „E-System"; stromartig verbundene E-Systeme werden als „E-verbunden" bezeichnet etc. Diese technische Terminologie ändert jedoch nichts an dem oben beschriebenen Kerngedanken der Theorie.

Die Verlagerung des Problems von aktueller phänomenaler Kontinuität (von aktuellen psychischen „Ereignissen") hin zu einer entsprechenden Fähigkeit, modifiziert den Ansatz noch in einer weiteren Hinsicht. Dainton und Bayne bezeichnen ihren Ansatz als einen „neo-Lockeschen" Ansatz (Dainton/Bayne 2005, 553; 567). In den vorigen Abschnitten habe ich dargelegt, dass neo-Lockesche Theorien üblicherweise für einen bestimmten Typus von Kriterien transtemporaler personaler Identität argumentieren, nämlich für ein psychisches Kriterium. Personale Identität wird in allen (mir bekannten) Fällen als psychische Verbundenheit verstanden, die in Form von Kausalrelationen analysiert wird. Dainton und Bayne betonen jedoch, dass ihr Kriterium personaler Identität explizit nicht als Kausalrelation verstanden werden soll; phänomenale Kontinuität kann ihnen zufolge nicht mithilfe kausaler Beschreibungen erfasst werden, da es sich um eine „rein erlebnishafte" Relation handele (Dainton/Bayne 2005, 549). Obwohl ich auf die behauptete problematische Dissoziation von erlebnishaften und kausalen Eigenschaften hier nicht näher eingehen werde (siehe dazu den Exkurs im ersten Kapitel unter 3.1.), erscheint es extrem missverständlich, einen nichtkausalen Ansatz personaler Identität als „neo-Lockeschen" Ansatz zu bezeichnen.

Allerdings könnte man einwenden, dass die Bezeichnung dennoch gerechtfertigt und informativ sei, weil der Ansatz schließlich mentale im Gegensatz zu körperlichen Eigenschaften ins Zentrum stellt, um personale Identität über die Zeit hinweg zu definieren. Ob es dabei um kausale oder nichtkausale Relationen handelt, wäre dann nicht die entscheidende Frage. Was zählt, wäre die Tatsache, dass phänomenale Kontinuität ein Fall von mentaler Kontinuität ist, also von mentaler Verbundenheit, die als notwendige und hinreichende Bedingung für personale Identität über die Zeit hinweg geltend gemacht würde. Und dies steht im Einklang mit der von Dainton und Bayne vorgeschlagenen Präzisierung des Kriteriums als *erlebnishaftes* Kriterium (z. B. Dainton/Bayne 2005, 555).

Diese Behauptung kann jedoch wiederum hinterfragt werden: Wie soll die Existenz einer bloßen Fähigkeit eine *erlebnishafte* Verbindung zwischen zwei erlebnishaften Zuständen (oder zwei Erlebnisströmen) bereitstellen oder begründen können? Dabei ist zu beachten, dass die Einführung des Begriffs der Fähigkeit zum Ziel hatte, das Problem der Unterbrechungen des Erlebnisstroms zu lösen, d. h. die *Abwesenheit* von Erlebnissen zu überbrücken. Dasjenige, was diese Funktion übernehmen soll, kann definitionsgemäß nicht selbst erlebnishaft sein. Wäre es tatsächlich der Fall, dass transtemporale Identität der Person im Rückgriff auf erlebnishafte Eigenschaften spezifiziert würde, dann würde dies die Behauptung implizieren, dass auch die Fähigkeit durch erlebnishafte Eigenschaften charakterisiert wäre. Das wäre jedoch nicht nur zirkulär, sondern auch begrifflich problematisch. Daraus folgt, dass die Charakterisierung als erlebnishafter, neo-

Lockescher Ansatz (die Ausbuchstabierung von Bedingungen transtemporaler Personenidentität im Rückgriff auf phänomenale Verbindungen) inkohärent ist.

Diese Diagnose gibt Aufschluss über die generelle Ausrichtung von Daintons und Baynes Position. Denn es stellt sich Frage, was von der vermeintlichen theoretischen Rolle erlebnishafter Eigenschaften eigentlich erhalten bleibt. Nach den bisherigen Erläuterungen offenbar nicht mehr viel. Die ursprüngliche Idee, wonach erlebnishafte erstpersonale Eigenschaften relevant für die Frage transtemporaler Personenidentität sind, scheint aufgegeben zu sein. Der Grund dafür ist, dass eine Fähigkeit, die ins Zentrum des Arguments rückt, keine erlebnishaften Eigenschaften besitzen kann.

Wenn der Ansatz also weder als „neo-Lockescher" Ansatz bezeichnet werden kann noch eine auf genuin erlebnishaften Kategorien basierende Theorie ist – was ist er dann? Die bisherige Diskussion erlaubt keine klar umrissene Antwort. Allerdings gibt das Brückenproblem zu einigen spekulativen Überlegungen Anlass, die ich hier kurz erwähnen möchte. Von einem methodischen Standpunkt aus betrachtet kann man fragen, unter welchen Bedingungen das Brückenproblem als solches eigentlich identifiziert werden kann. Worauf ich hinaus will, wird deutlich, wenn man sich die ursprüngliche Formulierung von Daintons und Baynes Argument ansieht, wonach phänomenale Kontinuität sowohl notwendig als auch hinreichend für transtemporale Personenidentität ist. Wie kommt man darauf, dass es so etwas wie ein Brückenproblem überhaupt geben kann, ohne bereits eine bestimmte Vorstellung davon zu haben, was für personale Identität konstitutiv ist? Anders ausgedrückt, die Feststellung, dass mit dem begründungstheoretischen Bezug auf phänomenale Kontinuität etwas nicht stimmen kann, impliziert die Auffassung, dass Personen normalerweise weiter existieren, selbst wenn ihr Bewusstseinsstrom unterbrochen wird. Das scheint darauf hinzudeuten, dass die Identifizierung des Brückenproblems bereits einen Begriff personaler Identität voraussetzt, der offenbar auf dem Kriterium *körperlicher* Kontinuität basiert. Diese zugrundeliegende Intuition über Bedingungen personaler Identität entspricht dem Gegenteil eines neo-Lockeschen Ansatzes.

Die vorangegangenen Überlegungen machen also insgesamt deutlich, dass das Argument von Dainton und Bayne scheitert. Dies wirft die Frage auf, ob die Perspektive der ersten Person, erlebnishafte Eigenschaften und die Kontinuität des Erlebens überhaupt in sinnvoller Weise zur Analyse der transtemporalen Identität von Personen beitragen kann. Muss man die Suche nach einer begrifflichen Relation zwischen phänomenaler Kontinuität und transtemporaler Identität nicht zu den Akten legen? Meines Erachtens folgt dies nicht zwingend aus den vorgebrachten Einwänden. Ich möchte im Folgenden zeigen, wie man den Zusammenhang zwischen dem Phänomen des kontinuierlichen Erlebnisstroms und der zeitübergreifenden numerischen Identität stark machen und explanatorisch nutzen kann. Hierfür ist es allerdings erforderlich, den theoretischen Fokus zu ändern und das philosophische Problem anders zu formulieren: Anstelle nach *Kriterien* für personale Identität zu suchen, schlage ich vor, die Struktur des relevanten psychischen Phänomens in den Fokus zu nehmen. Ins Zentrum rückt damit die Frage, was es heißt, dass man ein Bewusstsein der eigenen zeitübergreifenden Identität hat, d. h. dass man als numerisch identisches Subjekt über die Zeit hinweg existiert. Die genaue Betrachtung struktureller Bedingungen und Eigenschaften dieser Bewusstseinsform liefert einen weiteren wichtigen Baustein für die Analyse des biographischen Selbstverständnisses von Personen.

7.3 Phänomenale Kontinuität und erlebnishafte Eigenschaften der Erinnerung

Zunächst bedarf es einer wichtigen Unterscheidung: Offenbar gibt es zwei verschiedene Typen von mentalen Zuständen, die in Bezug auf das transtemporale numerische Identitätsbewusstsein einer Person relevant sind: eine Form, die eine reflexive und inferenzielle Struktur aufweist, und eine, die diese Struktur nicht hat.

(1) Die erste Form tritt typischerweise auf, wenn jemand beispielsweise explizit über seine Vergangenheit nachdenkt, was in Form von Urteilen transtemporaler Identität ausgedrückt wird, etwa: „Ich bin als Kind in Norddeutschland zur Schule gegangen" (was die Aussage impliziert: „Ich bin diejenige oder *dieselbe* Person, die als Kind in Norddeutschland zur Schule gegangen ist"). Diese Zustände setzen Inferenzen aus anderen mentalen Zuständen voraus, z. B. aus Überzeugungen und Erinnerungen (eigenen oder jenen anderer Personen).

(2) Die zweite Variante ist zu verstehen als ein *implizites* Gewahrsein der eigenen transtemporalen Identität, ein Bewusstsein, das nicht auf einer Reflexion oder einer inferenziellen Operation basiert. Personen sind sich normalerweise unmittelbar und ohne kognitive Anstrengung ihrer zeitübergreifenden Existenz bewusst. Es handelt sich um ein basales und gewissermaßen automatisch generiertes Gewahrsein, auf das man demnach nicht seine Aufmerksamkeit richten muss, um es zu haben. Wie lässt sich dieses Phänomen genauer verstehen? Welche Informationsquellen spielen für diese Bewusstseinsform eine Rolle?

Es ist vor allem die zweite Form des Identitätsbewusstseins von Personen, bei der die Eigenschaft der phänomenalen Kontinuität ins Spiel kommt. Phänomenale Kontinuität, in der Art, wie Dainton und Bayne sie verstehen, hängt meines Erachtens funktional mit dem (unmittelbaren) Identitätsbewusstsein zusammen. Das Erleben des eigenen anhaltenden Bewusstseinsstroms, das Erleben von synchron ko-bewussten und diachron sich überlappenden mentalen Zuständen, scheint für das transtemporale Identitätsbewusstsein notwendig zu sein. Denn diese Eigenschaften enthalten nicht nur Informationen über das zeitliche Fließen meiner Erfahrungen und Erlebnisse, sondern, was entscheidend ist, über mich als fortexistierendes Subjekt der Erlebnisse. Wenn ein Auto auf der Straße vor meinem Fenster vorbeifährt, höre ich ein lang gezogenes Geräusch, das im Hinblick auf Lautstärke und Intensität relativ zur Entfernung des Autos variiert. Das zeitlich andauernde Klangerlebnis ist ein Aspekt des Gesamtzustandes. Ein anderer Aspekt ist die Kontinuität *meines* Erlebens, der ich mir ebenfalls bewusst bin.

Diese Beschreibung ist allerdings mit demselben Problem konfrontiert wie der kritisierte Ansatz von Dainton und Bayne, nämlich dem Brückenproblem. Die Kernaussage des Brückenproblems ist, dass phänomenale Kontinuität immer wieder unterbrochen wird, mindestens in Phasen des traumlosen Schlafs. Das Problem ist wiederum die begrenzte zeitliche Tiefe oder Reichweite von phänomenaler Kontinuität. Bewusstseinsströme dauern ungefähr 18 Stunden an (ausgehend von einer ca. sechsstündigen Phase des traumlosen Tiefschlafs). Wäre phänomenale Kontinuität die einzige Informationsquelle für das transtemporale Identitätsbewusstsein von Personen, dann wäre dessen zeitliche Spanne ziemlich schmal. Das widerspricht jedoch dem faktischen Erleben der eigenen zeitlichen Existenz. Das Identitätsbewusstsein von Personen bezieht sich normalerweise auf eine deutlich größere zeitliche Dauer als diejenige, die durch phänomenale Kontinuität vermittelt werden kann. Personen „wissen" implizit, dass sie eine längere Vergangenheit haben. Obwohl phänomenale Kontinuität offenbar notwendig ist für das transtemporale Identitätsbewusstsein, ist sie jedoch keineswegs hinreichend. Die so verstandene phänomenale Kontinuität kann mich beispielsweise nicht darüber informieren, dass ich gestern Erfahrungen gemacht habe, geschweige denn einige Jahre zuvor oder gar in meiner Kindheit. Insofern bedarf es eines anderen Kandidaten, der genau diesen Aspekt des transtemporalen Identitätsbewusstseins erklärt.

Könnte *Erinnerung* diese Funktion erfüllen? Man könnte argumentieren, dass eine Person ein Bewusstsein ihrer eigenen Fortexistenz hat, weil sie über Erinnerungen an Ereignisse verfügt, die ihre vergangenen Erlebnisse repräsentieren und damit zugleich die Tatsache, dass sie diejenige ist, die die Erlebnisse hatte. Wenn dies zutrifft, dann wäre die Erinnerung eine (weitere) Voraussetzung für das transtemporale Identitätsbewusstsein von Personen. Auf den ersten Blick lässt sich dies kaum bestreiten. Allerdings stellt sich die Frage, worauf diese Überlegung basiert. Denn was heißt es, dass sich jemand an X erinnert (wobei X kein historisches Faktum ist, sondern ein selbst erlebtes Ereignis oder eine Episode)? Wenn jemand sich konkret daran erinnert, im ersten Schuljahr von einem Schneeball am Kopf getroffen worden zu sein, dann vergegenwärtigt sich die Person dieses Ereignis, das sie selbst früher erlebt hat. Genauer: Sie repräsentiert dieses Ereignis *als* eines ihrer früheren Erlebnisse, was ihre frühere Existenz impliziert. Zu bedenken ist jedoch, dass sowohl konkrete Erinnerungen als auch das von ihnen abgeleitet Verständnis der eigenen transtemporalen Identität die Struktur einer Reflexion hat – weshalb es sich eindeutig um einen Fall des unter (1) beschriebenen expliziten Bewusstseins der eigenen zeitübergreifenden Identität handelt. Allerdings sollte es hier gerade um die zweite Variante, um das nichtreflektierte implizite Identitätsbewusstsein gehen, wie unter (2) beschrieben. Ein struktureller Aspekt mentaler Zustände wird gesucht, der zum einen nichtreflektiert ist und der zum anderen das Bewusstsein einer längeren zeitlichen Erstreckung erklärt.

Aus begrifflichen Gründen kommen zwei Kandidaten in Frage: (1.) *Implizite* Erinnerungen, die funktional auf das Identitätsbewusstsein bezogen sind, ohne dass eine Reflexion erforderlich wäre, sowie (2.) qualitative Eigenschaften von (expliziten) Erinnerungen.

1. Wenn ich mir meiner zeitübergreifenden Existenz bewusst bin, dann habe ich nicht nur ein unmittelbares Erleben meiner kontinuierlichen Erfahrungen; vielmehr stützt sich dieses Bewusstsein auch auf Erinnerungen, die aber nicht konkret bewusst sein müssen: Ich verfüge beispielsweise über latente Erinnerungen an Situationen, die ich in der Vergangenheit erlebt habe. Und ich verfüge z. B. über implizite Erinnerungen an Orte, an denen ich in der Vergangenheit gelebt habe, bevor ich an meinen jetzigen Aufenthaltsort kam.[74] Auch spielt das implizite Wissen von Fakten, die ich nicht aus meiner eigenen Erfahrung gewonnen habe, sondern von anderen weiß, zum Beispiel über den Zeitpunkt und Ort meiner Geburt, eine wichtige Rolle. Diese Erinnerungen müssen aber nicht konkret abgerufen und bewusst gemacht werden, um eine Funktion für das Identitätsbewusstsein von Personen auszuüben. Ihre Rolle besteht darin, dass sie oftmals lediglich im Hintergrund präsent sind und mein zeitübergreifendes Selbsterleben informieren. Welche Eigenschaft von Erinnerungen im Allgemeinen lässt sich aber genauer spezifizieren, die für diese Funktion verantwortlich ist?

2. Erinnerungen an frühere Erlebnisse sind durch einen spezifischen qualitativen Charakter gekennzeichnet. Dies wird aus der Perspektive der ersten Person deutlich: Der Prozesse des konkreten Erinnerns ist von einem typischen Erleben begleitet, welches ihn von anderen mentalen Prozessen wie Denken, Vorstellen

---

74 Thomas Fuchs verweist auf die Relevanz des prozeduralen Gedächtnisses, d. h. der Speicherung von Bewegungsabläufen und deren Koordination, in Bezug auf das Problem der transtemporalen Identität. Er zitiert dabei eine Studie, die mit einem Patienten durchgeführt wurde, der an fortgeschrittener Demenz litt (Fuchs 2014). Um diese Position für die vorliegende Thematik zu stärken, müsste man meines Erachtens näher untersuchen, welche selbstreferenziellen Informationen mit dem Abruf der in diesem Gedächtnissystem gespeicherten Inhalte verbunden sind.

und Wahrnehmen unterscheidbar macht. So gibt es einen ausschlaggebenden qualitativen (phänomenalen) Unterschied zwischen dem aktuellen, tatsächlichen *Sehen* eines Papageis im Garten (der Repräsentation des Papageis hier und jetzt) und dem *Erinnern* an das Sehen des Papageis am Tag zuvor (der Repräsentation der gestrigen Repräsentation des Papageis). Diese Beobachtung wird von empirischen Studien unterstützt, insbesondere von den Arbeiten Endel Tulvings (1985) zum episodisch-autobiographischen Gedächtnis. Das episodisch-autobiographische Gedächtnis speichert kontextgebundene Ereignisse der eigenen Vergangenheit (Tulving/Craik 2000, 466). Tulving zufolge sind episodisch-autobiographische Erinnerungen mit einer spezifischen phänomenalen Eigenschaft verbunden, die er als „autonoetisches Bewusstsein" (*autonoetic consciousness*) bezeichnet (Tulving 1985, 3). Es handelt sich dabei um den typischen qualitativen Charakter episodisch-autobiographischer Erinnerungen: „When a person remembers such an event, he is aware of the event as a veridical part of his own past existence." (ibid.) Nach Tulving kommt der qualitativen Eigenschaft („autonoetisches Bewusstsein") die Funktion zu, das Bewusstsein der eigenen transtemporalen Existenz zu „vermitteln". Die enge Verbindung zwischen episodisch-autobiographischen Erinnerungen und der genannten qualitativen Eigenschaft konnte in einer klinischen Studie gezeigt werden, die mit einem Amnesie-Patienten durchgeführt wurde. Die Fähigkeit des Patienten, sich an Fakten zu erinnern (semantisches Gedächtnis) war normal ausgeprägt: Er konnte sich an Fakten und Daten seines eigenen Lebens erinnern, z. B. daran, in welchem Jahr seine Familie in das Haus einzog, in dem sie heute noch wohnt. Allerdings waren diese Erinnerungen von einer „nichtpersönlichen" Erlebnisqualität begleitet, die vergleichbar ist mit der Erlebnisqualität, die das Abrufen von Faktenwissen über den Rest der Welt begleitet (Tulving 1985, 4).

Meines Erachtens ist es naheliegend, dass genau diese von Tulving beschriebene Erlebnisqualität episodisch-autobiographischer Erinnerungen das nichtinferenzielle transtemporale Identitätsbewusstsein informiert und insofern weiter erklärt. Unterstützt wird diese Erklärung von der Alltagserfahrung: Es kommt nicht selten vor, dass Erinnerungen auftreten, ohne dass man bewusst auf ihren Gehalt achtet oder ihn sich vergegenwärtigt. Bildlich gesprochen, tauchen episodisch-autobiographische Erinnerungen manchmal beiläufig und assoziativ auf, beispielsweise wenn man einen Gegenstand sieht, der einen an etwas erinnert, das man vor einigen Jahren gesehen oder erlebt hat. Flüchtig bemerkt man dies, ohne eine klare Repräsentation davon zu haben. Ich muss mich also nicht konkret dem Gehalt einer Erinnerung zuwenden, um anschließend ableiten können, dass es sich bei dem Erfahrungssubjekt zur repräsentierten Zeit um *mich* als das identische Erfahrungssubjekt handelte. Festzuhalten ist, dass die Erlebnisqualität von Erinnerungen durch zwei wichtige Merkmale charakterisiert ist:

Sie enthält und vermittelt den „Geschmack" oder das Gefühl des Vergangenen, und sie ist subjektbezogen.

Hiergegen könnte man jedoch einwenden, dass das durch Erinnerungen vermittelte (vermeintliche) transtemporale Identitätsbewusstsein einer Täuschung unterliegen könnte. Was garantiert mir, dass meine Erinnerungen, wie unspezifisch sie auch sein mögen, tatsächlich *meine* früheren Erlebnisse und Erfahrungen repräsentieren? Die beiden Merkmale – Erlebnisqualität des Vergangenen und Subjektbezogenheit – müssen in epistemischer Hinsicht daher weiter spezifiziert werden. Welche Relation besteht zwischen den beiden Merkmalen und autobiographischen Erinnerungen bzw. Erinnerungsurteilen?

Bertrand Russell schlägt in *Human Knowledge* (1948) eine – zumindest auf den ersten Blick – ähnliche Beschreibung wie Tulving vor: Erinnerungen sind nach Russell durch eine typische Qualität gekennzeichnet, die sie subjektiv von anderen mentalen Zuständen unterscheidbar macht (Russell 2009, 190). Aktuell stattfindende Wahrnehmungen haben eine andere Qualität als Erinnerungen an (vergangene) Wahrnehmungen. Die qualitative Komponente von Erinnerungen nennt Russell die „subjektive Qualität des Vergangenen" (*subjective quality of pastness*). Hierbei handelt es sich zunächst einmal um eine phänomenologische Beschreibung. Dies gilt auch für Russells weiter gehende Aussage, wonach „pastness" keine einheitliche „Alles-oder-nichts"-Eigenschaft, sondern eine *graduelle* Eigenschaft ist. Die subjektive Qualität des Vergangenen kann unterschiedlich intensiv sein – sie kann den Charakter der größeren oder geringeren „Entferntheit" besitzen. Allerdings verbindet Russell damit die starke und problematische Behauptung, dass die qualitative Eigenschaft die epistemische Grundlage dafür sei, vergangene Ereignisse in eine zeitliche Ordnung zu bringen; die jeweilige subjektive Qualität des Vergangenen repräsentiere das betreffende Zurückliegen eines vergangenen Ereignisses und sei damit die Quelle entsprechender Erinnerungsurteile. Die qualitative Komponente ermöglicht nach Russell also nicht bloß Erinnerungsurteile; sie stellt darüber hinaus die epistemische Basis für Meta-Urteile über die zeitliche Abfolge von zurückliegenden Ereignissen dar. Zwar betont Russell, dass es sich bei solchen Urteilen um Urteile *subjektiver* Zeit handele (im Unterschied zum Wissen um objektive „historische" Zeit); das ändert jedoch nichts an der Behauptung, dass die qualitative Eigenschaft für Urteile über die zeitliche Abfolge vergangener Ereignisse hinreichend sei. Diese Behauptung ist jedoch nicht haltbar, wenn man bedenkt, wie leicht man sich hinsichtlich der zeitlichen Einordnung erinnerter Ereignisse täuschen kann. Es ist daher unplausibel, dass sich aus der phänomenalen Komponente von Erinnerungen (*pastness*) eine starke epistemische Eigenschaft ableiten lässt.

Von entscheidender Bedeutung scheint allerdings die Frage zu sein, ob sich das Urteilssubjekt in anderer Hinsicht täuschen kann, nämlich über den eigenen

Subjektstatus vergangener Erfahrungen. Bermúdez diskutiert die Frage, unter welchen Bedingungen autobiographische Erinnerungsurteile irrtumsimmun hinsichtlich der Fehlidentifikation des sich erinnernden Subjekts sind (Bermúdez 2012, 131–140); diese Eigenschaft (*immunity to error through misidentification*: IEM), die auf Argumente von Wittgenstein und Shoemaker zurück geht, wurde in Kapitel 1. als zentrales Merkmal von erstpersonalen – präsentischen – Urteilen diskutiert. Bermúdez' These ist, dass sich die Eigenschaft der Irrtumsimmunität (oder der „IEM-Status") auch auf Vergangenheitsurteile, die auf der Grundlage von episodisch-autobiographischen Erinnerungen gefällt werden, erstrecken kann. Die Voraussetzung ist, dass ein solches Urteil eine Erlebnisbasis hat: Das Urteil muss einen vergangenen Erlebniszustand zum Gegenstand haben. Ein typisches Beispiel ist ein zeitlich zurückliegender Schmerzzustand, der durch das Urteil zum Ausdruck gebracht wird, z. B. „Ich hatte letzten Monat starke Kopfschmerzen" (als Verkürzung des Erinnerungsurteils „Ich erinnere mich, dass ich letzten Monat starke Kopfschmerzen hatte"). Nach Bermúdez leitet sich der IEM-Status des Erinnerungsurteils von dem IEM-Status des analogen Gegenwartsurteils ab („Ich habe starke Kopfschmerzen"). Wie Shoemaker zeigt, gibt es eine Kategorie von typischen Begriffen, die erstpersonale Anwendungsbedingungen haben, und „Kopfschmerzen haben" ist ein Beispiel dafür. Der Erlebnisgehalt des genannten Erinnerungsurteils ist derjenige der ursprünglichen (präsentischen) Wahrnehmung.

Relevant im vorliegenden Zusammenhang ist jedoch vor allem, inwiefern man geltend machen kann, dass *generische* Erinnerungsurteile den IEM-Status besitzen. Generische Erinnerungsurteile sind solche, die sich nicht auf ein einzelnes Ereignis beziehen, also z. B. auf einen vergangenen Kopfschmerz zu einem gegebenem Zeitpunkt, sondern auf zeitlich ausgedehnte oder wiederkehrende Ereignisse, etwa in der Aussage ausgedrückt „Ich hatte in der Zeit meines Studiums oft Kopfschmerzen". Eine solche Erinnerungsrepräsentation basiert auf verschiedenen zusammengefügten vergangenen Erfahrungen und Erlebnissen und nicht auf einem einzelnen konkreten Erlebnis. Bermúdez macht den tentativen Vorschlag, dass generische autobiographische Erinnerungen mit Vorstellungen (*imaginations*) vergleichbar sind. Wenn ich mich an wiederkehrende Kopfschmerzen erinnere, dann ist dies eine kognitive Leistung, die mit der Vorstellung des Habens von Kopfschmerzen verbunden ist. Der Gehalt der Vorstellung verdankt sich auch hier dem ursprünglichen Erleben des Schmerzes. Und aufgrund dieser Erlebnisbasis muss sich das Erlebnissubjekt nicht identifizieren und ist daher gegen den Irrtum durch Fehlidentifikation immun.

Diese Form der Erlebnisqualität verbunden mit dem IEM-Status sowohl von autobiographischen Erinnerungen an konkrete Erlebnisse als auch von generischen Erinnerungen stellt eine entscheidende Informationsquelle für das implizite zeitübergreifende Identitätsbewusstsein von Personen dar. Sie erklärt die zeitliche Reichweite des Identitätsbewusstseins, worüber der im Argument von Dainton und Bayne explizierte Bewusstseinsstrom, der definitorisch an die Phasen des Wachzustands gebunden ist, keinen Aufschluss geben kann.

Die These der funktionalen Relevanz impliziter Erinnerungen schlägt eine Brücke zu einem weiteren Aspekt, der für ein reicheres, komplexeres Selbstverständnis von Personen konstitutiv ist: zur Bedeutung der eigenen Biographie und biographischer Episoden, auf die man sich oftmals bezieht, wenn man darüber nachdenkt, was für eine Person man ist, welche Charaktereigenschaften man hat. Dies wird Gegenstand des nächsten Teils sein.

7.4 Zusammenfassung

Anknüpfend an die in Teil I. analysierte Struktur von Selbstbezugnahmen, ihren qualitativen, epistemischen und semantischen Eigenschaften, stand in diesem Teil der Zusammenhang der Perspektive der ersten Person und personaler Identität über die Zeit hinweg im Zentrum. Dies lenkte den Blick zunächst auf den Begriff der personalen (numerischen) Identität und die damit typischerweise verbundene metaphysische Frage, welche Bedingungen erfüllt sein müssen, damit man eine Person zu verschiedenen Zeitpunkten als ein und dieselbe bezeichnen kann. Allerdings wurde die Möglichkeit zurückgewiesen, transtemporale personale Identität im Rückgriff auf subjektive, erlebnishafte Eigenschaften mentaler Zustände zu definieren. Dies führte dazu, die Frage des Zusammenhangs von personaler Identität und der erstpersonalen Perspektive noch einmal in anderer Weise zu stellen. Angesetzt wurde dazu beim faktischen zeitübegreifenden Identitätsbewusstsein von Personen, das als ein unmittelbares Bewusstsein beschrieben wurde. Das letzte Unterkapitel befasste sich mit der Frage, wie sich die in der Erfahrung manifestierende transtemporale Identität präziser beschreiben lässt. Als strukturelle Bedingung wurde zum einen der erlebte Bewusstseinsstrom (phänomenale Kontinuität) genannt, der allerdings zeitlich begrenzt ist. Daher wurde auf weitere Typen impliziter Eigenschaften hingewiesen, darunter auf qualitative Eigenschaften von (weiter zurückreichenden) Erinnerungen. Behauptet wurde damit allerdings weder, dass Erinnerungen konkret – explizit – abgerufen werden müssen, um die genannte Funktion zu haben, noch dass ihr intentionaler Gehalt in das zeitübergreifende Identitätsbewusstsein „einfließt". Vielmehr transportiert allein das Haben von Erinnerungen Informationen über die vergangene Existenz eines Subjekts. Sie fungieren als Hintergrund aktueller intentionaler Bezugnahmen und verleihen dem Erfahrungssubjekt ein kontinuierliches implizites Wissen der eigenen Fortdauer.

Die Analyse des transtemporalen Identitätsbewusstseins deckt eine weitere grundlegende Dimension des Selbstverständnisses von Personen auf: Die Fähigkeit, eine Vorstellung von sich als konkreter Person zu haben, sich Charaktereigenschaften zuzuschreiben und sich dabei auf biographische Episoden zu beziehen, setzt voraus, dass man sich als zeitlich fortdauerndes numerisch identisches Erfahrungssubjekt versteht. Denn würde dies fehlen, wäre es nicht möglich, sich sinnvoll auf autobiographische Repräsentationen zu beziehen. Das transtemporale numerische Identitätsbewusstsein ist eine formale – notwendige – Bedingung des Zielphänomens. Zusammen mit der grundlegenden Struktur von Selbstbezüglichkeit ist das Zielphänomen allerdings noch nicht hinreichend bestimmt. Es fehlt eine Erklärung für die inhaltliche Dimension des biographischen Selbstverständnisses. Wie beziehen sich Personen auf Episoden ihres Lebens, wie sind Teile solcher Geschichten strukturiert, die von ihnen selbst handeln, und welche Funktionen ist mit solchen so genannten Selbst-Narrationen verbunden? Mit diesen Fragen beschäftigt sich der folgende Teil.

III Biographische Selbstzuschreibungen

8 Selbst-Narrationen und Identität

Während sich die vorangegangenen Kapitel mit den mentalen Grundlagen des biographischen Selbstverständnisses von Personen befassten, wird sich der vorliegende Teil auf das Phänomen im engeren Sinn beziehen. Die Leitfrage lautet: Was heißt es, dass Personen sich Charaktereigenschaften zuschreiben und dies mithilfe von biographischen Selbstrepräsentationen rechtfertigen? Wie ist dieser mentale Bezug und Gehalt genau beschaffen? Dies erweitert die bisherige Fragestellung erheblich, denn es geht nicht mehr „nur" um die Beschreibung eines grundlegenden „Selbstgefühls" oder eines präreflexiven transtemporalen Identitätsbewusstseins. Deutlicher als in den vorigen Kapiteln steht hier die Frage im Vordergrund, wie sich diese zentrale Lebens- und Verständigungsweise von Personen adäquat beschreiben lässt. Dies macht eine Erweiterung der theoretischen Perspektive erforderlich, die neben den mentalen Bedingungen und phänomenalen Eigenschaften der Perspektive der ersten Person auch praktische, normative und weitere soziale Aspekte berücksichtigt. In philosophischer Hinsicht werden nicht nur narrativistische Überlegungen, sondern auch handlungstheoretische Argumente eine Rolle spielen. Zudem wird sowohl auf empirische Erkenntnisse, vor allem aus der Psychologie (Sozialpsychologie, Persönlichkeitspsychologie, Gedächtnisforschung), als auch auf literatur- und medienwissenschaftliche Ansätze der Narratologie Bezug genommen. Viele Diskurse, die sich mit der Thematik befassen, behandeln oftmals nur einzelne Facetten des Phänomens, und teilweise wird dabei auf eine unklare und problematische Begrifflichkeit zurückgegriffen (z. B. „Identität" im Kontext von Narrativität; „Selbst"). Das vorliegende Kapitel wird daher Begriffe klären und diese in einen explanatorischen Zusammenhang bringen, wovon möglicherweise auch die genannten anderen Disziplinen profitieren. Darüber hinaus werden weitere Unterscheidungen und Präzisierungen vorgeschlagen, um das Zielphänomen angemessen zu beschreiben und – bezugnehmend auf die Ergebnisse der beiden vorigen Kapitel – relevante Eigenschaften zu erklären.

Das Zielphänomen wurde bisher folgendermaßen beschrieben: Personen verstehen sich typischerweise als konkrete Individuen, die sich von anderen Personen nicht nur äußerlich, sondern vor allem durch bestimmte charakterliche Eigenschaften, die ihre Persönlichkeit ausmachen, unterscheiden.[75] Die Fähigkeit zu einem solchen Selbstverständnis ist durch grundlegende mentale Fähigkeiten und

---

75 Zur Terminologie und Verwendung von „Charakter" und „Persönlichkeit" siehe die Ausführungen in Fußnote 1 in der Einleitung.

Strukturen bedingt und charakterisiert. Das im vorigen Kapitel explizierte Bewusstsein transtemporaler Identität spielt dabei eine zentrale Rolle: Personen haben normalerweise ein nichtinferenzielles Bewusstsein davon, dass sie über die Zeit hinweg als einheitliche Subjekte existieren. Sie „persistieren" als numerisch identische Subjekte, obwohl sie sich qualitativ verändern. Mit der strukturellen Beschreibung des transtemporalen Identitätsbewusstseins wurde jedoch zunächst nur ein weiterer grundlegende Aspekt des Selbstverständnisses von Personen in den Blick gebracht. Der Modus dieses Bewusstseins wurde, in Anlehnung an den Begriff des präreflexiven Selbstbewusstseins, beschrieben als ein implizites Bewusstsein, als numerisch identisches Wesen über die Zeit hinweg zu existieren. Transtemporales Identitätsbewusstsein ist – für sich genommen – gewissermaßen leer. Es enthält keine Informationen darüber, „wer" man ist, denn es vermittelt lediglich das eigene Fortbestehen als numerisch identisches Subjekt. Personen verstehen sich aber als konkrete Individuen mit bestimmten Persönlichkeitseigenschaften. Sie verfügen normalerweise über eine mehr oder weniger genaue Vorstellung von sich als Person und schreiben sich z. B. relativ stabile psychische Eigenschaften zu, etwa zurückhaltend und schüchtern zu sein. Dabei spielen auch zeitliche und autobiographische Aspekte eine Rolle: Um sich selbst zu definieren, um zu beschreiben, wer sie sind und was sie als Individuen ausmacht, beziehen sich Personen oftmals auf die eigene Lebensgeschichte. Dieser Bezug ist epistemisch interessant, zumal sein Relat nicht etwas objektiv Gegebenes ist: Personen konstruieren und interpretieren ihre Lebensgeschichte. Häufig fassen sie ihr Leben als mehr oder weniger kohärentes Ganzes auf. Sie vergegenwärtigen sich frühere Situationen ihres Lebens und identifizieren wiederkehrende Themen. Diese Aspekte von biographischen Selbstbezugnahmen und -beschreibungen sind Gegenstand dieses dritten und letzten Teils der Untersuchung. Analysiert werden Komponenten des Selbstverständnisses von Personen, die typischerweise in Ansätzen so genannter *narrativer* oder *biographischer* Identität thematisiert werden. Das vorliegende Kapitel soll zeigen, wie das numerische Identitätsbewusstsein, mit dem sich die vorigen Kapiteln befassten, mit den Aspekten der „narrativen" oder „biographischen Identität" sachlich zusammenhängt. Wie bereits an früherer Stelle betont, besteht eine wichtige Pointe meiner Betrachtungen darin, dass sich das biographische Selbstverständnis nicht auf Narrativität oder narrative Strukturen reduzieren lässt; vielmehr sind die in den letzten beiden Kapiteln explizierten phänomenalen und epistemischen Eigenschaften der Perspektive der ersten Person funktional relevant und für das Gesamtphänomen charakteristisch.[76]

---

[76] Auch Dan Zahavi kritisiert den Erklärungsanspruch von narrativistischen Ansätzen (Zahavi

Bevor ich mich dem Phänomen der Selbst-Narrativität im engeren Sinn zuwende und die allgemeinen strukturellen Merkmalen von Selbst-Narrationen in den Blick nehme, werde ich zunächst den begrifflichen Unterschied zwischen transtemporaler numerischer Identität und biographischer Identität erläutern. Dabei werde ich einen Vorschlag machen, wie die beiden Begriffe miteinander zusammenhängen. Anschließend werde ich die Grundidee von Theorien der Selbst-Narrativität vorstellen und verschiedene theoretische Ausrichtungen – psychologisch-deskriptive und normative – voneinander unterscheiden.

8.1 Transtemporale numerische Identität und „biographische" Identität

In der Einleitung hatte ich bereits auf ein begriffliches Missverständnis hingewiesen, das in den philosophischen und interdisziplinären Debatten bisweilen anzutreffen ist. Es handelt sich um die auf den ersten Blick nahe liegende Verwechslung zweier Bedeutungen des Begriffs „Identität". In den letzten Kapiteln war von einem eindeutigen Sinn von „Identität" die Rede: Wenn man fragt, ob es sich bei Peter, dem man begegnet, um denselben – identischen – Peter handelt, mit dem man vor vielen Jahren zur Schule gegangen ist, dann verwendet man den Begriff der Identität in der Bedeutung von numerischer Identität. Wenn jemand dagegen sagt: „Peter ist ein aufgeweckter und integrer Mensch" – dann meint man damit, dass die Merkmale <integer> und <aufgeweckt> Peter als Person kennzeichnen, dass sie insofern zur „Identität" von Peter gehören. Diese „Identität" könnte ihm abhanden kommen, oder er könnte in eine „Identitätskrise" geraten. „Identität" wird in diesem Zusammenhang jedoch in einem anderen Sinn verwendet als in dem zuvor beschriebenen Fall. Hier verweist der Ausdruck „Identität" auf das, was eine individuelle Person ausmacht: ihre Persönlichkeit. Was für eine Person spezifisch ist, sie von anderen unterscheidet, ist ihre (differenzielle) „Identität". Dieser semantische Unterschied wird häufig übersehen.[77] Für die Erklärung des Selbstverständnisses von Personen hat dies problematische Folgen. Zum einen laufen entsprechende Erklärungsansätze Gefahr, inkohärent zu sein; so beziehen sich z. B. einige Ansätze auf Positionen, die eindeutig mit dem Problem

---

2007b). Er verweist auf nicht-narrative, nicht-reflexive Vorläufer des narrativ konstruierten „Selbst", die aus seiner Sicht bereits die Bezeichnung „Selbst" verdienten. Zwar halte ich die Verwendung des Ausdrucks „Selbst" für problematisch, weil unklar ist, was genau dessen Referenzobjekt sein soll; dennoch finde ich Zahavis Kritik – der Sache nach – zutreffend.
[77] Der semantische Unterschied wird übersehen oder teilweise verwischt z. B. von Schechtman 1996, Dennett 1991, Carr 1991.

der numerischen Identität befasst sind, was zur Folge hat, dass die Argumentation an entscheidenden Stellen in eine Schieflage gerät.[78] Zum anderen wird dadurch verhindert, einen – möglicherweise – interessanten Bezug zwischen den beiden Bedeutungen von „Identität" aufzudecken.

Zunächst ist zu bemerken, dass sich die beiden Bedeutungen von Identität zwei verschiedenen Formen von Selbstbezugnahmen zuordnen lassen: Der Begriff der numerischen Identität spielt eine Rolle bei dem im letzten Kapitel explizierten transtemporalen Identitätsbewusstsein einer Person, und der Begriff der Identität im Sinne von Persönlichkeit hängt mit einer (Selbst-)Repräsentation von sich als konkreter Person zusammen. Gibt es zwischen beiden Formen der Selbstbezugnahme einen begrifflichen Zusammenhang – und wenn ja, ist dieser informativ im Hinblick auf das Zielphänomen der Untersuchung? Als erstes ist zu prüfen, ob die beiden Selbstbezugnahmen begrifflich autonom bzw. sachlich voneinander unabhängig sind. Ist es denkbar, dass eine Person über das Bewusstsein verfügt, als identisches Subjekt über die Zeit hinweg zu existieren, ohne ein Verständnis dessen zu haben, was für eine Person sie ist und was sie als Individuum auszeichnet? Und umgekehrt: Kann man sich vorstellen, dass eine Person eine Vorstellung von sich und der eigenen Persönlichkeit hat – ohne ein latentes Bewusstsein der eigenen zeitübergreifenden Identität und Existenz zu haben?

Insgesamt werde ich die These vertreten, dass beide Formen der Selbstbezugnahme – in einem zu präzisierenden Sinn – aufeinander verweisen und insofern nicht vollständig begrifflich autonom sind.[79] Dabei werde ich argumentieren, dass das Selbsterleben als numerisch identisches Subjekt zwar grundlegender ist als ein inhaltlich gehaltvolles Selbstverständnis als Person; allerdings kann eine kognitiv gehaltvolle Vorstellung von sich als Person, die über die Zeit hinweg persistiert, auch eine *Folge* von biographischen Selbstrepräsentationen sein.

Um zunächst den semantischen Unterschied zu veranschaulichen, komme ich zurück auf die Form charakteristischer sprachlicher Äußerungen, in denen sich die verschiedenen Selbstbezugnahmen manifestieren. In der Einleitung hatte ich so genannte Urteile transtemporaler Identität von Urteilen biographischer Iden-

---

[78] Um zwei Beispiele zu nennen: Schechtmans Buch behandelt das Problem der so genannten narrativen Identität. Als Ausgangspunkt der Untersuchung wählt sie jedoch John Lockes Erinnerungskriterium transtemporaler „numerischer" Identität (1996). Dennett (1991) kritisiert im Rahmen seiner Theorie der Selbst-Narrativität – übergangslos – Derek Parfits Ansatz, der sich allerdings mit dem metaphysischen Problem der numerischen Personenidentität befasst.

[79] MacIntyres Argument (MacIntyre 1981, 202 ff.) gegen die begriffliche Trennbarkeit von transtemporaler numerischer Identität und „narrativer" Identität werde ich am Ende dieses Kapitels (in Abschnitt 10.) diskutieren und kritisieren.

tität unterschieden, die jeweils mit den erwähnten beiden Selbstbezugnahmen korrelieren. Den Unterschied illustrieren die beiden folgenden Beispielsätze:

(1) Ich bin insgesamt viel ruhiger geworden.

(2) Ich bin diejenige, die vor 10 Jahren mit der Startnummer 4 am Skirennen im Berner Oberland teilgenommen hat.

Der erste Satz formuliert ein Urteil biographischer Identität aus der Perspektive der ersten Person. Es wird eine Aussage über ein Merkmal der eigenen Persönlichkeit gemacht, das mit einem biographischen Aspekt verbunden wird. Der Satz enthält die relationale Eigenschaft „ruhiger"; insofern legt der Satz die Aussage nahe, dass der Sprecher zu einem früheren Zeitpunkt vergleichsweise „temperamentvoll" oder „nervös" war, zumindest beurteilt er dies entsprechend aus seiner gegenwärtigen Perspektive.

Der zweite Satz formuliert dagegen ein Urteil transtemporaler numerischer Identität aus der Perspektive der ersten Person. Man könnte die Äußerung auch in folgender Weise umformulieren: „Die Person, die vor 10 Jahren mit der Startnummer 4 am Skirennen im Berner Oberland teilgenommen hat und ich [heute] sind numerisch ein und dieselbe Person". Die Aussage des Satzes markiert – zumindest vordergründig – keine Selbstzuschreibung von Charaktereigenschaften, und daher ist der Satz auch nicht Ausdruck eines biographischen Selbstverständnisses, sondern der transtemporalen numerischen Identität.

Der nächste Satz ist weniger eindeutig:

(3) Anders als heute war ich früher, zu Schulzeiten, unberechenbar.

Dieses Urteil ist – zumindest auf den ersten Blick – deswegen ein Urteil biographischer Identität, weil darin eine Selbstzuschreibung einer Charaktereigenschaft zum Ausdruck gebracht wird. Es handelt sich um eine Kontrast-Eigenschaft zu <unberechenbar >, also etwa <stabil> oder <verlässlich>. Darüber hinaus wird ein zeitlicher Bezug hergestellt: <früher> im Unterschied zu <heute>. Allerdings kann der Satz nicht nur als ein Urteil biographischer Identität, sondern auch als ein Urteil numerischer Identität gelesen werden: „Ich bin diejenige [dieselbe] Person, die zu Schulzeiten u. a. unberechenbar war". Der Satz enthält offensichtlich beide Aussagen, denn beide Lesarten sind möglich. Was sagt dies über die Relation der beiden Urteile zueinander aus?

Eine Möglichkeit bestünde darin, das Verhältnis als eine wechselseitige Dependenz zu verstehen. Das würde bedeuten, dass, wann immer man eine Äußerung tätigt, in der man sich als über die Zeit hinweg numerisch identisches Subjekt thematisiert, man zugleich eine Selbstzuschreibung von Charaktereigenschaften im Rückgriff auf Episoden des Lebens vollzieht – und umgekehrt. Es lässt sich jedoch zeigen, dass dies in einem ganz elementaren Sinn nicht der Fall ist. Vielmehr sind Urteile transtemporaler numerischer Identität („Selbigkeit") für Urteile biographischer Identität grundlegend. Denn der für Urteile biographischer Identität charakteristische Modus von Selbstzuschreibungen erfolgt unter der Bedingung von Persistenz. Der Bezugspunkt von diachronen biographischen Selbstzuschreibungen ist die Selbstgleichheit, das numerisch identische Zuschreibungssubjekt.

In Beispielsatz (1) schreibt sich jemand nicht nur die Eigenschaft <ruhig> zu, sondern: ruhiger *geworden* zu sein. Die Person behauptet also, diese Eigenschaft nicht immer gehabt zu haben. In dem Urteil steckt daher die weitere Aussage, dass sie zu einer früheren Zeit (eher) unruhig war und dass sie sich zu einem früheren Zeitpunkt – möglicherweise – die Eigenschaft <unruhig> zugeschrieben hätte, im Unterschied zu heute.

Ähnlich verhält es sich mit Beispielsatz (3): Wer behauptet, zu Schulzeiten ein unberechenbares Kind gewesen zu sein, konstatiert eine charakterliche Veränderung – von der behauptet wird, dass sie irgendwann eingetreten ist. Allgemein gesagt, drücken Urteile biographischer Identität oftmals Veränderungen aus – oder sie drücken Stabilität unter der Bedingung von Veränderung bzw. Veränderbarkeit aus. Wer sich aber zu verschiedenen Zeitpunkten andere Eigenschaften zuschreibt, muss sich selbst notwendigerweise als ein numerisch identisches Subjekt voraussetzen. Negativ ausgedrückt: Wer sich nicht als einheitliches Subjekt versteht, das über die Zeit hinweg numerisch identisch ist, kann sich auch nicht zu verschiedenen Zeitpunkten unterschiedliche Eigenschaften zuschreiben. Insofern ist in einem Urteil biographischer Identität ein entsprechendes wahres Urteil transtemporaler numerischer Identität logisch impliziert. In dem typischen Schema von Urteilen biographischer Identität „Früher war ich X, heute dagegen bin ich Y" wird dies durch die doppelte Nennung von „ich" als selben Bezugspunkt angezeigt.

In diesem grundlegenden – logischen – Sinn lässt sich also sagen, dass numerische Identität die notwendige Voraussetzung für biographische Identität darstellt. Ich hatte oben bereits angedeutet, dass sich in einem anderen, weiter gefassten Sinn allerdings die These vertreten lässt, dass die beiden Urteile in einer begrifflichen Wechselbeziehung stehen, was ich jedoch an dieser Stelle nur kurz erwähnen und erst in Kap. 10.3. – im Anschluss an die Analyse der Konstruktionsprinzipien von Selbst-Narrationen – weiter ausführen möchte. Etwas anders stellt sich die Sache nämlich dar, wenn man die inhaltliche Konkretion von Urteilen transtemporaler Identität betrachtet. Dies lässt sich anhand des erwähnten Beispielsatzes demonstrieren:

(2) Ich bin diejenige, die vor 10 Jahren mit der Startnummer 4 am Skirennen im Berner Oberland teilgenommen hat.

Zu beachten ist, wie dieses Urteil inhaltlich eingebettet ist. Was ist der bedeutungsrelevante Kontext einer solchen Aussage? Zwar handelt es sich dabei, wie erwähnt, um ein Urteil transtemporaler numerischer Identität; allerdings scheint es naheliegend, dass biographische Repräsentationen und Aussagen wie z. B. „Schnelles Skifahren war früher meine große Leidenschaft" solche Urteile inhaltlich informieren. Das Beispiel zeigt, dass der *Gehalt* von Urteilen transtemporaler Identität zumindest teilweise auf biographische Selbstzuschreibungen zurück führt oder zurück führen kann.

Ich werde hierauf im Anschluss an die Analyse von Selbst-Narrativität genauer eingehen. Festzuhalten ist zunächst, dass auf grundlegender Ebene ein Voraussetzungsverhältnis zwischen dem numerischen transtemporalen Identitätsbewusstsein und biographischen Selbstzuschreibungen besteht: Das Bewusstsein, über die Zeit hinweg als numerisch identisches Subjekt zu existieren, ist die Bedingung für die Selbstzuschreibung verschiedener (Charakter-)Eigenschaften zu unterschiedlichen Zeitpunkten.

8.2 Biographische Repräsentationen und Selbst-Narrationen

Im vorigen Abschnitt war von Urteilen biographischer Identität die Rede, die sich auf Lebensepisoden beziehen und Selbstzuschreibungen von Charaktereigenschaften ausdrücken. Wie lässt sich diese Zuschreibungsfähigkeit aber genauer verstehen? Die nachfolgenden Kapitel befassen mit der Frage, was es heißt, dass Personen sich zu Episoden ihres Lebens in ein Verhältnis setzen, um eine inhaltlich konkrete Vorstellung von sich als Individuum zu haben. Das Selbstverständnis oder Selbstbild von Personen ist mit einem bewussten Bezug zur eigenen Biographie eng verwoben: Um eine konsistente Vorstellung davon zu bilden, wer man ist, bezieht man sich oftmals auf eigene Verhaltensweisen, Entscheidungen und Handlungen, die in der Vergangenheit liegen. Dies spiegelt sich in Aussagen wider: „Schon vor 10 Jahren bin ich jedes Wochenende mit dem Fahrrad durch den Wald gefahren" oder „Während des Studiums war ich zwei Mal für längere Zeit im Ausland" oder „In meiner Klasse war ich die Einzige, die keinen Tanzkurs gemacht hat". Das Besondere an diesem mentalen Bezug ist, dass er eine Identifikation impliziert: Personen machen sich frühere Verhaltensweisen, Entscheidungen, Handlungen und Dispositionen zu eigen, die sie als für sie typisch auffassen. Das beschriebene Phänomen wird in der interdisziplinären Forschung meist unter dem Stichwort „narrative" oder „biographische Identität" diskutiert: Die Ausdrücke verweisen auf die Tatsache, dass Personen ihre Lebensgeschichte konstruieren und interpretieren, um sich selbst als Individuen zu definieren. Sie schreiben sich z. B. Charaktereigenschaften zu, etwa zurückhaltend zu sein, und wählen typische Situationen ihres Lebens aus, um solche Zuschreibungen zu veranschaulichen und zu rechtfertigen. In den Theorien wird dieser Zusammenhang häufig auch als „Selbst-Narrativität" bezeichnet; diesen Ausdruck werde ich im Folgenden verwenden.

Zu beachten ist, dass es sich bei Theorien der Selbst-Narrativität keineswegs um einen homogenen Theorietypus handelt, weder in methodologischer noch in inhaltlicher Hinsicht. Zum einen ist dies auf die in der Einleitung bereits erwähnte unklare Begrifflichkeit vieler narrativistischer Ansätze zurückzuführen. Zum anderen hängt dies zusammen mit den unterschiedlichen Traditionen, aus denen solche Ansätze hervorgegangen sind. Einige Ansätze machen Anleihen bei der französischen Phänomenologie (im Anschluss an Ricoeur 1996), andere bei der neoaristotelischen Tugendethik (z. B. MacIntyre 1981; Schechtman 1996) oder bei Hegels praktischer Philosophie (z. B. Taylor 1976; 1994). Auffallend ist, dass sich die analytische Philosophie bislang vergleichsweise wenig mit der Thematik befasst hat (eine Ausnahme, auf die ich noch zu sprechen kommen werde, ist Henning 2009).

Die in der Diskussion befindlichen Ansätze sind entsprechend verschieden ausgerichtet und beruhen teilweise auf unterschiedlichen Annahmen. Ich werde zunächst den Unterschied zwischen deskriptiven und normativen Theorien explizieren. Diese Unterscheidung, die in den betreffenden Diskussionen zumeist unberücksichtigt bleibt, dient dazu, die narrative Dimension des biographischen Selbstverständnisses von Personen angemessen zu bestimmen. Zu beachten ist, dass es sich dabei, neben den bereits explizierten phänomenalen Eigenschaften des Selbstverständnisses von Personen (phänomenale Eigenschaften des Selbstbewusstseins; erlebnishafte Eigenschaften von episodischen Erinnerungen), um einen weiteren Aspekt des Selbstverständnisses handelt. Wie bereits an früheren Stellen erwähnt, vertrete ich – im Unterschied zu den meisten narrativistischen Theorien – die These, dass das biographische Selbstverständnis nicht auf bewusste Selbst-Narrativität reduzierbar ist. Am Ende des gesamten Kapitels werde ich entsprechende begriffliche Differenzierungen und Präzisierungen vorschlagen.

8.2.1 Deskriptive und normative Theorien der Selbst-Narrativität

Die Unterscheidung zwischen (1) einer deskriptiven (psychologischen) und (2) einer normativen These der Selbst-Narration, die jeweils in existierenden Theorien

8.2 Biographische Repräsentationen und Selbst-Narrationen —— 155

vertreten werden, geht auf Galen Strawson (2004) zurück. Diese Unterscheidung werde ich im Folgenden um weitere Aspekte und Beobachtungen ergänzen.[80]

(1) Positionen, die sich der deskriptiv-psychologische These verschreiben, zielen darauf, einen Aspekt der Alltagserfahrung von Personen zu explizieren (z. B. Dennett 1991; Bruner 2002; Korsgaard 2009). Sie betrachten es als Tatsache, dass Personen Geschichten entwerfen, die dazu dienen, sich als konkrete Person zu definieren. Der Annahme nach tun Personen dies ebenso selbstverständlich, wie sie regelmäßig Mahlzeiten zu sich nehmen und sich abends schlafen legen. Zwar wird bisweilen betont, dass auch bestimmte soziale Funktionen mit dem „Haben" einer Selbst-Narration verbunden sein können. Beispielsweise ist das Verhalten einer Person, die über ein vergleichsweise stabiles narratives und intersubjektiv „abgeglichenes" Selbstverständnis verfügt, für andere Personen besser einzuschätzen und vorherzusehen. Wenn jemand beispielsweise von sich die Vorstellung als einer agilen, sportlichen Person hat, dann erhöht dies die Wahrscheinlichkeit zu einem entsprechenden Verhalten. Wenn draußen die Sonne scheint, werden Personen ihres Umfeldes nicht überrascht sein, die Person im Park beim Ballspiel oder bei anderen sportlichen Aktivitäten anzutreffen. Ein mehr oder weniger stabiles Selbstbild, das sich im sozialen Raum gefestigt hat, kann das Verhalten der betreffenden Person als verlässlich erscheinen lassen, was wiederum für das soziale Zusammenleben zuträglich sein kann.[81] Diese Beschreibung enthält jedoch keine normative, moralische Komponente. Vielmehr erfasst sie ein Alltagsphänomen oder eine psychologische Tatsache.

Darüber hinaus impliziert die deskriptive These der Selbst-Narrativität keine Annahme über den Grad der Artikuliertheit einer Selbst-Narration. Sie behauptet nicht, dass Personen nur dann über ein narrativ strukturiertes Selbstverständnis verfügen, wenn sie ihre eigene charakteristische Lebensgeschichte explizit repräsentieren. Daher ist die These meines Erachtens kompatibel mit der Annahme, dass eine Selbst-Narration in manchen Momenten oder über einen längeren Zeitraum im Leben einer Person eher implizit bleibt. Im Unterschied zu Strawson (2004), der die funktionale Relevanz von Selbst-Narrationen gänzlich abstreitet, halte ich es für plausibel, dass eine Selbst-Narration nicht immer explizit sein

---

80 Henning schlägt weitere Binnendifferenzierungen vor (etwa die Unterscheidung zwischen metaphysischen und begrifflichen Thesen), die hier aber nicht weitere relevant sind (siehe Henning 2009, 3–8).
81 Das heißt natürlich nicht, dass der Inhalt eines Selbstverständnisses und das Verhalten der betreffenden Person nicht erheblich voneinander abweichen können. Diese Möglichkeit ist meines Erachtens sogar Teil des Phänomens. Man kann sich beispielsweise für hilfsbereit halten, obwohl sich dies im eigenen Verhalten nicht oder kaum manifestiert. Extreme Fälle einer solchen Dissoziation sind vermutlich als pathologisch zu bezeichnen.

muss, um das Selbstverständnis zu informieren; sie ist zeitweise Teil des Hintergrundes inhaltlich konkreter bewusster Erfahrungen. Eine *implizite* Selbst-Narration fungiert als Disposition, die das Verhalten, die Erfahrungen und Haltungen der Person prägt und sie in die Lage versetzt, sinnvolle Antworten zu geben, wenn sie etwa darüber befragt wird, was für eine Person sie ist und welche Eigenschaften sie charakterisieren. Insofern sich aus der deskriptiven These keine Behauptung über den Grad der Artikuliertheit von Selbst-Narrationen ableiten lässt, ist mit ihr auch die Auffassung vereinbar, dass Selbst-Narrationen nicht in expliziter Form gegeben sein müssen, um einer Person ein narrativ strukturiertes Selbstverständnis zuzuschreiben.[82]

(2) Normative Theorien narrativer Identität basieren dagegen auf der Annahme, dass Personen eine Selbst-Narration haben *sollten*, dass Personen sich über ihr Leben in Form einer Selbst-Narration Klarheit verschaffen sollten. Argumentiert wird, dass eine solche narrative Selbstverständigung eine notwendige Voraussetzung für moralisches Verhalten darstellt (MacIntyre 1981; Taylor 1986). Die Annahme ist vor allem in tugendethischen Ansätzen zu finden, in denen die Idee eines gelingenden Lebens im Zentrum steht: Wer ein „stimmiges" Leben führt, hat bessere Voraussetzungen, sich anderen Menschen gegenüber moralisch zu verhalten. Und ein „stimmiges Leben" zu führen setzt voraus, dass man sich in Form einer Selbst-Narration Klarheit über Werte und Zielvorstellungen verschafft, an denen man sich allgemein im Leben orientiert oder orientieren will.

Eine weitere Version der normativen These basiert auf der Annahme, dass die Zuschreibung der Eigenschaft „Personsein" davon abhängt, ob das betreffende Wesen über eine (explizite) Selbst-Narration verfügt (Schechtman 1996). Der Ansatz basiert auf einem normativen Personenbegriff und damit auf der allgemeinen Bestimmung, dass Personen – im Unterschied zu anderen Wesen – Adressaten von Rechten und Pflichten und zu moralischem Verhalten in der Lage sind. Der Bezug auf eine Selbst-Narration, so lautet die Begründung, versetzt bewusstseinsfähige Wesen allererst in die Lage, personenspezifische und moralisch relevante Verhaltensweisen auszuüben: etwa Verantwortung zu übernehmen oder ein Versprechen zu geben und zu halten. Und erst solche Verhaltensweisen rechtfertigen es diesem Ansatz nach, ein Wesen als Person zu bezeichnen und es als solches zu behandeln.

Einige Theorien verknüpfen die deskriptive These mit der normativen These. Argumentiert wird dabei, dass Personen – faktisch – über ein narratives Selbstverständnis im dispositionalen Sinn verfügen (deskriptive These), das jedoch zur

---

[82] Die Unterscheidung zwischen impliziten und expliziten Formen von Narrativität ist vor allem im Kontext von Psychotherapie und -analyse relevant (siehe dazu z. B. Stern 1998).

Entfaltung zu bringen ist, um ein moralisch relevantes gelingendes Leben zu erreichen (normative These) (z. B. MacIntyre 1981; Korsgaard 2009); dies entspricht dem aristotelischen Gedanken der Entelechie. Die grobe Argumentationslinie zeigt, dass die normative These also durchaus die deskriptive These als Prämisse voraussetzen kann, jedoch nicht umgekehrt.

Eine besondere Spielart der Verknüpfung von deskriptiver und normativer These vertritt Tim Henning (2009). Die Position lässt sich als begrifflich-normative These bezeichnen. Henning argumentiert, dass der rechtfertigende Bezug auf Selbst-Narrationen mit den normativen Vorstellungen des Begriffs der Person semantisch verknüpft ist. Der Ansatz ist deskriptiv, insofern er zum Ziel hat, den Begriff der Person zu explizieren. Und er ist normativ, insofern die Annahme lautet, dass praktische evaluative Einstellungen, zu deren Rechtfertigung Geschichten (Selbst-Narrationen) erforderlich sind, zu einem selbstbestimmten personalen Leben gehören (ebd., 22 ff.).

Da das analytische Ziel der vorliegenden Untersuchung darin besteht, die Struktur einer bestimmten Bewusstseinsform von Personen genauer zu analysieren, ist eine Orientierung an der deskriptiven These der Narrativität (im psychologischen Sinn) zweckmäßig; entsprechend werden die Facetten der normativen These im Folgenden außer Acht gelassen. Zum einen macht die deskriptive These weniger Annahmen und ist damit prima facie weniger angreifbar. Ihr Anspruch besteht darin, eine Alltagserfahrung in den Blick zu bringen, und sie legt sich dabei nicht fest, ob und wie artikuliert eine Selbst-Narration sein muss, damit man einer Person ein Selbstverständnis, das u. a. narrativ strukturiert ist, zuschreiben kann. Will man hingegen die Gültigkeit der normativen These aufzeigen, müsste man ethische Prinzipien spezifizieren und einen ethischen Theorierahmen definieren, um die These einzubetten. Normative Ansätze könnten aus den oben genannten Gründen jedoch an die hier vertretene deskriptive These anknüpfen.

Was aber heißt es, ein (unter anderem) *narrativ* strukturiertes Selbstverständnis zu haben? Und welche Prinzipien sind für die Konstruktion und Interpretation der eigenen Geschichte maßgeblich? Im Folgenden werde ich verschiedene Strukturmerkmale und zentrale Eigenschaften von Selbst-Narrationen vorstellen. Wie sich zeigen wird, sind einige Eigenschaften nicht ganz trennscharf voneinander zu unterscheiden, das betrifft z. B. die Merkmale der Narrativität und der explanatorischen Einheit und Kohärenz.

Zuvor möchte ich allerdings folgende Bemerkung machen: Mein Anliegen ist es, zentrale Eigenschaften von Selbst-Narrationen anzugeben und ihr Verhältnis zum biographischen Selbstverständnisses aufzuzeigen. Ich erhebe damit nicht den Anspruch, eine vollständige Theorie von Selbst-Narrativität vorzulegen. Auch werde ich den Begriff der Selbst-Narration nicht zu eng und starr auffassen, was durch die Sache gerechtfertigt ist: Selbst-Narrationen sind meines Erachtens keine klar konturierten Entitäten, für die sich notwendige und hinreichende Bedingungen angeben ließen; Selbst-Narrativität ist ein graduelles Phänomen, insofern es unterschiedlich artikuliert sein und es stärkere und schwächere Formen von Selbst-Narrationen geben kann (s. auch Goldie 2012, 13). Doch lassen sich prototypische Eigenschaften von Selbst-Narrationen angeben, mit denen sich vor allem zeigen lässt, welche *Funktion* der Bezug auf Selbst-Narrationen für das biographische Selbstverständnis von Personen hat.[83] Damit ist auch klar, dass meine Überlegungen nicht darauf abzielen, die Struktur von ganzen Lebensentwürfen oder literarischen Lebenserzählungen zu klären. Dies würde eine detailliertere Auseinandersetzung mit Ansätzen der literatur- und medienwissenschaftlichen Narratologie erforderlich machen, die im Folgenden nicht geleistet werden kann.

Dass das bereits an früheren Stellen erwähnte episodisch-autobiographische Gedächtnis für den vorliegenden Zusammenhang eine wichtige Rolle spielt, liegt auf der Hand. Hinzu kommt, dass episodisch-autobiographische Erinnerungen der Gedächtnisforschung zufolge ebenfalls eine narrative Struktur haben (Markowitsch/Welzer 2005, 209 ff.), weshalb sich die Frage aufdrängt, in welchem Verhältnis das biographische Selbstverständnis und episodisch-autobiographische Erinnerungen zueinander stehen. Ohne auf die Frage an dieser Stelle bereits eine abschließende Antwort zu geben, möchte ich einen wichtigen Unterschied hervorheben, welcher der Verhältnisbestimmung bereits eine Richtung geben soll. Das biographische Selbstverständnis ist eine von konkreten Ereignissen und Erfahrungen abstrahierende selbstbezügliche Vorstellung, die vor allem bestimmte Charaktermerkmale integriert. Der Gehalt dieser Vorstellung besteht insofern ganz wesentlich auch aus einer kohärenten Menge dispositionaler Eigenschaften wie <extrovertiert sein>, <warmherzig sein> und <eigensinnig sein>. Im Unterschied dazu beziehen sich episodisch-autobiographische Erinnerungen auf vergangene konkrete Ereignisse, Erfahrungen und Erlebnisse, die man kontextgebunden zurückverfolgt (Markowitsch/Welzer 2005, 83). Gespeichert werden charakteristischerweise Ereignisse und Ereignisfolgen mit einem raum-zeitlichen Bezug sowie in einer kausalen Anordnung. Natürlich sind nicht alle erlebten und gespeicherten Ereignisse relevant für das Selbstverständnis von Personen, etwa die Erinnerung an das brennende Haus meines Nachbarn und das baldige Eintreffen der Feuerwehr oder die Erinnerung an den Besuch auf dem Berliner Fernsehturm, auf dem ich zufällig meinen damaligen Informatiklehrer traf. Vielmehr handelt es sich um solche Erinnerungen, in denen sich z. B. eine Charaktereigenschaft, die man sich

---

[83] Im Unterschied dazu siehe Henning (2009), der eine begriffsanalytische Untersuchung von Narration und Narrativität in Bezug auf personale Autonomie vornimmt.

entweder bereits zugeschrieben hat oder sich infolgedessen zuschreibt, in typischer Weise manifestiert, etwa die Erinnerung an meine erste Skitour, als ich beim Überqueren eines Grats Höhenangst bekam – was bestätigt, dass ich in bestimmten Situationen ein ängstlicher Mensch bin. Der Bezug auf relevante lebensgeschichtliche Episoden mithilfe des episodisch-autobiographischen Gedächtnisses hat oftmals die Funktion, die Selbstzuschreibung von Eigenschaften zu veranschaulichen, zu rechtfertigen oder zu bestätigen.

8.2.2 „Narrativität" als strukturelle Eigenschaft

Der Begriff der Narrativität taucht in den Debatten zur so genannten narrativen Identität, auf die ich im Folgenden eingehen werde, in unterschiedlichen Formen auf (z. B. Selbst-Narration; narrativer oder narrativistischer Ansatz personaler Identität etc.). Nach den bisherigen Ausführungen hängt das personale Selbstverständnis mit einer Selbst-Narration (in einer weiter zu explizierenden Weise) zusammen, die eine Person konstruiert und sich bewusst vergegenwärtigen kann. Der Gehalt einer solchen selbstreferenziellen Repräsentation hat der Annahme nach eine narrative Struktur. Insofern bezeichnet der Begriff des Narrativen eine Konstruktionsform der eigenen Lebensgeschichte. In der literatur- und medienwissenschaftlichen Narratologie wird zwischen „Narration" und „Geschichte" (*story*) unterschieden: Eine Narration ist – vereinfacht gesagt – die Repräsentation oder der Präsentationsmodus eines Gehalts, der Geschichte (Wolf 2002, 38; Gibson 2011, 71). In der Praxis lässt sich diese Unterscheidung jedoch nicht klar treffen, da oftmals Geschichten mit Narrationen zugleich entstehen. Zu beachten ist auch, dass „Narration" im vorliegenden Zusammenhang keineswegs auf eine de facto erzählte oder gar schriftlich verfasste Lebensgeschichte – eine Autobiographie – referiert. Gemeint ist vielmehr eine Repräsentation der eigenen Geschichte, die zwar kommunizierbar ist, aber anderen gegenüber nicht notwendigerweise kommuniziert sein muss; sie muss also nicht extern semiotisch, sondern nur intern mental repräsentiert sein.[84]

Einer Minimaldefinition zufolge sind Narrationen – allgemein – komplexe Repräsentationen von kausal miteinander verknüpften Ereignissen und Handlungen (Richardson 2000; Hutto 2007, 1; Hutto 2009, 11). Sie haben einen Anfang

---

[84] Siehe auch Goldie 2012, 3 ff. Anders argumentiert Henning, der die Geschlossenheit einer Narration „im Hinblick auf ihre dramatischen kommunikativen Effekte in einem Kontext" bestimmt (Henning 2009, 166 f.).

und ein Ende, es gibt Höhe- und Wendepunkte, Konflikte und ihre Auflösungen.[85] Anders als der Begriff der Narration wird der Begriff der *Selbst*-Narration in den Debatten selten klar definiert. „Selbst-Narrationen" sind offenbar Repräsentationen von kausal und temporal miteinander verknüpften Ereignissen und Handlungen, in die das Subjekt der Narration in besonderer Weise involviert ist: Es spielt dabei die Rolle des Autors, des homodiegetischen Erzählers und einer Figur, meist des Protagonisten. Spezifisch für Selbst-Narrationen ist also vor allem ihr Selbstbezug. Die bewusste Vergegenwärtigung der eigenen Lebensgeschichte impliziert – und dies trifft wiederum auf prototypische Narrationen generell zu –, dass Ereignisse und Ereignisfolgen episodisch strukturiert sind und dass zwischen ihnen ein sinnvoller Zusammenhang hergestellt wird. „Episodisch" heißt, dass sowohl einzelne Ereignisse als auch die aus diesen zusammen gesetzte Lebensgeschichte einen Anfang, einen Mittelteil und einen Schluss aufweisen. Diese episodische Struktur impliziert auch, dass Handlungen, einzelne und wiederkehrende Ereignisse und Ereignisfolgen kausal und temporal angeordnet sind: Zum einen werden sie Zeitmodi zugeordnet („Ich habe früher viel Musik gemacht, das hat später, während des Studiums, nachgelassen; und heute mache ich das gar nicht mehr"). Zum anderen werden Ereignisse und Handlungen kausal miteinander verknüpft, und zwar nach dem groben Schema: Ereignis E veranlasste mich dazu, Handlung H auszuführen.

Diese Beschreibung verdeutlicht die explanatorische Dynamik von Selbst-Narrationen: Wer sich seine eigene Geschichte vergegenwärtigt, gibt vergangenen Handlungs- und Ereignisfolgen oftmals eine Zwangsläufigkeit oder einen Zusammenhang, die sie möglicherweise in Wirklichkeit nicht hatten. Nicht selten kommt man zu der Einschätzung, dass Entscheidungen, die man im Erwachsenenalter trifft, eigentlich bereits im Kindesalter vorgeprägt waren („Ich war schon als kleines Kind immer gerne in Gesellschaft anderer – daher fällt mir die Arbeit im Team so leicht").[86] Auch wird vor allem das erzählt, was spannend und emotional signifikant ist. Literatur- und medienwissenschaftliche Ansätze der Narratologie weisen darauf hin, dass bestimmte Arten des Geschichtenerzählens leichter als andere fallen, weil sie einfacher, interessanter, emotionaler etc. sind (z. B. Eder 2000). Es liegt nahe, dass sich dies auch auf die Vergegenwärtigung des eigenen Lebens und bestimmter Episoden übertragen lässt.

---

[85] Definitionen von „Narration" stammen vor allem aus der literatur- und medienwissenschaftlichen Narratologie (siehe Herman et al. 2008); aus philosophischer Perspektive siehe z. B. Henning 2009, Hutto 2007; 2009 und Goldie 2012.

[86] Theoretische Verbindungen zu Ansätzen der klinischen Psychologie und Psychoanalyse müssten genauer untersucht werden. Siehe dazu v. a. Bruner 1990, 2002; Habermas/Bluck 2000; Habermas 2012.

Um die Struktur und Funktion von Selbst-Narrationen wird es in den nächsten Abschnitten gehen. In den Blick genommen werden vor allem weitere Eigenschaften von Selbst-Narrationen, die, so die Annahme, über weitere strukturelle Aspekte des Selbstverständnisses von Personen Aufschluss geben.

9 Biographische Repräsentationen: Konstruktionsprinzipien der eigenen Geschichte

Für das Selbstverständnis von Personen ist es also spezifisch, dass sie sich zu ihrer Lebensgeschichte in ein Verhältnis setzen, wichtige Episoden ihres Lebens interpretieren, sich Klarheit über sie verschaffen, um zu verstehen, wer sie sind und was sie als Personen kennzeichnet. Das Verhältnis zwischen solchen biographischen Repräsentationen und dem Selbstverständnis soll im Folgenden weiter geklärt werden. Daher werde ich zunächst weitere Eigenschaften von Selbst-Narrationen explizieren, die teilweise auch in narrativistischen Ansätzen – zumeist jedoch in eher unsystematischer Weise und nicht hinreichend präzise – erwähnt werden. Die folgenden Abschnitte haben zum Ziel, *zentrale* strukturelle Merkmale und Konstruktionsprinzipien von Selbst-Narrationen zu klären, ohne damit einen Anspruch auf Vollständigkeit zu erheben. In der Literatur- und medienwissenschaftlichen Narratologie beispielsweise finden sich zahlreiche subtile Unterscheidungen narrativer Strukturmerkmale, von denen gezeigt werden müsste, dass sie sich ebenfalls auf den Fall der Selbst-Narration beziehen lassen.[87] Die nachfolgenden Überlegungen sollen eine Grundlage bereitstellen, an die sich solche weiteren Unterscheidungen und Analysen anschließen lassen.

In den Fokus genommen werden also grundlegende Merkmale von Selbst-Narrationen, darunter das der explanatorischen Einheit und Kohärenz, Aktivität und Passivität der Selbst-Konstruktion, die Rolle der sozialen Einbettung, das Ideal der Rationalität und die Identifikation mit Handlungsmotiven. Letzteres weist auf die besondere Bedeutung von Handlungen, praktischen Einstellungen und Volitionen für das Phänomen der Selbst-Narrativität hin. Dieser Zusammenhang wird Gegenstand des darauffolgenden Abschnitts sein.

9.1 Explanatorische Einheit und Kohärenz

Verknüpft mit dem im letzten Abschnitt vorgestellten Begriff des Narrativen ist ein wichtiges und oft genanntes Konstruktionsprinzip von Selbst-Narrationen, nämlich das der explanatorischen Einheit bzw. Kohärenz. Die Vergegenwärtigung von biographischen Episoden ist mit der Funktion verbunden, die eigene Lebensge-

---

[87] Siehe die *Routledge Encyclopedia of Narrative Theory* (Herman et al. 2008).

schichte im Lichte von typischen Charaktereigenschaften intelligibel zu machen.[88] Damit geht einher, dass Handlungs- und Ereignisfolgen nicht nur episodisch arrangiert, sondern auch mehr oder weniger gezielt ausgewählt und aussortiert werden. Personen vergegenwärtigen sich häufig bestimmte Stationen des Lebens oder Situationen, von denen sie annehmen, dass sie besonders gut dazu geeignet sind, gegenwärtige Vorlieben und Charakterzüge zu erklären. Zu diesem Zweck werden andere Episoden, die diesem Eindruck zuwider laufen könnten, die also ein anderes Bild zeichnen könnten, aus der narrativen Vergegenwärtigung herausgelassen: All das, woran man als Kind irgendwann einmal Interesse hatte, würde als ungeordnete Menge niemals ein informatives Bild hinsichtlich der gegenwärtigen Interessen und Charaktereigenschaften abgeben. Um sinnvolle explanatorische Bezüge zwischen der Vergangenheit und der Gegenwart aufzuzeigen, werden oftmals einzelne vergangene Ereignisse ausgewählt und zahlreiche andere dagegen außen vor gelassen. Kurz: Selbst-Narrationen sind hoch selektiv.

Wie ist das Konstruktionsprinzip besser zu verstehen, woran orientiert sich die selektive Aufnahme von Ereignissen in eine Selbst-Narration? Hier spielen vor allem zwei Aspekte eine Rolle: Zum einen sind Personen bestrebt, ihre Lebensgeschichte als kohärentes, einheitliches Ganzes aufzufassen; sie bemühen sich darum, einen verständlichen Zusammenhang in ihrem Leben zu erkennen (z. B. MacIntyre 1981, 205). Leitend ist hierbei das Merkmal der inhaltlichen Stimmigkeit zwischen verschiedenen, zeitlich auseinander liegenden Ereignissen und Ereignisfolgen. Das Aufzeigen einer solchen Relation ist bedingt dadurch, dass man sich selbst als zeitlich fortexistierendes Erfahrungssubjekt versteht, was im Kapitel zum transtemporalen Identitätsbewusstsein expliziert wurde. Zum anderen manifestiert sich in dem Bestreben, eine Einheit in den unterschiedlichen Ereignissen und Lebensepisoden erkennbar zu machen, die Tendenz, diese als Indikatoren für allgemeine Merkmale zu identifizieren. Und von diesen Merkmalen wird angenommen, dass sie charakteristisch dafür sind, was für eine Person man ist – oder sein will.

Dabei stellt sich allerdings die Frage, ob das Kohärenz- und Einheitsprinzip in Bezug auf Selbst-Narrationen tatsächlich (umfassend) verallgemeinerbar ist. Lassen sich Selbst-Narrationen vorstellen, die die beschriebene Kohärenz nicht aufweisen? Jemand könnte zum Beispiel einwenden, dass die Beschreibung der Tatsache widerspricht, dass sich Personen im Leben manchmal nicht nur graduell, sondern ganz und gar – substanziell – verändern. Was ist also mit Brüchen in der Biographie einer Person – wie lassen diese sich mit der Kohärenzthese

---

[88] Siehe Velleman 2003, der der allgemeineren Frage nachgeht, ob Kausalität eine notwendige Eigenschaft von Narrationen ist.

vereinbaren? Zu beachten ist, dass das Kohärenzprinzip in erster Linie eine *Tendenz* begründet, eine Geschichte möglichst zusammenhängend und nachvollziehbar zu konstruieren, was damit einhergeht oder einhergehen kann, dass Ereignisse und Ereignisfolgen einem übergreifenden Thema angepasst und somit kontinuierlich umgedeutet werden (Bruner 2002). Auch biographische „Ambivalenzen" und substanzielle Veränderungen werden in ein mehr oder weniger homogenes Ganzes integriert, indem sie beispielsweise als notwendige Wendepunkte verstanden und somit als Teil der eigenen Lebensgeschichte und persönlichen Entwicklung betrachtet werden.[89] Entsprechend könnte jemand etwa behaupten, dass sie bis zu ihrem 30. Lebensjahr ein bürgerliches Familienleben geführt habe, von dem sie sich dann aber gänzlich abgewendet habe, um in einem anderen Kulturkreis ein völlig neues Leben zu beginnen. Es wäre denkbar, dass sie behaupten würde, die Lebensabschnitte vor und nach ihrem 30. Lebensjahr hätten absolut nichts miteinander zu tun. Allerdings würde sie eine kausale Geschichte darüber erzählen können, warum eine solche substanzielle Veränderung in ihr Leben eingetreten ist, warum sie sich für diesen Weg entschieden hat. Tatsächlich beschreibt die Person also einen Wendepunkt, weil die Veränderung aus dem Vorigen hergeleitet und durch das Vorige erklärt wird. Auch hier wird folglich das eigene Leben von einer weiteren Perspektive aus in den Blick genommen und als Ganzes mit stimmigem Aufbau betrachtet. Daher ist es zutreffend zu sagen, dass das Kohärenzprinzip auch in solchen Fällen Anwendung findet, die durch starke biographische Veränderungen geprägt sind.

Zu beachten ist ferner, dass der hier verwendete Begriff der Kohärenz nicht im strikten logisch-semantischen Sinn aufzufassen ist, also verstanden als eine Relation der semantischen Konsistenz oder des Enthaltenseins z. B. von Aussagen; vielmehr wird er im vorliegenden Zusammenhang in einem pragmatischen und alltagstauglichen Sinn verwendet, der typischerweise Grade zulässt: Eine Lebensgeschichte kann „mehr oder weniger" kohärent, nachvollziehbar oder zusammenhängend gestaltet sein.

Personen nehmen ihrer Vergangenheit gegenüber also oftmals eine vom Kohärenzprinzip geleitete Haltung ein. Eine Funktion dieses Prinzips ist, dass sie oftmals wiederkehrende Lebensthemen identifizieren, die sie als typisch betrachten und in ihre Selbstauffassung aufnehmen (z. B. die sich in unterschiedlichen Lebenssituationen manifestierenden Interessen und charakterlichen Ei-

---

[89] In Bezug auf z. B. literarische Erzählungen wird dies in der literatur- und medienwissenschaftlichen Narratologie auch als „Integrationszusammenhang" bezeichnet. In vielen Erzählungen werden erzählte Sachverhalte im Hinblick auf ein inhaltliches Ziel geordnet und so in einen kohärenten Sinnzusammenhang gebracht (Wolf 2002, 49).

genheiten). De facto bedeutet dies, dass vergangene Episoden ausgewählt und – wenn nötig – zum Zweck der Selbstcharakterisierung inhaltlich angepasst werden.[90] Eine Person mag ihr eigenes Verhalten zu Schulzeiten – rückblickend – als unangepasst und rebellisch einschätzen, und dabei wird sie sich z. B. Episoden vergegenwärtigen, in denen sie zusammen mit ihren Freunden Konflikte mit Lehrern ausgefochten hat, auch wenn sie damals in Wahrheit keine tragende Rolle in den Konflikten gespielt hatte. Solche inhaltlichen Modifikationen haben die Funktion, besser zu verstehen und anderen verstehbar zu machen, wer man ist, was einen als individuelle Person ausmacht. Das Konstruktionsprinzip verdeutlicht damit, dass die Vergegenwärtigung der eigenen Lebensgeschichte häufig – strukturell bedingt – mit inhaltlichen Verzerrungen einhergeht. Zu beachten ist, dass das Merkmal der Kohärenz eine strukturelle Beschreibung und Erklärung für inhaltliche Anpassungen liefert.[91]

9.2 Selbst-Narrativität als „Leistung"

Die Vergegenwärtigung von autobiographischen Episoden, die für das eigene Selbstverständnis als relevant betrachtet werden, folgt keinem vorgegebenen starren Schema. So betonen etwa MacIntyre (1981), Taylor (1989) und Schechtman (1996), dass ein Selbstverständnis, das mit einer Selbst-Narration funktional zusammenhängt, dem Subjekt nicht ohne dessen Zutun „zustößt", vielmehr muss es von dem Subjekt eigens (bildlich gesprochen) „hervorgebracht" werden. Der Bezug auf eine Selbst-Narration geschieht nicht automatisch, weil eine solche Selbst-Narration nicht „von selbst" gegeben ist oder lediglich „vorgefunden" wird. Selbstzuschreibungen, die auf der Basis einer Selbst-Narration erfolgen, haben vielmehr den Charakter einer Leistung, die vom Subjekt (mehr oder weniger) gezielt vorgenommen wird (Zahavi 2007, 179 f.). Der Begriff der Leistung muss jedoch näher qualifiziert werden. Viele mentale Funktionen werden in der kognitiven Psychologie und Philosophie des Geistes zutreffend als „Leistungen" bezeichnet, etwa inferenzielle, begriffliche Vorgänge oder bestimmte Aspekte von Wahrnehmungsprozessen. Diese auf Exekutiv-Funktionen referierende Verwendung ist von dem Begriff der Leistung abzugrenzen, der im Zusammenhang mit

---

90 Siehe Schacter 2001, insbes. 112 ff. und Markowitsch/Welzer 2005, 28 ff. für eine Auswertung einschlägiger Studien über Verzerrungen des episodisch-autobiographischen Erinnerns.
91 Eine weiterführende Frage ist die nach Faktoren (z. B. sozialen, psychologischen), die etwa Tendenzen zu ganz bestimmten Umdeutungen und inhaltlichen Verzerrungen erklären. So spielt es zweifellos eine Rolle, dass bestimmte Persönlichkeitsmerkmale allgemein oder in bestimmten Gruppen eher erwünscht sind als andere.

Selbst-Narrativität genannt wird. Gemeint ist hier ein Vorgang, der gezielt und aktiv vom Erfahrungssubjekt hervorgebracht wird. Der Begriff der Leistung hat demnach eine praktische Bedeutung, insofern er als ein aktives Tun beschreibbar ist, das eine praktische Haltung voraussetzt.

Einige Autoren beschreiben den aktiven Charakter des Repräsentierens der eigenen Lebensgeschichte auch metaphorisch als „Suchen" nach einer kohärenten Lebensperspektive. Und eine Suche ist den Positionen zufolge dann erfolgreich, wenn man sein Leben als kontinuierliches und sinnvoll arrangiertes Ganzes auffasst (MacIntyre 1981, 191; Taylor 1989, 48 ff.).

Eine anders lautende Position vertritt Daniel Dennett (1991). Er argumentiert, dass sich ein Selbstverständnis ohne Zutun des Subjekts – also gewissermaßen von selbst – entwickelt. Dieser Sichtweise zufolge ist Selbst-Narrativität ein passives Unterfangen:

> [W]e (unlike professional storytellers) do not consciously or deliberately figure out what narratives to tell and how to tell them. Our tales are spun, but for the most part we don't spin them; they spin us. Our human consciousness, and our narrative selfhood, is their product, not their source. (Dennett 1991, 418).

Nach Dennett ist der Bezug zu einer selbstdefinierenden Geschichte also keineswegs ein bewusster und aktiver Prozess, wie andere Positionen dies annehmen. Aus meiner Sicht wird das Phänomen von keinem der beiden Vorschläge zutreffend beschrieben. Nach der aktiven Variante sind Selbst-Narrationen als praktische Leistungen aufzufassen – und als solche wären sie mit z. B. sportlichen oder intellektuellen Leistungen vergleichbar. Für Leistungen dieses Typs ist es charakteristisch, dass man sie gut, weniger gut oder gar schlecht ausübt. Sie können einer entsprechenden Bewertung oder Beurteilung zugänglich gemacht werden. Darüber hinaus geht einem solchen Typ von Leistung zumeist eine bewusste Entscheidung voraus. All diese Aspekte scheinen das Phänomen, um das es geht, nicht angemessen zu erfassen: Beispielsweise scheint es abwegig, dass man sich bewusst für das Konstruieren einer Selbst-Narration entscheidet; vielmehr scheint es eher so zu sein, dass ein Prozess der „Selbst-Klärung" im Laufe des Lebens irgendwann einsetzt, ohne dass dies konkret im Ermessen des Individuums stehen würde (Erikson 1973, 17 f.).

Das bedeutet allerdings nicht, dass, so wie es in Dennetts Position anklingt, das Konstruieren einer selbstdefinierende Geschichte als ein rein passiver Vorgang aufzufassen ist. Vielmehr scheint es sich um einen Prozess zu handeln, der auch aktive Komponenten enthält. Dies zeigt sich zum einen daran, dass man gezielt eine Haltung einnehmen kann, die ein bewusstes Erfassen der eigenen Lebensgeschichte ermöglicht. Zum anderen lassen sich Selbst-Narrationen, zumindest bis zu einem gewissen Grad, aktiv gestalten. Ich kann mich bewusst auf Lebensereignisse konzentrieren, die ich im Zuge einer bevorstehenden Lebensentscheidung neu interpretiere, wodurch ich meiner Lebensgeschichte eine etwas andere inhaltliche Ausrichtung gebe. Nach dieser Beschreibung ist Selbst-Narrativität also weder eine ganz und gar aktive Leistung noch etwas, das Personen ohne ihr Zutun widerfährt. Vielmehr handelt es sich bei der Vergegenwärtigung von Lebensepisoden zum Zweck der Klärung dessen, was für eine Person man ist, um einen psychischen Vorgang, der aktive und passive Momente enthält.

9.3 Intersubjektivität und die soziale Einbettung von Selbst-Narrationen

Obwohl das biographische Selbstverständnis ein erstpersonales Phänomen ist, hat es wichtige soziale Eigenschaften. Selbst-Narrationen entstehen in einem sozialen Kontext. Dieser beeinflusst auf unterschiedliche Weise den Inhalt und die Struktur einer Selbst-Narration und damit das biographische Selbstverständnis von Personen. Beispielsweise orientiert sich die Vergegenwärtigung der eigenen Lebensgeschichte typischerweise an sozialen Regeln und Werten, integriert werden sozial akzeptiertes Verhalten und Rollenmodelle, die einer Person von ihrer sozialen Umgebung vermittelt werden.[92] Zugleich setzt die soziale Einbettung von Selbst-Narrationen Grenzen in Bezug auf die bereits angesprochene Tendenz, inhaltliche Anpassungen und Modifikationen erlebter Episoden vorzunehmen, um diese der Selbstauffassung anzupassen. Denn Selbst-Narrationen sind korrelativ, d. h. man selbst ist in der Regel Teil der Geschichte anderer und umgekehrt. Dies geht mit einer korrektiven Funktion einher: Das Interpretieren und Umdeuten der eigenen Geschichte wird durch das soziale Umfeld beschränkt, insofern sie mit den Selbst-Narrationen anderer Personen kontinuierlich abgeglichen und „synchronisiert" werden (Bruner 2002).

Diese Funktion greift vor allem dann, wenn das eigene Selbstbild mit den Vorstellungen, die andere über einen selbst gebildet haben, in Konflikt gerät. Einmal angenommen, Person A ist der Auffassung, ein introvertierter Mensch zu sein, der in geselligen Runden nicht souverän auftritt und nicht schlagfertig ist. Wenn nun ein Freund, Person B, dieser Auffassung widerspricht und auf vergangene Situationen verweist, in denen sich A als durchaus aufgeschlossen und

---

[92] Wie in der Einleitung bereits hervorgehoben, ist die soziale Bedingung von Selbst-Narrativität ein Grund, warum ich den Ausdruck „biographisches" und nicht „autobiographisches" Selbstverständnis gewählt habe.

gesprächig gezeigt hat, dann wird dies vielleicht dazu führen, dass A seine Selbstauffassung überdenkt. Wie lässt sich die Rolle des Urteils von B präzisieren? Lässt sich allgemein sagen, dass man dem Urteil eines anderen tendenziell mehr Autorität beimisst als dem eigenen? Dies greift eine Frage auf, die ich in Kapitel 1. diskutiert habe, nämlich die, ob und wenn ja, in welchem Maße, eine Person aufgrund ihrer subjektiven Perspektive epistemisch privilegiert ist, über die eigenen mentalen Zustände und Selbstzuschreibungen zu urteilen. Ich hatte argumentiert, dass sich der privilegierte Zugang auf das *Erleben* der eigenen Zustände beschränkt. So könnte A etwas beschreiben, was B unzugänglich ist, und zwar die Art, wie A sein eigenes Verhalten in solchen Situationen aus der Innenperspektive erlebt. Ein weitergehendes Privileg zu behaupten wäre meiner Argumentation zufolge nicht gerechtfertigt. Vorstellbar ist jedoch, dass sich Personen aufgrund des privilegierten Zugangs zu Erlebniszuständen dazu verleiten lassen oder eine Tendenz entwickeln, das epistemische Privileg auch auf Selbstzuschreibungen von Charaktereigenschaften auszuweiten. Dies könnte zumindest teilweise erklären, warum manche Menschen dem Urteil anderer nicht zugänglich sind, sondern auf ihrer Selbsteinschätzung hartnäckig beharren. Der Normalfall dürfte jedenfalls sein, was auch von Positionen der Sozialpsychologie und der Selbstkonzeptforschung hervorgehoben wird, dass das Bild, was man von sich selbst hat, zu einem großen Teil aus Reaktionen anderer Personen ihnen gegenüber erschlossen wird (z. B. Mummendey 1994). Dieser intersubjektive Abgleich ist der Sache nach eine Form dialogischer Anerkennung (Keupp 1997, 13).

Lässt sich die Annahme *einer* Selbst-Narration (im Singular) und *eines* Selbstverständnisses mit der Tatsache vereinbaren, dass Personen je nach Kontext verschiedene Rollen annehmen und ihre Vorstellungen von sich entsprechend unterschiedlich sein müssen? Die Auffassung, dass das Selbstverständnis eines Individuums je nach Kontext und Gegenüber variiert, wird vor allem in der sozialwissenschaftlichen Identitätsforschung betont.[93] Jemand ist beispielsweise zugleich Mitglied einer sozialen Schicht, Familienmutter, Mitglied einer beruflichen Gruppe etc., in denen je unterschiedliche Normen und Erwartungen an das Verhalten der Gruppenmitglieder existieren. Ohne sich mit der problematischen postmodernen These der (vermeintlichen) Auflösung des Subjekts auseinanderzusetzen,[94] kann man dennoch fragen, wie eine Vielzahl kontextabhängiger Selbstbilder, über die ein Individuum verfügt, mit der Annahme eines einheitlichen, integrierten Selbstverständnisses sachlich vereinbar ist. Diese Frage lässt

---

[93] Siehe den historischen Forschungsüberblick von Heinz Abels (2006, insbes. 413 ff.).
[94] Zu beachten ist, dass die meisten Positionen von einem emphatischen und damit problematischen Subjektbegriff ausgehen, ohne zwischen verschiedenen Graden von Subjektivität zu differenzieren (s. z. B. Baudrillard 1983).

sich zum einen mithilfe der oben beschriebenen Eigenschaft der explanatorischen Einheit und Kohärenz beantworten: Die Tendenz, das eigene Leben unter dem Aspekt der Kohärenz zu betrachten, hat zur Folge, dass man mögliche inhaltliche Spannungen auflöst oder sich verständlich macht, etwa indem man sich verdeutlicht, dass man in bestimmten Situationen zu einem eher ungewöhnlichen Verhalten in der Lage ist.

Zum anderen lässt sich die Frage im Rückgriff auf formale Bestimmungen von Subjektivität, die in den ersten beiden Kapiteln diskutiert wurden, beantworten: Dort hatte ich argumentiert, dass die Einheit des Subjekts oder der Perspektive der ersten Person eine wesentliche Eigenschaft des Selbstbewusstseins ist. Gemeint ist ein formales Charakteristikum, das darüber Aufschluss gibt, dass Selbstzuschreibungen notwendigerweise in einem einheitlichen Punkt zusammenlaufen. Ein Selbstverständnis, das sich auf disparate autobiographische Episoden stützt und dabei verschiedene Rollenkontexte zu unterschiedlichen Zeitpunkten repräsentiert, ist notwendigerweise durch die Eigenschaften des Selbstbewusstseins strukturiert, wie dies in Teil I. dargelegt wurde. Auch bei kontextabhängigen, variierenden Selbstauffassungen handelt es sich der Form nach um Selbstzuschreibungen, die subjektiv zu einer Einheit gebracht werden. Diese Sichtweise wird ferner gestützt durch die Analysen des transtemporalen Identitätsbewusstseins, das im vorigen Kapitel als notwendige Bedingung dafür ausgewiesen wurde, dass sich Personen zu verschiedenen Zeitpunkten unterschiedliche Eigenschaften zuschreiben können. Aus dieses strukturellen Gründen wäre es also fehlgeleitet, in Bezug auf ein einzelnes Individuum – im nichtpathologischen Fall – von *mehreren* biographischen Selbstverständnissen zu sprechen, auch wenn das Alltagserleben faktisch durch eine Vielzahl unterschiedlicher Rollenverständnisse geprägt ist.

Ich möchte schließlich noch auf einen Aspekt zurückkommen, der sich auf die Eigenschaft des Narrativen bezieht. Man könnte annehmen, dass sich die soziale Dimension von Selbst-Narrationen direkt aus der narrativen Struktur ableitet, wenn man bedenkt, wie dies weiter oben bereits erwähnt wurde, dass Narrationen zumindest der Möglichkeit nach auf Artikulation und Kommunikation ausgerichtet sind (MacIntyre 1981, 196; Goldie 2012, 3 ff.). Taylor geht sogar so weit zu sagen, dass eine Selbst-Narration tatsächlich sprachlich artikuliert sein muss, damit jemand über ein narrativ strukturiertes Selbstverständnis verfügt (Taylor 1989, 35). Dies folgt, wie ich oben bereits dargelegt habe, weder begrifflich aus der Eigenschaft des Narrativen noch ist dies der Sache nach zwingend. Es ist vorstellbar, wenn auch unwahrscheinlich, dass jemand sein bisheriges Leben ganz für sich allein bilanziert und sich darüber Klarheit verschafft, was ihn als Person auszeichnet. Aus der Eigenschaft des Narrativen lässt sich daher lediglich die Möglichkeit der sozialen Einbettung ableiten.

9.4 Das Verhältnis von Handlungen und Selbst-Narrationen

Die Konstruktion von Selbst-Narrationen hat auch wichtige praktische Dimensionen (im moralisch neutralen Sinn, gemäß der in Abschnitt 8.2.1. getroffenen Eingrenzung). Wie bereits erwähnt, betonen viele narrativistische Ansätze den sachlichen Zusammenhang zwischen Selbst-Narrationen und der Fähigkeit zu entscheiden und zu handeln (MacIntyre 1981; Taylor 1986; Schechtman 1996; Korsgaard 2009; Henning 2009). Der zugrunde liegende Gedanke ist, dass Entscheidungen, die ein Individuum trifft und nach denen es handelt, hinsichtlich der Frage, was für eine Person sie ist, besonders aussagekräftig sind: Was eine Person tut, getan hat und tun wird, ist Ausdruck ihrer Persönlichkeit, also dessen, was für eine Person sie ist und von anderen Personen unterscheidbar macht. Dies trifft vor allem auf wichtige Entscheidungen zu, die eine Person im Laufe ihres Lebens fällt, so genannte Lebensentscheidungen, etwa für oder gegen einen Jobwechsel, einen Umzug in ein fremdes Land, eine Heirat. Solche Entscheidungen und entsprechende Handlungen rechtfertigen typischerweise die Zuschreibung von Charaktereigenschaften, weil sie zu erkennen geben, ob jemand eher ängstlich oder draufgängerisch, selbstsicher oder schüchtern, ehrgeizig oder unmotiviert ist.[95] Wichtige Entscheidungen und Handlungen sind Ausdruck grundlegender Zielvorstellungen, die eine Person hat, sowie allgemein akzeptierter sozialer Regeln, zu denen sich eine Person verpflichtet oder bekennt (Taylor 1985, 260 ff.; MacIntyre 1981, 194 ff.; Frankfurt 1982, 259 ff.; Korsgaard 2009, 18 ff.; Schechtman 1996, 81 ff.).

Mit dieser These verbinden sich zwei Merkmale von Selbst-Narrationen – zum einen die Unterstellung minimaler Rationalität und zum anderen die Aneignung früherer Handlungsmotive; diese werde ich im Folgenden skizzieren, bevor ich dem Verhältnis von Handlungen und Selbst-Narrationen genauer nachgehen werde.

9.4.1 Unterstellung minimaler Rationalität

Wer sich vergangene Lebensepisoden vor Augen führt, nimmt typischerweise eine Haltung ein, die einem bestimmten Zweck dient: Personen versuchen, ihre frü-

---

[95] Dies heißt nicht, dass sich Persönlichkeitsmerkmale nicht auch in subtilen Verhaltensweisen in einer gegebenen Situation manifestieren, also z. B. in der Art und Weise, wie jemand sich bewegt oder jemanden ansieht. Dies sind weitere Facetten der Persönlichkeit einer Person, welche im vorliegenden Zusammenhang, in dem es um die Klärung des *biographischen* Selbstverständnisses geht, nicht thematisch sind.

heren Verhaltensweisen zu verstehen, ihnen einen Sinn zu verleihen. Sie versuchen, auch unbewusste Motive zu rationalisieren. Dabei unterstellen sie rückblickend, dass sie sich, zumindest in einem minimalen Sinn, rational verhalten haben, dass sie aus mehr oder weniger konsistenten Gründen gehandelt haben.[96] Hierbei wenden sie oftmals das Belief-Desire-Modell an, was der philosophischen Standardauffassung entspricht, dass konsistente Gründe dann vorliegen, wenn die Handlung, die aus ihnen hervorgeht, mit einem handlungsleitenden Wunsch und einer entsprechenden Überzeugung des Akteurs übereinstimmt (Davidson 1963). Dies unterstellen Personen häufig, wenn sie Teile ihrer Lebensgeschichte rekonstruieren, was sich in Aussagen des folgenden Typs widerspiegelt: „Ich habe damals X gemacht, weil ich wollte, dass W und weil ich wusste (oder annahm), dass P". Eine entsprechende Aussage könnte etwa lauten: „Als ich 16 war, bin ich für ein Jahr in die USA gegangen, weil ich unbedingt meine provinzielle Heimat verlassen wollte und glaubte, dass es in den USA aufregend und cool sein würde." Für den vorliegenden Zusammenhang heißt das: Bei der Rekonstruktion der eigenen Geschichte orientiert man sich oft an dem Ideal, dass die eigenen Handlungen mit dem übereingestimmt haben, was man gewünscht und was man geglaubt hat, auch wenn dies in der betreffenden Situation – möglicherweise – nicht der Fall war oder dies nur teilweise mit der Wirklichkeit übereinstimmt. Möglicherweise war meine Entscheidung, für ein Jahr in die USA zu gehen, in Wirklichkeit durch eine diffuse Motivationslage geprägt. Vielleicht wusste ich damals selbst nicht genau, was ich eigentlich wollte. Typisch für eine Selbst-Narration ist aber, dass man vergangene Handlungen rückblickend rationalisiert, d. h. dass man sie sich in einer Weise vergegenwärtigt, als hätte man seinerzeit aus konsistenten Gründen gehandelt. Auch dieses Prinzip erklärt, warum die in Selbst-Narrationen vorkommenden Ereignisse und Situationen manchmal in einem bestimmten Licht dargestellt und bisweilen verzerrt werden.

Die Tatsache, dass man sich vergangene Entscheidungen und Handlungen verständlich macht, indem man (rückblickend) minimale Rationalität unterstellt, erklärt für sich genommen jedoch nicht die Relevanz, die Handlungen in Selbst-Narrationen haben. Dies lenkt den Blick auf die Frage, wie die psychische Relation zwischen der gegenwärtigen erstpersonalen Perspektive und den eigenen vergangenen Handlungen genau beschaffen ist.

---

[96] Hierauf weist auch Bieri (1986) hin.

9.4.2 Aneignung früherer Handlungsmotive

Wenn man sich Teile der eigenen Lebensgeschichte vergegenwärtigt und sich Charaktereigenschaften zuschreibt, dann spielen frühere Handlungen und Entscheidungen, vor allem wichtige so genannte Lebensentscheidungen (z. B. Berufswechsel, Umzug in ein anderes Land etc.), eine prominente Rolle. Sie bilden Kristallisationspunkte einer Selbst-Narration, weil sie in Bezug auf charakterliche Eigenschaften einer Person besonders informativ sind: Gründe und allgemeine Zielvorstellungen, die mich in meinen vergangenen Entscheidungen geleitet haben, besitzen nicht nur eine Bedeutung für spätere Handlungen, sondern sie spielen auch bei der Frage eine wichtige Rolle, was für eine Person ich war, bin und sein will. Zu eigentlichen Kristallisationspunkten einer Selbst-Narration werden sie aber erst dann, wenn ich Gründe früherer Entscheidungen evaluiere, sie aus der gegenwärtigen Perspektive beurteile und mich mit ihnen *identifiziere* oder sie mir zu eigen mache. Ich gelange beispielsweise zu einer besseren Vorstellung von mir als konkreter Person, indem ich mir Gründe, die mich vor einigen Jahren zu längeren Auslandsaufenthalten bewogen haben, vor Augen führe und sie als Manifestation von dispositionalen Eigenschaften – Charaktereigenschaften – betrachte, etwa mutig und neugierig auf andere Kulturen zu sein. Und diese mache ich mir (gegebenenfalls) zu eigen und nehme sie in mein Selbstbild auf. In vielen Fällen wird mir eine solche Identifikation auch von meinem sozialen Umfeld nahe gelegt.

Anders als die zuvor explizierten Eigenschaften von Selbst-Narrationen – Narrativität, Einheit und Kohärenz, intersubjektive Einbettung -, verweisen die beiden handlungsbezogenen Eigenschaften auf den inhaltlichen Fokus von Selbst-Narrationen. Allerdings ist dies zunächst eine bloße Behauptung. Die Beschreibung wirft weitergehende Fragen auf: Aufgrund welcher strukturellen Eigenschaften von Handlungen und Entscheidungen werden die genannten explanatorischen Funktionen innerhalb einer Selbst-Narration ermöglicht? Und wie erklärt sich, dass vor allem bestimmte Entscheidungen und Handlungen (und weniger alltägliche Handlungen und Verrichtungen) für Selbst-Narrativität relevant sind? Diese Fragen verlangen nach einer genaueren Klärung des Verhältnisses zwischen Handlungen, die eine Person ausübt, ausgeübt hat oder ausüben wird, und Selbst-Narrationen.

9.4.3 Die Fähigkeit zu praktischen Selbst-Evaluationen

Wie oben bereits erwähnt, wird von narrativistischen Ansätzen oftmals der Zusammenhang von Handlungen und Selbst-Narrationen betont. Wie dieses Verhältnis allerdings genau beschaffen ist, wird in bestehenden Theorievorschlägen nicht immer klar expliziert. Während einige offenbar der Auffassung sind, (1) dass Entscheidungen und Handlungen eine notwendige Voraussetzung für das Bilden einer Selbst-Narration sind (z. B. Korsgaard 2009), behaupten andere dagegen das Umgekehrte, (2) dass Entscheidungen und Handlungen durch die Existenz einer Selbst-Narration überhaupt erst möglich werden (z. B. Schechtman 1996; 2007). Dabei ist zu beachten, dass vor allem die letztgenannte Auffassung von einer aus meiner Sicht zu starken These der Selbst-Narrativität ausgeht, die ich weiter unten deutlich abschwächen werde. Insgesamt werde ich zeigen, dass das Verhältnis von Handlungen bzw. Handlungsbewusstsein und Selbst-Narrationen als ein dynamisches Wechselverhältnis aufzufassen ist.

(1) Der erste Ansatz argumentiert, dass Entscheidungen und Handlungen allererst den Inhalt für eine Selbst-Narration bereitstellen. Frühere Handlungen sind damit das Referenz-Objekt von Selbst-Narrationen (z. B. Korsgaard 2009, 18 – 22). Diese These scheint trivialerweise wahr zu sein: Man muss zumindest einmal irgendwelche Entscheidungen getroffen oder Handlungen vollzogen haben, um sich bei der Vergegenwärtigung von Lebensepisoden auf etwas beziehen zu können. Selbst-Narrativität impliziert die Interpretation von Verhaltensweisen, einst getroffener Entscheidungen und Handlungen. Man kann die Auffassung radikaler formulieren: Nur weil Handlungen und Entscheidungen in die eigene Lebensgeschichte aufgenommen werden, gibt es überhaupt die Funktion von Selbst-Narrationen, dass sie die Zuschreibung von Charaktermerkmalen, etwa eine eher schüchterne und ängstliche Person zu sein, rechtfertigen können.

(2) Der zweite Ansatz behauptet dagegen, dass Personen sich auf eine Selbst-Narration berufen können müssen, diese also bereits „existieren" muss, um zu einem personenspezifischen Verhalten in der Lage zu sein. Und das Treffen von verbindlichen Entscheidungen und entsprechenden Handlungen wird als Fall eines solchen personenspezifischen Verhaltens betrachtet (Schechtman 1996, 94 – 96; 2007, 170 – 173). Auch diese Auffassung scheint konsistent zu sein, wenn man Situationen bedenkt, in denen wichtige Entscheidungen getroffen werden müssen: Wer über einen Berufswechsel nachdenkt, kann sich auf die eigene Lebensgeschichte beziehen, genauer: auf prägende Erfahrungen, allgemeine Zielvorstellungen, die früher schon eine Bedeutung für ihn oder sie hatten und insofern bereits in eine existierende Lebensgeschichte eingebettet sind.

Diese beiden auf den ersten Blick konträren Auffassungen lassen sich jedoch einander annähern, wenn man beispielsweise verschiedene Typen von Entscheidungen und Handlungen unterscheidet. Dies macht einen anderen Zugang zur Thematik erforderlich, und zwar über den Weg einer Analyse der Handlungsfähigkeit, von der sich zeigen lässt, dass sie in beiden Positionen in Anspruch genommen wird.

Im Zentrum steht hier die Fähigkeit zu praktischen Selbst-Evaluationen, welche sich teilweise mithilfe von Harry Frankfurts Theorie der Willensbildung explizieren lässt (Frankfurt 1971), teilweise aber auch auf Eigenschaften des Selbstbewusstseins zurückgeführt werden kann, die im ersten Teil vorgestellt wurden. Die Fähigkeit bezieht sich auf eine einschätzende, bewertende Haltung, die Personen gegenüber aktuellen, früheren und zukünftigen Entscheidungen und Handlungen einnehmen können. Dies setzt zum einen die grundlegende Fähigkeit, sowohl Ich-Gedanken zu haben als auch die eigene subjektive Perspektive zu repräsentieren, voraus (s. dazu Teil I.). Zum anderen impliziert dies die Fähigkeit zu so genannten Volitionen höherer Ordnung: Einmal angenommen, jemand verspürt unterschiedliche Handlungsimpulse zu einem gegebenen Zeitpunkt. Zum Beispiel hat er zwar Lust, abends allein zu Hause zu bleiben und früh schlafen zu gehen; zugleich findet er es erstrebenswert, sich mit Freunden zu treffen, die er lange nicht mehr gesehen hat. In einem solchen prototypischen Fall kann er sich aber überlegen, welche Handlung, die aus einem der beiden widerstreitenden Wünsche erster Stufe resultieren würde, tatsächlich erstrebenswert ist (Wunsch zweiter Ordnung), etwa am nächsten Morgen ausgeruht zu sein. Und er kann daraufhin einen der widerstreitenden Handlungsimpulse gezielt handlungswirksam werden lassen (Volition zweiter Ordnung), d. h. er will den Wunsch, allein zu Hause zu bleiben, realisieren. Wenn dies der Fall ist, dann „identifiziert" sich die Person mit dem betreffenden Wunsch bzw. der daraus hervorgehenden antizipierten Handlung (Frankfurt 1971, 8). Er macht sich den Wunsch, früh schlafen zu gehen, sowie die Aussicht auf einen frischen Start in den nächsten Tag zu eigen.

Diese Beschreibung der formalen Struktur der Willensbildung ist allerdings ohne weitere Einschränkung problematisch, was auch mit dem viel diskutierten Regress-Problem zusammenhängt (z. B. Watson 1975; Wolf 1990). Denn erklärt wird damit nicht, warum eine Identifikation mit einem *bestimmten* Wunsch erfolgt. Es ist in der Regel jedoch nicht vollkommen beliebig, ob man dem Handlungsimpuls A oder B nachgibt und ihn handlungswirksam werden lässt (Bieri 2003, 61–51). Vielmehr orientiert sich die Auswahl eines Wunsches, den man sich als Handlungsmotiv zu eigen macht, zumindest in bestimmten Fällen daran, was für einen selbst besonders bedeutsam oder wichtig ist oder was einem „am Herzen liegt" (*to care about something*) (Frankfurt 1982). Personen haben bestimmte Neigungen, Vorlieben; sie verinnerlichen grundsätzliche, teilweise gesellschaftlich vermittelte Werte und Zielvorstellungen, die sie sich in solchen Situationen bewusst machen können und die sich auf die Art und Weise auswirken, wie sie ihre eigenen konkreten Handlungsimpulse bewerten und sich ihnen gegenüber verhalten. Dies erklärt, warum sich eine Person mit einigen ihrer Wünsche identifiziert und andere dagegen außer acht lässt (Quante 2007, 152f.). Sollte ich in der

Innenstadt wohnen bleiben oder lieber in einen Außenbezirk ziehen? Hier würde man nicht nur objektive Vor- und Nachteile gegeneinander abwägen, sondern sich auch fragen, was einem persönlich wichtig ist und warum man auf bestimmte Aspekte der jeweiligen Optionen eher verzichten kann als auf andere: Will ich mich z. B. lieber von kulturellen Angeboten der Großstadt inspirieren lassen und dabei Unruhe und Lärm in Kauf nehmen, oder entspricht mir eher das Landleben, auch wenn ich dann einen weiten Weg auf mich nehmen muss, um ab und zu am kulturellen Leben teilzunehmen? Man vergegenwärtigt sich also Vorlieben und Wertvorstellungen, die nicht nur für einzelne Handlungen bestimmend sind, sondern eine Vielzahl von Entscheidungen über längere Zeiträume in der einen oder anderen Weise prägen; die Möglichkeit der bewussten Vergegenwärtigung zeigt, dass man sie als Teil der eigene Geschichte auffasst. Insofern ist es korrekt zu sagen, dass es bestimmte Entscheidungen gibt, die eine Selbst-Narration voraussetzen, weil man sich auf diese Weise verständlich macht, was man eigentlich will. Am deutlichsten wird dies in Bezug auf Entscheidungen, von denen man weiß, dass sie sich erheblich auf die künftige Lebensführung auswirken: Wer z. B. den Wunsch verspürt, mit jemandem eine Familie zu gründen, wird sich möglicherweise darüber Klarheit verschaffen, ob er dies auch wirklich will, ob die Entscheidung und die damit verbundenen Konsequenzen zu ihm passen. Und er hat gute Chancen zu wissen, ob er dies auch wirklich will, wenn er sich vor Augen führt, was ihm bisher im Leben unbedingt wichtig war, was für eine Person er ist und sein will, was für ein Leben er lebt und leben möchte. Diese Beschreibung gibt also in bestimmter Hinsicht der These von Schechtman recht, wonach Selbst-Narrationen eine Voraussetzung für Handlungen und Entscheidungen sind. Allerdings wäre es unplausibel anzunehmen, dass jeder erdenkliche Entscheidungsprozess mit einer solchen tief gehenden Überlegung verbunden ist.

Die Theorie praktischer Selbst-Evaluation erhellt aber nicht nur die Struktur dieser Art von Entscheidungen, sondern auch solcher, die hinsichtlich vorheriger Überlegungen weniger anspruchsvoll sind. Die psychische Relation des „caring" lässt Grade der Intensität zu: Bei weitem nicht alles, was einer Person im Leben widerfährt, hat eine besondere praktische Relevanz für sie. Und bestimmte Neigungen und Wertvorstellungen kristallisieren sich mitunter allmählich heraus, sie machen möglicherweise das Auftreten eines konkreten handlungsleitenden Wunsches wahrscheinlich, der dann, wenn er hinreichend klar repräsentiert ist, sinnvollerweise als Teil einer Selbst-Narration betrachtet werden kann. Diese Beschreibung zeigt, dass der narrative Bezug auf Lebensepisoden und Handlungen als dynamischer Prozess aufzufassen ist, dem ein Netz an schwachen, aber kumulativ wirksamen praktischen Zusammenhängen zugrunde liegt.

Die Fähigkeit zu praktischen Selbst-Evaluationen ist Grundlage für das dynamische Wechselverhältnis zwischen Handlungen und Entscheidungen einerseits und Selbst-Narrationen andererseits. Dass es sich dabei um eine funktional wichtige Dimension des biographischen Selbstverständnisses von Personen handelt, liegt auf der Hand. Zugleich wird deutlich, dass eine narrativistische Theorie, die darauf abzielt, das Selbstverständnis allein über die Konstruktion von Selbst-Narrationen zu erhellen, auch hier an Grenzen stößt. Sie kann Eigenschaften von Selbst-Narrationen durch deren strukturelle Untersuchung zwar benennen, aber nicht weiter erklären.

9.5 Zusammenfassung

In diesem Kapitel wurden strukturelle Eigenschaften und eine wesentliche Funktion von Selbst-Narrationen in den Blick genommen. Personen beziehen sich in charakteristischer Weise auf Episoden ihres Lebens, und dieser Bezug ermöglicht es ihnen, zu klären, zu definieren und zu rechtfertigen, wer sie sind und wer sie sein wollen. Die Analyse konzentrierte sich zum einen auf so genannte Konstruktionsprinzipien und Eigenschaften einer Selbst-Narration: explanatorische Einheit und Kohärenz, aktive und passive Komponenten von Selbst-Narrativität, Intersubjektivität und soziale Kontextualisierung, Unterstellung minimaler Rationalität, Identifikation mit Handlungsmotiven. Zum anderen wurde im letzten Teil die explanatorische Relevanz des Handlungsbewusstseins für das Phänomen der Selbst-Narrativität expliziert.

Selbst-Narrationen setzen episodisch-autobiographische Erinnerungen voraus. Im Anschluss an die vorangegangen Überlegungen stellt sich die Frage, wie die Gedächtnisforschung das Verhältnis zwischen dem Erinnerungssubjekt und autobiographischen Repräsentationen auffasst. Lassen sich hieraus weitere Erkenntnisse für das Zielphänomen gewinnen? Im nächsten Kapitel werde ich mich daher der Frage zuwenden, auf welche Begriffe sich die kognitive Psychologie und Gedächtnisforschung zur Beschreibung dieses Gedächtnissystems stützt. Anschließend werde ich, wie an früherer Stelle bereits angekündigt, die Relation zwischen dem transtemporalen Identitätsbewusstsein (dem Bewusstsein, als numerisch identisches Subjekt über die Zeit hinweg zu existieren) und dem Bezug auf Selbst-Narration erneut aufgreifen, um einen weiteren Aspekt dieser Relation sichtbar zu machen.

10 Selbst-Narrativität und episodisch-autobiographisches Gedächtnis – begriffliche Präzisierungen

Einige Eigenschaften von Selbst-Narrationen, die in Theorien zur sog. narrativen Personenidentität genannt werden und die im vorigen Kapitel erläutert wurden, tauchen auch in psychologischen Theorien des autobiographischen Gedächtnisses auf. Hervorgehoben wird etwa die episodisch-narrative Struktur solcher Erinnerungen, das Streben nach Kohärenz und dadurch bedingte inhaltliche Verzerrungen sowie die Tatsache, dass Erinnerungsinhalte intersubjektiv abgeglichen und einander angepasst werden (Markowitsch/Welzer 2005, 217; 222; 259f.). Dass man sich bei der Vergegenwärtigung der eigenen Geschichte der Erinnerungsfähigkeit bedient, dass ein narratives Selbstverständnis also episodisch-autobiographische Erinnerungen voraussetzt, ist trivialerweise wahr. Wie aber wird der Gedächtnisforschung zufolge die Relation zwischen dem Erinnerungssubjekt und episodisch-autobiographischen Erinnerungen genau aufgefasst? Für eine Klärung dieser Frage ist relevant, wie der Begriff des „Selbst" in solchen Untersuchungen verstanden und modelliert wird. Ich werde im ersten Teil des Unterkapitels versuchen, aus den teilweise spärlichen Angaben, die dazu in gedächtnispsychologischen Arbeiten zu finden sind, spezifische Verwendungen des Ausdrucks „Selbst" zu rekonstruieren und zugleich einen Bogen zum ersten Teil dieser Untersuchung schlagen. Dazu werde ich mich im Wesentlichen auf die Arbeiten von Tulving (1985; 2005), Markowitsch/Welzer (2005), Neisser (1994), Mummendey (1994) und Bruner (1994) stützen. Im zweiten Abschnitt werde ich eine Unterscheidung erneut aufgreifen, die ich bereits an anderer Stelle angesprochen hatte; sie betrifft das Verhältnis von numerischem Identitätsbewusstsein (über die Zeit hinweg) und biographischen Selbstzuschreibungen. Anschließend werde ich eine allgemeine terminologische Kritik und Präzisierung des in vielen interdisziplinären Debatten üblichen Ausdrucks der narrativen Identität vorschlagen.

10.1 Die Rolle autobiographischer Erinnerungen und der Begriff des „Selbst"

Das biographische Selbstverständnis von Personen basiert neben den in Teil I. und II. explizierten strukturellen Bedingung (einem „dynamischen" Selbstbewusstsein, dem Bewusstsein transtemporaler numerischer Identität) auf der Repräsentation von autobiographischen Episoden; das letztgenannte Phänomen wurde im vorigen Unterkapitel als „Selbst-Narrativität" bezeichnet. Neben Daten und Fakten wie etwa Zeitpunkt und Ort der eigenen Geburt wird der Zugang zu Lebensepisoden größtenteils durch eigene Erinnerungen ermöglicht. Eine Annahme könnte daher lauten, dass episodisch-autobiographische Erinnerungen, zumal sie vergangene Ereignisse repräsentieren, das „Material" für Selbst-Narrationen liefern: Sie bilden die einzelnen, episodischen Erzähleinheiten, die sich zu einem größeren Zusammenhang, der Selbst-Narration, zusammenschließen. Diese Beschreibung muss aber zumindest dahingehend präzisiert werden, dass nicht alle autobiographischen Erinnerungen, die vergangene Erfahrungen und Erlebnisse repräsentieren, für das Selbstverständnis relevant sind. Die kindliche Erinnerung an das brennende Haus des Nachbarn oder an einen Strandurlaub an der Nordsee haben nicht unbedingt eine Funktion für die Selbstzuschreibung von Charaktereigenschaften. Wie bereits zu Beginn dieses Kapitels hervorgehoben, wird in Selbst-Narrationen vor allem auf solche Lebensepisoden und frühere Situationen Bezug genommen, in denen das eigene Verhalten als Ausdruck von Persönlichkeitsmerkmalen interpretiert werden kann. Dies zeigt, dass die Existenz von episodisch-autobiographischen Erinnerungen nicht mit dem Haben einer Selbst-Narration im beschriebenen Sinn zusammenfällt, wovon manche Vertreter der Gedächtnisforschung jedoch auszugehen scheinen (z. B. Markowitsch 2005). Es stellt sich daher die Frage, nach welchen Kriterien man einigen früheren Ereignissen eine besondere Bedeutung beimisst und anderen wiederum nicht und welche Rolle dabei der Selbstbezug spielt.

Um dies genauer zu explizieren, müssen zuvor einige Begriffe der Gedächtnisforschung erläutert werden. Einer weithin akzeptierten Definition des Gedächtnisforschers Endel Tulving (2005) zufolge ist für das so genannte episodisch-autobiographische Gedächtnis charakteristisch, dass es persönlich erlebte Ereignisse speichert, die sich raum-zeitlich präzisieren lassen. Im Unterschied zum impliziten Gedächtnis, etwa dem prozeduralen Gedächtnis, das vor allem motorische Abläufe speichert und deren automatische Koordination ermöglicht, wird das episodisch-autobiographische Gedächtnis als eine Form des expliziten, deklarativen Gedächtnisses bezeichnet, weil man sich die hier gespeicherten Informationen „bewusst" vergegenwärtigen und in propositionaler Form wiedergeben kann. Episodisch-autobiographisches Erinnern befähigt nach Tulving zu „mentalen Zeitreisen" sowohl in die Vergangenheit als auch in die Zukunft:

> This mental time travel allows one, as an 'owner' of episodic memory ('self'), through the medium of autonoetic awareness, to remember one's own previous 'thougth-about' experiences, as well as to 'think about' one's own possible future experiences. (Tulving 2005, 9).

Nach Tulving besteht ein charakteristischer Unterschied zwischen dem episodisch-autobiographischen Gedächtnis und anderen Gedächtnissystemen darin, dass der Vorgang des Erinnerns von einem „Selbst" abhängt („Operations depend on a remembering self"; Tulving 2005, 11). Behauptet wird also, dass autobiographisches Erinnern nicht nur, wie dies in Kapitel 7.3. im Zusammenhang des transtemporalen Identitätsbewusstsein ausgeführt wurde, durch die qualitative Eigenschaft des Selbstbezüglichen, Persönlichen charakterisiert ist, was Tulving als „autonoetic consciousness" bzw. „autonoetic awareness" bezeichnet (Tulving 1985, 3), sondern dass diese Form des Erinnerns ein „Selbst" voraussetzt. Für den vorliegenden Problemkontext ist interessant, was die Gedächtnisforschung unter dem Ausdruck „Selbst" – im nichttrivialen Sinn – versteht. Um den wenigen Informationen, die in den empirischen Arbeiten dazu zu finden sind, eine begriffliche Richtung zu geben, werde ich zunächst aus philosophischer Perspektive zwei grundsätzlich mögliche Interpretationen aufzeigen, um sie anschließend in Bezug zu den Angaben der Ansätze setzen. Zu beachten ist, dass der Ausdruck „Selbst" ein problematischer Begriff ist, da er suggeriert, auf eine Entität (eine nichtmaterielle Substanz oder einen Homunculus) zu referieren. In philosophischen Ansätzen, die explizit nicht dualistisch angelegt sind, wird mit dem Ausdruck unterschiedlich umgegangen: Entweder man verzichtet auf ihn und ersetzt ihn durch einen funktionalen Subjektbegriff (wie in der vorliegenden Untersuchung, s. Teil I.), oder man verwendet ihn unproblematisch und synonym mit „Person". An diese beiden Auffassungen sind die zwei folgenden Interpretationsvorschläge von „Selbst" (von dem das episodisch-autobiographisches Erinnern abhängt) angelehnt.

(1) Die eine Möglichkeit besteht also darin, „Selbst" im Sinne von „Person" zu verstehen; diese Verwendung ist eher in englischsprachigen Diskussionen verbreitet (z. B. Dennett 1991; Korsgaard 2009; Baker 2000). Wenn man „Selbst" – in einem starken Sinn – als Person auffasst, dann bedeutet dies für den vorliegenden Zusammenhang, dass das Erinnerungssubjekt bereits eine relativ gute Vorstellung darüber hat, wer sie ist und welche Charaktereigenschaften sie kennzeichnen. Diese Auffassung würde die These in Frage stellen, wonach autobiographische Erinnerungen eine wichtige Quelle für Selbstzuschreibungen von Charaktereigenschaften darstellen und insofern eine wichtige Funktion für das Ausbilden eines biographischen Selbstverständnisses haben. Denn man würde behaupten, dass autobiographisches Erinnern jemanden voraussetzt, der bereits über ein Selbstverständnis verfügt, das zumindest teilweise narrativ strukturiert ist. Und diese Struktur impliziert, wie gezeigt, eine Relation zu autobiographischen Episoden. Damit stellt sich die Frage: Wenn eine Person bereits ein narrativ strukturiertes Selbstverständnis haben muss, um autobiographische Erinnerungen zu bilden, mit welchen Mitteln – wenn nicht über entsprechende Erinnerungen –

hätte sie sich relevante Episoden ihrer eigenen Lebensgeschichte vor Augen führen können, die sie benötigt, um ein solches Selbstverständnis zu haben? Diese Auffassung ist offenbar begrifflich problematisch, da sie zirkulär ist.

Hiergegen ließe sich allerdings einwenden, dass man nicht notwendigerweise *eigene* Erinnerungen benötigt, um autobiographische Episoden zu repräsentieren. Vielmehr stammen viele autobiographische Informationen aus anderen Quellen, etwa aus Aussagen von Familienmitgliedern, so dass der narrativ strukturierte Anteil des biographischen Selbstverständnisses nicht notwendigerweise *eigene* Erinnerungen an selbst erlebte Situationen voraussetzt. Dies betrifft beispielsweise Informationen über die eigene Geburt und über Ereignisse der frühkindlichen Phase; sie stammen aus externen Quellen und sind dennoch oftmals Teil einer Selbst-Narration. Doch selbst wenn ein solches Voraussetzungsverhältnis begrifflich möglich ist, welche sachliche Begründung könnte es dafür geben, dass man autobiographische Erinnerungen nur haben kann, wenn man bereits eine Vorstellung davon hat (zumindest in Grundzügen), „wer man ist"? Wäre die Annahme sachangemessen, dann könnte man in Abwesenheit eines inhaltlich konkreten Selbstverständnisses keine konsistenten Erinnerungsaussagen treffen, wie etwa „Ich erinnere mich, dass ich im Kindergarten von der Schaukel gefallen bin" oder „Als Kind war ich im Sommer immer an der Nordsee". Dies ist eindeutig unplausibel. Das in der Definition erwähnte „Selbst" kann, muss aber nicht auf eine Person referieren, die über ein biographisches Selbstverständnis im starken Sinn verfügt.

(2) Die Alternative dazu wäre, den Ausdruck „Selbst" weniger inhaltlich konkret zu verstehen, sondern formal – im Sinne eines „Subjekts von Erinnerungen". Die Annahme würde dann lauten, dass das Bilden autobiographischer Erinnerungen ein formales Subjekt voraussetzt, das, wie in Teil I. erläutert, über die Funktion von Selbstbezüglichkeit definiert ist, was im vorliegenden Zusammenhang bedeutet, dass es sich Erinnerungen an frühere Ereignisse in erstpersonaler Weise zuschreibt: Erinnerungen an Ereignisse, in denen es selbst anwesend war. Dies wäre eine Paraphrasierung eines Aspekts des für autobiographische Erinnerungen charakteristischen Selbstbezugs (neben den erwähnten phänomenalen Eigenschaften). Diese Interpretation scheint auch Tulving vor Augen zu haben, auch wenn seine Erläuterungen, wie gesagt, diesbezüglich spärlich sind. Da er mentale Prozesse grundsätzlich als Aktivitäten auffasst, spricht er an anderen Stellen auch von einem „Handlungssubjekt" (*agent*) (Tulving 2005, 15). Zwar gibt Tulving zu, dass die Verwendung des Ausdrucks „Selbst" aus philosophischer Sicht problematisch ist, er hält den Ausdruck jedoch im Rahmen einer Erklärung mentaler Prozesse für unverzichtbar.

[U]ntil such time that we have better ways of explaining the pheonomenal existence of things such as pain, smell, and recollection of the past, we need an agent such as self for the sake of completeness of the story (theory). (ebd.).

Allerdings stellt sich die Frage, ob diese Interpretation von „Selbst" als formales Zuschreibungssubjekt von Erinnerungen der Komplexität des Sachverhalts gerecht wird. Ein Einwand ließe sich in Bezug auf autobiographische Erinnerungsaussagen formulieren: Denn in solchen Aussagen werden unterschiedliche Selbstreferenzen zum Ausdruck gebracht, die in je unterschiedliche raum-zeitliche Kontexte gesetzt werden: „Ich erinnere mich [hier und jetzt], dass ich im Kindergarten [vor längerer Zeit] von der Schaukel gefallen bin." Und wenn Kontexte variieren, in denen indexikalische Ausdrücke stehen, ändert sich typischerweise auch ihre Verwendung und damit ihre Bedeutung (Wittgenstein 1984b, 432). Der indexikalische Ausdruck „ich" an der Subjektstelle verweist, wie in Teil I. dargelegt, direkt[97] auf das Subjekt der Äußerung und insofern auf das Erinnerungssubjekt im Sinne Tulvings. Gilt dies jedoch auch für die Verwendung desselben Ausdrucks in der Proposition?

Ulric Neisser führt eine Unterscheidung ein, die mit einer semantischen Identifikation von Erinnerungssubjekt und dem Subjekt, an das sich erinnert wird, unvereinbar zu sein scheint. Neisser differenziert zwischen dem „remembering self" und dem „remembered self" in episodisch-autobiographischen Erinnerungen (Neisser 1994, 2 ff.). Er begründet diese Unterscheidung mit Verweis auf die Tatsache, dass Erinnerungen die früheren Ereignisse oft nicht korrekt wiedergeben. Sie werden vom aktuellen Standpunkt aus rekonstruiert und selektiv interpretiert, Details werden weggelassen oder hinzugefügt.[98] Und diese Verfälschungen betreffen, so Neisser, auch das „erinnerte Selbst", das Teil der erinnerten Episoden ist. Dabei stellt sich allerdings die Frage, wen ich eigentlich meine, wenn ich frühere Ereignisse repräsentiere, die *ich* erlebt habe und die ich mir als meine frühere Erfahrungen und Erlebnisse zuschreibe. Habe ich dabei die explizite Vorstellung von mir damals als bestimmter Person, die ich aus der Gegenwart mit bestimmten Charaktereigenschaften verbinde? Handelt es sich bei dem „erinnerten Selbst" um einen Aspekt unter vielen anderen Aspekten einer Erinnerung an z. B. eine Situation vor vielen Jahren? Dies halte ich für unplausibel,

---

97 „Direkt" bezieht sich auf die Eigenschaft der identifikationslosen Selbstreferenz von erstpersonalen indexikalischen Aussagen, wie dies im ersten Kapitel erläutert wurde.
98 Ein vieldiskutierter, extremer Fall der Fehleranfälligkeit von Erinnerungen ist das so genannte *False Memory Syndrome*, das bei Personen auftritt, die fest davon überzeugt sind, ein für sie einschneidendes Ereignis habe in der Vergangenheit stattgefunden, obwohl dies nachweislich falsch ist. Zur aktuellen Forschung zum *False Memory Syndrome* siehe z. B. den Überblicksartikel von Laney/Loftus 2013.

aber Neisser geht hiervon offenbar aus. Mehr noch: Nach Neisser ist die retrospektive Selbstzuschreibung von Charaktereigenschaften auf die Spezifik des episodisch-autobiographischen Erinnerns zurückzuführen.

Eine aus meiner Sicht weniger problematische Auffassung zum Verhältnis des Selbstverständnisses von Personen zu episodisch-autobiographischen Erinnerungen bietet die psychologische Selbstkonzeptforschung. Zu beachten ist, dass hier der Ausdruck „Selbst" oftmals nahezu synonym mit den Ausdrücken „Selbstkonzept", „Selbstbild" sowie „Selbstschema" verwendet wird. Die Ausdrücke verweisen allgemein auf ein mehrdimensionales inneres dynamisches System, das die Gesamtheit von Vorstellungen umfasst, die eine Person von ihren Eigenschaften, Fähigkeiten, mentalen Zuständen und Erlebnissen hat (z.B. Mummendey 1994). Zwischen diesen Begriffen und dem Begriff des biographischen Selbstverständnisses gibt es also eine semantische Nähe, wobei die für psychologische Theorien zentrale Kategorien der Selbstachtung und des Selbstwerts aus der Analyse des biographischen Selbstverständnisses herausgelassen werden, da es begrifflich enger gefasst ist, wie zu Beginn der Untersuchung betont. In Bezug auf das Verhältnis zur Erinnerung vertritt Jerome Bruner die Auffassung, dass das Bilden eines Selbstkonzeptes (*Self-construction*) auf vielfältigen Voraussetzungen basiert und u.a. an epistemische Fähigkeiten wie Wissen und Erkennen und nur teilweise an Erinnerungsleistungen gebunden ist: „The crucial cognitive activities involved in Self-construction seem much more like 'thinking' than 'memory'" (Bruner 1994, 43). Nach Bruner ist es zwar zutreffend, dass sich Individuen bei der Bildung eines Selbstkonzepts auf die Vergegenwärtigung früherer Ereignisse und Erfahrungen stützen und Aussagen über ihre Persönlichkeit im Rückgriff auf sie rechtfertigen. Allerdings sind es selektive Erinnerungen, die diese Rolle übernehmen. Und die entscheidende Frage dabei lautet, welche Kriterien für den selektiven Abruf autobiographischer Erinnerungen maßgeblich sind. Nach Bruner sind es zentrale Eigenschaften des „Selbst", welche die Selektivität von Erinnerungen erklären. Dabei handelt es sich z.B. um die an früherer Stelle bereits genannten Eigenschaften der praktischen Urheberschaft, der Konsistenz und Kohärenz, der Narrativität und der flexiblen Anpassung an unterschiedliche Kontexte und Zuhörer. Die Eigenschaften des „Selbst" sind folglich Bedingungen von Selektivität und Idealisierung, die den Rekonstruktionsprozess relevanter Ereignisse im Zuge autobiographischen Erinnerns charakterisieren. Bruner versteht unter „Selbst" ein begrifflich strukturiertes System, mit dessen Hilfe autobiographische Erinnerungen selegiert und kategorisiert werden (ebd.); die Struktur der Erinnerungen führt also auf die Eigenschaften des „Selbst" zurück.

Neissers Rede von einem „erinnerten Selbst" ist insofern missverständlich, als der Ausdruck suggeriert, Selbstkonzepte seien eine Funktion autobiographischer

Erinnerungen. Dies ist aber nach Bruners Beschreibung nicht der Fall. Offenbar verhält es sich eher umgekehrt: Aufgrund der Eigenschaften von Selbstkonstruktionen werden autobiographische Erinnerungen selektiv abgerufen; sie werden mit dem Selbstbild in Einklang gebracht. Diese Auffassung entspricht der These der vorliegenden Untersuchung. Ihr Ausgangspunkt sind strukturelle Bedingungen von Subjektivität, die für den spezifischen Bezug zu episodisch-autobiographischen Erinnerungen verantwortlich sind. Die Konstruktion eines personalen Selbstverständnisses ist also keineswegs auf autobiographisches Erinnern reduzierbar. Vielmehr haben Erinnerungen, in denen sich strukturelle Eigenschaften von Selbst-Narrationen manifestieren, neben anderen Funktionen insbesondere die epistemische Funktion, Aspekte des Selbstverständnisses zu veranschaulichen und entsprechende Selbstzuschreibungen zu rechtfertigen.

Dabei ist jedoch zu beachten, dass Tulvings Gebrauch des Ausdrucks „Selbst" mit Bruners Vorschlag – wenn auch nicht terminologisch, so doch der Sache nach – kompatibel ist: Ein (formales) Zuschreibungssubjekt ist allen Formen von reflexiven Zuschreibungen vorauszusetzen, dies gilt sowohl für konkrete Selbstthematisierungen in Vergangenheit und Zukunft im Zuge des autobiographischen Erinnerns als auch – allgemein – für Vorstellungen, aus denen ein Selbstkonzept besteht.

Insgesamt ist daher festzuhalten: Der narrativ strukturierte Anteil des biographischen Selbstverständnisses wird durch den Bezug auf autobiographische Informationen ermöglicht. Die Informationen stammen teilweise aus eigenen autobiographischen Erinnerungen, teilweise aus den Erinnerungen und Beobachtungen anderer Personen. Wie im ersten Teil dieses Kapitels ausgeführt, ist die Konstruktion von Selbst-Narrationen gekennzeichnet durch Selektivität, Einheit und Kohärenz, narrative Verkettung, die verschiedene Ursachen haben, wie subjektive Wünsche und Bedürfnisse sowie gesellschaftliche Erwartungen. Dieser strukturierte Bezug hat u. a. die Funktion, selbstbezogene Eigenschaftszuschreibungen zu ermöglichen, zu konkretisieren und zu bestätigen.

Damit wird deutlich, dass bestimmte Merkmale des biographischen Selbstverständnisses zwar nicht im Rückgriff auf Modelle des episodisch-autobiographischen Gedächtnisses erklärt werden können; da sich aber einige Merkmale von Selbst-Narrationen (etwa das Ideal der Kohärenz, der intersubjektive Abgleich, die Selektivität) teilweise im Prozess autobiographischen Erinnerns manifestieren, können einzelne Aspekte durch das empirische Modell weiter erhellt werden.[99]

---

[99] Weiterführend sind beispielsweise entwicklungspsychologische Ansätze zum episodisch-autobiographischen Gedächtnis, etwa die Arbeiten von Katherine Nelson, die auf verschiedene Entwicklungsstufen von Selbst-Narrativität sowie kulturelle und linguistische Aspekte hinweist (Nelson 2003).

10.2 Das Verhältnis von transtemporalem Identitätsbewusstsein und Selbst-Narrationen

Am Ende dieses dritten Themenblocks möchte ich auf einen Punkt zurückkommen, der aus meiner Sicht nicht nur in begrifflicher Hinsicht, sondern auch für ein integratives Verständnis der zahlreichen Aspekte und Dimensionen des biographischen Selbstverständnisses von Personen von Bedeutung ist. Er betrifft das zu Beginn dieses Teils bereits thematisierte Verhältnis zweier verschiedener Begriffe von Identität: von transtemporaler numerischer Identität und von narrativer oder biographischer Identität. Ich hatte dort zwei verschiedene Aspekte des Verhältnisses zwischen den beiden Begriffe unterschieden: zum einen ein logisches Verhältnis, zum anderen ein materiales oder inhaltliches Verhältnis. Bislang hatte ich ausschließlich das logische Verhältnis der beiden Identitätsbegriffe diskutiert. Ich hatte die These vertreten, dass sich die beiden Identitätsbegriffe in unterschiedlichen Arten der Selbstbezugnahme widerspiegeln: Im so genannten transtemporalen Identitätsbewusstsein geht es um den Begriff der numerischen Identität; das in den vorigen Abschnitten thematisierte Phänomen der biographischen Selbst-Narrativität hängt mit dem Begriff der Identität in der Bedeutung von Persönlichkeit zusammen (was für eine Person jemand ist und was sie von anderen Personen unterscheidbar macht). Ich hatte argumentiert, dass auf grundlegender Ebene ein Voraussetzungsverhältnis zwischen dem transtemporalen Identitätsbewusstsein und Selbst-Narrationen existiert: Das Bewusstsein als fortexistierendes numerisch identisches Subjekt ist die Bedingung dafür, dass man sich als konkrete Person mit bestimmten Eigenschaften zu begreifen vermag, zumal viele Eigenschaften über die Zeit hinweg wechseln. Kurz: Die Selbstzuschreibung wechselnder Eigenschaften setzt das Bewusstsein als ein über die Zeit hinweg fortexistierendes identisches Zuschreibungssubjekt voraus. Diese Schlussfolgerung basiert, wie gesagt, auf einer formalen Überlegung.

Nun lässt sich jedoch auch eine Perspektive auf das Problem einnehmen, die stärker den Gehalt von entsprechenden selbstbezüglichen Repräsentationen in den Blick nimmt. Dies wirft die Frage auf, inwiefern es eigentlich sinnvoll ist, das transtemporale numerische Identitätsbewusstsein von narrativ strukturierten biographischen Selbstbezugnahmen analytisch abzutrennen oder zu isolieren. Kann man das numerische Identitätsbewusstsein oder – allgemeiner – das Problem der numerischen Identität überhaupt philosophisch in nachvollziehbarer Weise behandeln, wenn man das beschriebene Phänomen der Selbst-Narrativität außer Acht lässt?

Diesen Weg schlägt z. B. Alasdair MacIntyre ein (1981, 202 ff.). Er vertritt die These, dass die Frage nach numerischer Identität über die Zeit hinweg nur im Kontext der narrativ strukturierten Selbstauffassung sinnvollerweise gestellt werden kann. Dabei bezieht sich MacIntyre auf Derek Parfits Definition transtemporaler numerischer Identität. Wie im vorigen Kapitel dargestellt, ist nach Parfit eine Person zu t_1 und zu t_2 numerisch ein und dieselbe Person, wenn zwischen den zeitlich auseinander liegenden Instanzen nachweislich ausreichende psychische Kontinuitätsrelationen vorliegen (Parfit 1971; 1984). Mögliche Kandidaten für solche psychischen Kontinuitätsrelationen sind z. B. Erinnerungen, zeitlich anhaltende Intentionen und Vorlieben. Nun argumentiert MacIntyre, dass solche Kontinuitätsrelationen niemals losgelöst von der Repräsentation des Lebens einer Person existieren können; die für psychische Kontinuität relevanten Phänomene sind stets eingebettet in die persönliche Lebensgeschichte und sind insofern selbst narrativ. Angenommen, ich begegne zufällig jemandem auf der Straße, der behauptet, er sei Hans, mein ehemaliger Schulkamerad. Da ich ihn nicht als meinen ehemaligen Schulkamerad identifizieren kann, bitte ich ihn, aus seinem früheren Leben zu erzählen, was er bereitwillig tut und mir auf diese Weise seine Identitätsaussage verständlich macht. Ein solcher Vorgang zeigt nach MacIntyre, dass die Anwendung des Kriteriums psychischer Kontinuität (Problem der transtemporalen numerischen Identität) einen narrativen Kontext voraussetzt (MacIntyre 1981, 203). Darüber hinaus impliziert nach MacIntyre das Haben einer kohärenten Selbstauffassung, dass man sich zu seinem Leben als Ganzes in ein Verhältnis setzt und dabei einen gedanklichen zeitlichen Bogen von der Geburt über verschiedene Lebensstationen bis zur Gegenwart und in die Zukunft hinein schlägt.

Zwar meint MacIntyre daraus ableiten zu können, dass sich die Begriffe von narrativer Identität und von transtemporaler numerischer Identität wechselseitig bedingen. Bei näherem Hinsehen läuft MacIntyres Vorschlag jedoch darauf hinaus, dass das philosophische Problem der transtemporalen numerischen Identität auf das Problem der narrativen Identität reduziert werden kann: Der Begriff der Geschichte (*story*) ist nach MacIntyre ein primärer Begriff, aus dem sich die zeitübergreifende Identität einer Person ableitet. Der Begriff der Person ist ihm zufolge eine Abstraktion des Protagonisten einer konkreten Lebensgeschichte, der zugleich ihr Autor ist (MacIntyre 1981, 202).

Diese Sichtweise widerspricht – auf den ersten Blick – der hier vertretenen These, dass numerisches Identitätsbewusstsein die *Bedingung* für biographische Selbstzuschreibungen ist. Mit MacIntyres strikt narrativistischer Perspektive ist diese These zwar definitiv unvereinbar. Vom Zielphänomen her gedacht zeigt sich jedoch, dass die Auffassungen kompatibel sind und verschiedene Facetten des Gesamtphänomens beleuchten. Dies lässt sich wieder am besten anhand von entsprechenden selbstbezüglichen Urteilen demonstrieren:

(1) Ich bin insgesamt viel ruhiger geworden. (Urteil biographischer Identität)

(2) Ich bin diejenige, die vor 10 Jahren mit der Startnummer 4 am Skirennen im Berner Oberland teilgenommen hat. (Urteil transtemporaler numerischer Identität)

In diesem Zusammenhang ist der zweite Satz interessant, der als Urteil transtemporaler numerischer Identität folgendermaßen paraphrasiert werden kann: „Ich [heute] und die Person, die vor 10 Jahren mit der Startnummer etc. teilgenommen hat, sind ein- und dieselbe Person". Das Urteil ist jedoch in spezifischer Weise inhaltlich eingebettet. Und diese inhaltliche Einbettung besteht aus biographischen Informationen, die wiederum Teil meiner eigenen Lebensgeschichte sind. Ich muss also meine Lebensgeschichte oder zumindest Teile meiner Lebensgeschichte in irgendeiner Weise repräsentieren, um ein Urteil transtemporaler Identität *mit einem spezifischen Gehalt* zu fällen. In dieser Hinsicht kann man sagen, dass Urteile transtemporaler Identität epistemisch abhängig von biographischen Repräsentationen sind. Und diese biographischen Repräsentationen können auch solche sein, die mir von außen zugetragen werden; beispielsweise durch Erzählungen von Eltern, wenn es sich um Begebenheiten aus einer sehr frühen Phase des eigenen Lebens handelt. Die epistemische Abhängigkeit scheint auch in unserem Alltagsverständnis eine wichtige Rolle zu spielen: Die Einschätzung, dass man „weiß", als numerisch identisches Subjekt über die Zeit hinweg zu existieren, weil man über entsprechende biographische Repräsentationen verfügt, ist intuitiv naheliegend.

Ist die These der epistemischen Abhängigkeit inhaltlich konkreter Urteile transtemporaler Identität von narrativ strukturierten biographischen Repräsentationen aber kompatibel mit der in Kapitel 7.3. gegebenen Beschreibung des transtemporalen Identitätsbewusstseins? Ich hatte das transtemporale Identitätsbewusstsein als nichtinferenzielles „Wissen" charakterisiert, das als solches gerade *nicht* von anderen Informationen abgeleitet wird. Dies hängt, so hatte ich argumentiert, zum einen mit dem qualitativ erlebten Strom von mentalen Zuständen und Prozessen zusammen; zum anderen mit den typischen qualitativen Eigenschaften von Erinnerungen, was ein Bewusstsein der eigenen Fortdauer vermittelt. Diese Beschreibung scheint der obigen Behauptung zu widersprechen, wonach Urteile transtemporaler Identität von biographischen Repräsentationen abhängen und aus ihnen abgeleitet werden können.

Allerdings muss dabei zwischen zwei Aspekten von Urteilen transtemporaler Identität unterschieden werden: zwischen einem qualitativen und einem inhaltlich-repräsentationalen Aspekt. Dies führt zurück zu einem Argument des ersten Kapitels. In den Blick genommen wurde dort die grundlegende Struktur von

Selbstbezugnahmen: Argumentiert wurde, dass die Fähigkeit, sich selbst zum Gegenstand von Vorstellungen zu machen, so genannte Ich-Gedanken zu haben, ein präreflexives Selbstwahrnehmen voraussetzt, das durch erlebnishafte Eigenschaften charakterisiert ist. Dieses Voraussetzungsverhältnis lässt sich ebenfalls auf die phänomenalen Aspekte des transtemporalen Identitätsbewusstseins übertragen. Auch hier gilt, dass das qualitative Erleben dieses Bewusstseins konkreten Urteilen transtemporaler Identität vorausgesetzt ist: Denn ich muss mich als numerisch identisches Subjekt, das über die Zeit hinweg existiert, erleben, um inhaltlich konkrete Behauptungen über meine eigene Vergangenheit tätigen zu können. Das Urteil „Ich bin diejenige, die vor 10 Jahren mit der Startnummer 4 am Skirennen im Berner Oberland teilgenommen hat" basiert somit auf dem erlebten Faktum meiner zeitlichen Fortexistenz – was mir durch den Erlebnisstrom, der über den Gegenwartsmoment hinausreicht, sowie durch qualitative Eigenschaften von impliziten Erinnerungen, die den Hintergrund aktuell bewusster Vorgänge bilden, vermittelt wird.

Folgt aus der Argumentation, dass eine Person, die unter retrograder Amnesie leidet, zu Urteilen numerischer Identität nicht in der Lage ist? Hier sind zwei Aspekte zu bedenken: Zum einen wäre zu prüfen, in welchem Umfang Amnesiepatienten zumindest in rudimentärer Weise ein unmittelbares Zeiterleben möglich ist, wie es beispielsweise der kontinuierliche Bewusstseinsstrom vermittelt. Dies halte ich für wahrscheinlich. Zugleich sind Studien wie z. B. die bereits zitierte Arbeit von Endel Tulving (1985) zu bedenken, die zeigen, dass einige Amnesiepatienten zwar nicht über „eigene" autobiographische Erinnerungen verfügen, sie aber prinzipiell auf Informationen über die eigene Vergangenheit zugreifen können, die sie wie historische Ereignisse im semantischen Gedächtnis speichern. Auch wenn Tulvings Studien nahe legen, dass Erinnerungsaussagen von Patienten – aufgrund der fehlenden selbstbezüglichen Erlebnisqualität des Vergangenen – eine etwas andere Bedeutung haben als Aussagen von Nichtbetroffenen, folgt daraus meines Erachtens nicht, dass sie zu Urteilen numerischer Identität nicht in der Lage sind.

Zu bedenken ist ferner, dass das beschriebene qualitative Erleben meiner zeitlichen Fortexistenz keinen konkreten Inhalt hat – es ist gewissermaßen leer. Phänomenale Eigenschaften ermöglichen für sich genommen keine klare Vorstellung über die eigene Vergangenheit und sind daher für konkrete Urteile numerischer Identität nicht hinreichend. In dieser materialen Hinsicht ist es also zutreffend zu sagen, dass biographische Repräsentationen für Urteile numerischer Identität notwendig sind; es handelt sich um eine epistemische Notwendigkeitsbeziehung, die mit der oben genannten logischen Notwendigkeitsbeziehung kompatibel ist.

10.3 Kritik und Präzisierung des Ausdrucks „narrative Identität"

Einige der Eigenschaften und Konstruktionsprinzipien von Selbst-Narrationen, die ich in diesem Teil des Buchs näher beschrieben habe, sind Gegenstand von narrativistischen Theorien, die ihren Untersuchungsgegenstand zumeist als „narrative Identität" bezeichnen. Die Analysen haben deutlich gemacht, dass es den existierenden Theorien im Kern um die Erhellung einer zentralen Dimension des individuellen Selbstverständnisses geht, das auf Selbstzuschreibungen relativ zur eigenen Lebensgeschichte beruht. Dieses Argumentationsziel ist den Ansätzen zur so genannten narrativen Identität jedoch keineswegs ohne Weiteres zu entnehmen. Bereits aus der Bezeichnung „narrative Identität" geht nicht hervor, dass sie sich auf eine psychische Fähigkeit bezieht. Sie enthält nicht nur keine Informationen darüber, um welche Art von Phänomen es eigentlich geht, darüber hinaus bleibt offen, wer oder was das Subjekt der „narrativen Identität" ist, d. h. wessen Perspektive eigentlich gemeint ist. Diese Mehrdeutigkeit mag sich teilweise dadurch erklären, dass das Thema in sehr unterschiedlichen disziplinären Kontexten diskutiert wird und je unterschiedliche Aspekte des Phänomens untersucht werden. Zu beachten ist allerdings, dass der Ausdruck „narrative Identität" überwiegend – wie beschrieben – auf das Selbstverständnis von Personen relativ zu ihrer Lebensgeschichte angewendet wird und damit auf ein Phänomen, das zwar einen sozialen Raum voraussetzt, aber in erster Linie die erstpersonale Perspektive eines Individuums betrifft.

Eine weitere problematische Mehrdeutigkeit, die bereits erwähnt wurde, betrifft den Begriff der Identität im engeren Sinn. Zwar liegt die Vermutung nahe, dass narrativistische Identitätstheorien eine Bedeutung des Ausdrucks „Identität" vor Augen haben, die auf einer Verwendung in der Alltagssprache basiert. Es ist die Bedeutung von „Identität", die in Aussagen wie „Er befindet sich in einer Identitätskrise" oder „Das ist Teil meiner Identität" zur Anwendung kommt und die in der Alltagssprache relativ unproblematisch sind. In den philosophischen sowie den disziplinübergreifenden Debatten fehlt bislang jedoch eine genaue Definition. Zwar wird dies bisweilen als Vorteil ausgelegt, indem die konzeptuelle Offenheit hervorgehoben wird (z. B. Fireman et al. 2003, 12). Dies hat jedoch zur Folge, dass in den Diskursen oft zu wenig klar ist, worüber eigentlich geredet wird. Dies wird nicht zuletzt daran deutlich, dass die Ausdrücke „narrative Identität" und „numerische Identität über die Zeit hinweg" bisweilen miteinander verwechselt oder nicht klar genug voneinander unterschieden werden (z. B. MacIntyre 1981, 203; Taylor 1994, 49 f.; Dennett 1991, 423), obwohl sie ihrer Bedeutung nach verschieden sind. Diese intuitive begriffliche Vermengung produziert Missverständnisse, die einer genaueren Beschreibung und Erklärung des Phänomens im Wege stehen.

Aus diesen Gründen bietet sich eine allgemeine Präzisierung des Ausdrucks „narrative Identität" an, die sich auch mit dem weiter gefassten Phänomen, das Gegenstand der vorliegenden Untersuchung ist, besser in Einklang bringen lässt. Zwei Aspekte sind es, auf die sich eine solche Präzisierung stützen muss: zum einen auf die Bedeutung von „Identität", die in Ansätzen zur narrativen Identität vorausgesetzt wird. Zum anderen – allgemeiner – auf das psychische Phänomen, auf das der Ausdruck, so wie er in den Debatten gebraucht wird, offensichtlich referiert.

Der Ausdruck „narrative Identität" verweist, wie sich bislang gezeigt hat, auf Vorstellungen, die Personen von sich selbst haben und die sie im Verhältnis zu ihrer interpretierten und somit vergegenwärtigten Lebensgeschichte ausbilden. Die Vergegenwärtigung und Interpretation der eigenen Geschichte hat den Effekt, dass sich bereits existierende selbstbezügliche Vorstellungen bestätigen und festigen oder auch nicht bestätigen, woraufhin sie modifiziert oder angepasst werden. Und diese Vorstellungen haben Auswirkungen darauf, wie man sich gegenwärtig und zukünftig verhält, wie man sich entscheidet und handelt. Epistemologisch gesehen erfüllen konkrete Bezugnahmen auf die eigene Lebensgeschichte die Funktion, selbstbezügliche Vorstellungen zu rechtfertigen. Die Vorstellungen von sich als konkreter Person sowie die narrative Struktur solcher Vorstellungen sind für den in den Debatten verwendeten Begriff der Identität maßgeblich. Wer sich als bestimmtes Individuum begreift, grenzt sich durch die Zuschreibung spezifischer Merkmale von anderen Individuen ab. Es handelt sich damit um die Semantik von „Persönlichkeit", verstanden als diejenigen Eigenschaften, die eine individuelle Person definieren, sie von anderen Personen unterscheidbar machen und sich auf mehr oder weniger konsistente Verhaltensmuster auswirken (Asendorpf/Neyer 2012).

Somit rücken zwei Eigenschaften des Phänomens, das sich hinter dem Ausdruck „narrative Identität" verbirgt, ins Zentrum: Dem Modus nach handelt es sich um Selbstzuschreibungen von Charaktereigenschaften oder Persönlichkeitsmerkmalen, welche sich inhaltlich an der Vergegenwärtigung der eigenen Biographie orientieren und insofern narrativ strukturiert sind. Diese Beschreibung rechtfertigt es, anstelle von „narrativer Identität" von einem „narrativ-biographischen Selbstverständnis" zu sprechen. Diese Bezeichnung hat einige Vorteile: Sie kennzeichnet das in Frage stehende Phänomen als ein erstpersonales, weil darin eine spezifische Selbstbezugnahme zum Ausdruck gebracht ist. Die Bezeichnung ist damit gegenüber jener der „narrativen Identität" einschränkend. Darüber hinaus legt der Ausdruck „narrativ-biographisches Selbstverständnis" den Akzent auf die eigene Lebensgeschichte als inhaltlich relevante Quelle für die besagte Selbstbezugnahme. Auch in dieser Hinsicht ist die Bezeichnung einschränkend.

Zu beachten ist, dass der Ausdruck ausschließlich auf den narrativ strukturierten Gehalt des Selbstverständnisses von Personen verweist. Wie an etlichen Stellen dieser Untersuchung deutlich gemacht wurde, lässt sich das biographische Selbstverständnis allerdings nicht auf Eigenschaften von Selbst-Narrationen reduzieren; vielmehr ist es zudem durch unterschiedliche phänomenale Eigenschaften geprägt, wie z. B. durch präreflexives Selbsterleben, das Erleben von Zeitlichkeit und zeitübergreifender Identität. Diese Eigenschaften sind nicht nur Teil des Gehalts von individuellen biographischen Selbstvorstellungen; vielmehr erfüllen sie – wie etwa im Falle des numerischen Identitätsbewusstseins sowie des präreflexiven Selbstbewusstseins – eine grundlegende ermöglichende Funktion in Bezug auf die Fähigkeit zu biographischen Selbstzuschreibungen. Es handelt sich dabei um invariante Strukturen von Subjektivität, welche die Bedingung für die von narrativistischen Theorien thematisierten variierenden und konstruierten Selbstauffassungen sind. Diese explanatorisch wichtige Ebene wird von narrativistischen Theorien ausgeklammert, was zur Folge hat, dass sie das Gesamtphänomen nicht hinreichend erklären können.

Zusammenfassung und Integration der Strukturmerkmale

Im Folgenden werde ich die wichtigsten Ergebnisse der Untersuchung im Rückgriff auf die zentralen Thesen und Argumente zusammenfassen. Ziel ist es, auf diese Weise den Grundgedanken und die analytische Reichweite, aber auch die Grenzen der Untersuchung nochmals abschließend deutlich zu machen.

Das Zielphänomen, das biographische Selbstverständnis von Personen, lässt sich folgendermaßen paraphrasieren: Personen begreifen sich als konkrete Individuen und schreiben sich Charakter- und andere Persönlichkeitseigenschaften zu, die sie mithilfe von ausgewählten Repräsentationen ihrer Lebensgeschichte veranschaulichen, erklären und rechtfertigen. Die Untersuchung ging der Frage nach, was es heißt, ein solches Selbstverständnis zu haben: welche Strukturen es aufweist und welche Möglichkeitsbedingungen es impliziert. Dabei lautete die übergreifende These: Der Bezug auf Lebensepisoden ist narrativ strukturiert, gründet jedoch in explanatorisch relevanten nichtnarrativen Strukturen der Subjektivität und numerischen Identität und ist durch entsprechende Eigenschaften gekennzeichnet. Das biographische Selbstverständnis kann daher philosophisch expliziert werden, indem man drei grundlegende Strukturbedingungen und ihr Verhältnis zueinander in den Fokus nimmt und analysiert: (1) Selbstgewahrsein und Selbstbewusstsein; (2) numerisches Identitätsbewusstsein über die Zeit hinweg und (3) biographische Selbst-Narrativität.

Diese verschiedenen Bereiche bringt die vorliegende Untersuchung in einen systematischen und explanatorischen Zusammenhang. Ansätze, die sich bislang mit dem biographischen Selbstverständnis von Personen befassen, sind typischerweise narrativistische Ansätze (z. B. MacIntyre 1981; Carr 1991; Dennett 1991; Taylor 1994; Schechtman 1996; Henning 2009), die sich ausschließlich auf die Beschreibung von Selbst-Narrationen konzentrieren. Wichtige Merkmale des biographischen Selbstverständnis, darunter besondere epistemische Merkmale von biographischen Selbstzuschreibungen, invariante mentale Bedingungen und nichtnarrative qualitative Eigenschaften können auf diese Weise nicht geklärt werden. Die Zusammenfügung der normalerweise getrennt voneinander behandelten Problembereiche ermöglicht darüber hinaus, zentrale Begriffe zu klären, die in den Debatten oft widersprüchlich verwendet werden. Ferner knüpfen die vorliegenden Betrachtungen an etlichen Stellen an empirische Wissenschaften an (vor allem an Studien der Psychologie und Gedächtnisforschung, aber auch an neurowissenschaftliche Erkenntnisse), was sie für andere Disziplinen anschlussfähig macht.

Im Folgenden werden die wichtigsten Ergebnisse der Analysen der oben genannten grundlegenden Teilaspekte des biographischen Selbstverständnisses schrittweise auf das Zielphänomen bezogen.

1 Grundstruktur des Zielphänomens: Selbstbewusstsein

Ansätze, die sich mit der Struktur von Selbst-Narrationen befassen, betonen die inhaltliche Modifizierbarkeit und den Konstruktionscharakter des Selbstverständnisses von Personen. Da vor allem äußere, z. B. gesellschaftliche Faktoren, für inhaltliche Aspekte des Selbstverständnisses verantwortlich gemacht werden, wird oftmals die These vertreten, dass es sich im Kern um ein kontingentes und wandelbares Phänomen handelt (z. B. Schechtman 1996; Bruner 2002; Fireman et al. 2003): Welches Bild man von sich hat, kann heute so und morgen so sein, je nachdem, wo man sich befindet und mit wem man gerade Umgang hat; dies wird von sozialkonstruktivistischen Theorien explizit vertreten. Dieser enge Fokus verkennt, dass das Selbstverständnis auch durch konstante oder invariante Strukturen charakterisiert ist, die gerade für die Möglichkeit inhaltlicher Veränderungen von Selbstbildern und Selbstauffassungen notwendig sind.

Eine zentrale invariante Bedingung ist die Fähigkeit zu Selbstbezugnahmen. Die Analyse dieser Grundstruktur führt zu der Frage, was es heißt, ein Bewusstsein zu haben, das sich auf einen selbst bezieht – kurz: was es heißt, *Selbstbewusstsein* zu haben. Und diese Frage, so wurde im ersten Teil der Untersuchung argumentiert, lässt sich im Rückgriff auf verschiedene Ansätze des Selbstbewusstseins erhellen, deren Einsichten auf jeweils unterschiedliche Weise zum Verständnis des Gesamtphänomens beitragen: im Rückgriff auf sprachanalytische, phänomenologische und empirische Theorien.

Das biographische Selbstverständnis von Personen hat gewisse epistemische Eigenschaften, über die die Merkmale des Selbstbewusstseins Aufschluss geben. Typischerweise erhebt man mit biographischen Selbstzuschreibungen bestimmte Ansprüche. Wer etwa behauptet, als Jugendliche oft impulsiv gewesen zu sein, wird normalerweise nicht akzeptieren, dass dies von einem Außenstehenden bestritten wird. Dies hängt mit mehreren Eigenschaften des Selbstbewusstseins zusammen, die zwar einzeln – für sich betrachtet – keine ausreichende Erklärungskraft haben, die aber zusammengenommen den Status von selbstreferenziellen biographischen Urteilen erhellen. In diesem Zusammenhang sind vor allem sprachanalytische Ansätze von Bedeutung (z. B. Shoemaker 1968; Perry 1979; Wittgenstein 1984; Davidson 1984, Bermúdez 1998; 2012), die sich mit semantischen und epistemischen Eigenschaften von selbstreferenziellen Äußerungen und Gedanken befassen. Explanatorisch relevant ist z. B. die spezifische Verwendung des Indexwortes „ich". Denn das Indexwort „ich" an der Subjektstelle von Aussagen wie „Ich war als Jugendliche oft impulsiv" verweist kriterienlos und eindeutig auf die Sprecherin der Äußerung. Aufgrund der Eigenschaft der kriterienlosen Selbstreferenz ist kein Irrtum durch Fehlidentifikation möglich. Hinzu kommt, dass der indexikalische Ausdruck „ich" in einem Satz nicht durch andere koreferenzielle Terme ersetzt werden kann. Würde man ihn ersetzen, zum Beispiel durch einen Eigennamen oder eine Charakterisierung der Sprecherin, würde sich die Bedeutung der Äußerung ändern. Erstpersonale Äußerungen im weiteren und selbstbezügliche biographische Urteile im engeren Sinn haben hinsichtlich ihrer Referenz keinerlei Spielraum – wie dies etwa in einem drittpersonalen Urteil biographischer Identität der Fall ist („Paula war als Jugendliche oft impulsiv"). Dass das Indexwort „ich" in selbstreferenziellen Äußerungen eine essenzielle Bedeutung besitzt, trägt zu dem besonderen Status von erstpersonalen biographischen Urteilen bei. Darüber hinaus deutet diese sprachliche Besonderheit auf eine spezielle Selbstgegebenheitsweise hin, die von phänomenologischen und empirischen Ansätzen (s.u.) weiter beschrieben und analysiert wird.

Von Bedeutung ist ferner, dass man als Erfahrungssubjekt einen bestimmten privilegierten Zugang zu psychischen Zuständen hat. Um sich beispielsweise einen Erlebniszustand wie etwa eine bestimmte sensorische Erfahrung oder einen Schmerzzustand zuzuschreiben, benötigt man keinerlei externe Kriterien – wie sie zum Beispiel notwendig wären, um anderen Personen solche Zustände zuzuschreiben. In diesen Fällen ist man auf beobachtbare Verhaltensäußerungen angewiesen, aufgrund derer man bestimmte Zuschreibungen tätigen und rechtfertigen kann. Allerdings sind der Autorität der ersten Person, wie im ersten Kapitel gezeigt, auch Grenzen gesetzt, da sie begründet nur auf den *erlebnishaften* Zugang zu eigenen mentalen Zuständen angewendet werden kann: Dass ich mich in einem mentalen Zustand befinde, der sich z.B. allmählich qualitativ verändert, dass etwa mein Kopfschmerz nachlässt, weiß ich selbst am besten. Dieses Privileg des Zugangs lässt sich jedoch nicht auf den intentionalen Gehalt meiner mentalen Zustände ausweiten und so auch nicht auf Einschätzungen darüber, was für eine Person ich bin – etwa bereits zu Jugendzeiten eher schüchtern gewesen zu sein. Beachtenswert ist dabei, dass diese Einschränkung des privilegierten Zugangs zwar auf theoretisch-argumentativer Ebene einleuchtet, allerdings scheint sie in der Alltagswahrnehmung bisweilen übersehen zu werden. Hier gibt es nicht selten die Tendenz, dass man sich selbst eine größere Autorität zuerkennt, als es faktisch angemessen wäre. Dass in nichtpathologischen Fällen normalerweise ein Ausgleich zwischen der Autorität der erstpersonalen und drittpersonalen Perspektive gefunden wird, hängt mit Faktoren zusammen, die auf die Fähigkeit zu Selbst-Narrativität zurückführen (siehe dazu weiter unten).

Im ersten Teil wurde ferner argumentiert, dass die Eigenschaften, die für den epistemischen Status von biographischen Selbstzuschreibungen verantwortlich sind, in zwei Hinsichten weiter begründbar sind: im Rückgriff auf phänomenologische sowie empirische Einsichten. Es wurde gezeigt, dass die Besonderheiten sprachlich artikulierter biographischer Selbstzuschreibungen in einer Form des nichtbegrifflichen Selbsterlebens gründen, dem so genannten präreflexiven Selbstbewusstsein. Für diese Bewusstseinsform ist charakteristisch, dass man *nicht* über einen Begriff oder eine Vorstellung von sich, z. B. als konkrete Person mit bestimmten Eigenschaften, verfügen muss, um sich seiner selbst gewahr zu sein (z. B. Zahavi 2005; 2007b; Bermúdez 1998; 2001). Argumentiert wurde, dass nichtbegriffliches Selbsterleben gegeben sein muss, um konkrete selbstbezügliche, sprachlich artikulierbare Gedanken zu ermöglichen. Der reflexive Bezug in Form der Zuschreibung von mentalen Episoden wie Gedanken und Erinnerungen sowie Charaktereigenschaften setzt voraus, dass das Zuschreibungssubjekt implizit Kenntnis von sich hat. Eine Funktion dieser nichtbegrifflichen Kenntnis von sich selbst ist die erlebte unmittelbare Verbundenheit mit mentalen Zuständen, auch „Meinigkeit" genannt (z. B. Frank 1991; Metzinger 1993; Zahavi 2005). Wenn ich zum Beispiel einen bestimmten Gedanken fasse, etwa wohin ich meine nächste Reise unternehme, welche Art von Reise mir am meisten Spaß machen würde etc., dann erlebe ich die Sequenz dieser mentalen Episoden als in mir entstanden oder in mir stattfindend und insofern mir unmittelbar angehörig; die Gedanken sind nicht die einer anderen Person, sondern meine Gedanken. Ich muss nicht zuerst von einem psychischen oder körperlichen Zustand Notiz nehmen, um in einem nächsten Schritt festzustellen, dass dieser in mir instanziiert ist; vielmehr nehme ich ihn direkt wahr. Die Eigenschaften der unmittelbaren Selbstvertrautheit, der sog. Meinigkeit mentaler Zustände, und der perspektivischen Zentriertheit vermitteln das Gefühl der unhintergehbaren Selbstgegebenheit. Die oben genannten epistemischen Eigenschaften von selbstbezüglichen biographischen Aussagen, vor allem die kriterienlose Selbstreferenz und die eingeschränkte Autorität der ersten Person, können also phänomenologisch weiter erklärt werden. Wir verfügen über diese Autorität, *weil* wir mit unseren mentalen Zuständen erlebnishaft verbunden sind; und aufgrund des nichtbegrifflichen Ich-Gefühls (präreflexive Selbstvertrautheit) benötigen wir keine Kriterien, um auf uns selbst zu referieren.

Die Annahme, dass präreflexives Selbsterleben allgemein eine notwendige Voraussetzung für reflektiertes, propositionales Selbstbewusstsein darstellt, wird auch von empirischen Theorien bestätigt. So geben etwa das Mehrebenenmodell von Damasio (1999; 2000) und die sich daran anschließenden theoretischen Überlegungen von Newen/Vogeley (2007) zum einen Aufschluss darüber, dass bewusste mentale Zustände im Allgemeinen graduell strukturiert sind: Sie weisen

Stufen etwa des Gewahrseins, der Eindringlichkeit, der Reflexivität und der Klarheit von z. B. Gegenstandsbezügen auf. Zum anderen zeigen Studien, dass die Ebenen des Selbstbewusstseins hierarchisch und stufenweise angeordnet sind, insofern zwischen einer Ebene und der jeweils höheren Ebene ein Voraussetzungsverhältnis besteht.

Das empirische Modell von graduellem selbstbezüglichen Bewusstsein lässt jedoch die Frage unbeantwortet, wie sich der Wechsel von Ebene zu Ebene real vollzieht. Anders gewendet: Wie ist der Übergang zwischen basalen und höherstufigen Formen des Selbstbewusstseins zu denken, und welche weiteren Bedingungen müssen erfüllt sein, damit ein Individuum auf der Grundlage präreflexiven Selbsterlebens zu der Fähigkeit zu einer reflektierten und begrifflich strukturierten Vorstellung von sich gelangt? Hierüber, so hatte ich argumentiert, geben vor allem entwicklungspsychologische Erkenntnisse Aufschluss. Diese stammen aus Studien, die sich mit der Ausbildung bestimmter kognitiver Funktionen von Kindern im vorsprachlichen Alter befassen und zeigen, dass Selbstbewusstsein im vollständigen Sinn und die Fähigkeit zu biographischen Selbstzuschreibung erst gegeben sind, wenn bestimmte – testbare – kognitive Bedingungen erfüllt sind (z. B. Kellmann/Spelke 1983; Bahrick/Watson 1985; Tomasello 1993; Pauen 2000). Im Rahmen der philosophischen Analyse sind diese isolierbaren Bedingungen, die in unterschiedlichen Entwicklungsstadien auftreten, als notwendige Bedingungen des reflektierten Selbstbewusstseins und Selbstverständnisses zu verstehen. Zu diesen Bedingungen zählen: die Unterscheidung zwischen sich und der Welt sowie anderen Subjekten sowie die Fähigkeit zu sozialer Interaktion in Form von frühkindlicher Imitation und geteilter Aufmerksamkeit; diese gelten als Vorläuferkompetenzen der Fähigkeit, mentale Zustände anderer zu repräsentieren (*Theory of Mind*). Letztere ist insofern von zentraler Bedeutung, als sie zu Annahmen darüber befähigt, dass andere Wesen – je nach Informationsquelle – die Welt möglicherweise anders repräsentieren als man selbst. Und darin manifestiert sich das Bewusstsein der eigenen Perspektive im Unterschied zur Perspektive anderer: Man ist imstande, ein Bewusstsein von sich *als* sich selbst zu haben, und dies ist eine entscheidende Voraussetzung für biographische Selbstzuschreibungen und ein Selbstverständnis in einem kognitiv anspruchsvollen Sinn. Wer sich Charaktereigenschaften zuschreibt, indem er sich Teile der eigenen Lebensgeschichte vergegenwärtigt, nimmt im Modus der Reflexion auf sich selbst Bezug.

Die Unterscheidung verschiedener Formen und Stufen des Selbstbewusstseins hat eine weitere wichtige Bedeutung für das biographische Selbstverständnis: Denn diese grundlegende Struktur verdeutlich, was es heißt, dass es in unterschiedlichen Graden der Reflektiertheit und Artikuliertheit in Erscheinung tritt: Personen verfügen nicht in allen Momenten ihres Lebens über ein voll artikuliertes biographisches Selbstverständnis. Es gibt Phasen, in denen sie lediglich eine implizite Vorstellung davon haben, was sie als individuelle Person kennzeichnet und was für ein Leben sie leben und leben wollen. Mehr noch: Im Alltag dürfte dies der dominante Modus sein, zumal man normalerweise eher selten konkret über sich reflektiert und überlegt, wer man ist. In formaler Hinsicht handelt es sich dabei um den Modus eines präreflexiven Selbstbewusstseins – um eine implizite Kenntnis von sich als individueller Person. Dieser Modus kann unter bestimmten Bedingungen in ein artikuliertes biographisches Selbstverständnis übergehen, etwa wenn man zur eigenen Person und Lebensgeschichte befragt wird und man in der Lage ist, sinnvolle Antworten zu geben. Dies setzt ein implizites Netz an möglichen Selbstzuschreibungen in Verbindung mit biographischen Repräsentationen voraus, das – je nach Kontext – zur Artikulation gebracht werden kann.

Solche konkreten Selbstzuschreibungen von Persönlichkeits- und Charaktereigenschaften, die oftmals durch Bezüge auf biographische Episoden informiert, gestützt und gerechtfertigt werden, weisen die oben genannten epistemischen Eigenschaften der erlebnishaften Autorität der ersten Person und der kriterienlosen Selbstreferenz auf. Und diese Eigenschaften sind in den beschriebenen invarianten Strukturen des Selbstbewusstseins fundiert, was von narrativistischen Ansätzen zum Selbstverständnis von Personen typischerweise übersehen wird.

Das Zielphänomen, das biographische Selbstverständnis, basiert also auf grundlegenden Formen des Selbstbewusstseins und ist damit auch bereits phänomenal und perspektivisch zentriert. Aber welche Strukturen weist das biographische Selbstverständnis auf einer höheren Ebene auf? Dies lässt sich in Auseinandersetzung mit Theorien der transtemporalen numerischen Identität und der so genannten narrativen Identität herausarbeiten. Der nächste Abschnitt behandelt zunächst den grundlegenderen Aspekt des transtemporalen numerischen Identitätsbewusstseins.

2 Konstitutive Komponenten des Zielphänomens: Transtemporale numerische Identität und Zeitbewusstsein

Um eine Vorstellung davon zu bilden, wer man ist, führt man sich oftmals frühere Situationen des eigenen Lebens vor Augen, identifiziert Wendepunkte und wiederkehrende Themen. Hierzu gehört die Vergegenwärtigung sowohl von Konstanten (ausgedrückt in Aussagen wie „Ich war schon als Kind F") als auch von Veränderungen („Früher war ich F, heute dagegen bin ich G"). Interessant daran ist, dass man selbst dann, wenn man behauptet, sich relativ zu einem früheren

Zeitpunkt stark verändert zu haben, sich dennoch als numerisch identische Person erlebt, die über die Zeit hinweg existiert: Biographische Selbstzuschreibungen implizieren ein transtemporales numerisches Identitätsbewusstsein.

Entsprechend wurde im zweiten Kapitel zum einen der Frage nachgegangen, was es heißt, ein solches transtemporales numerisches Identitätsbewusstsein zu haben, und zum anderen der Frage, wie dies mit biographischen Selbstzuschreibungen zusammenhängt. Hier wurden zwei Formen des numerischen Identitätsbewusstseins voneinander unterschieden: eine nichtinferenzielle und eine reflektierte, propositionale Form. Die erste und im Alltag dominierende Form ist das nichtinferenzielle Bewusstsein, als ein und dasselbe Erfahrungssubjekt über die Zeit hinweg zu existieren; der Modus ist hier der des oben explizierten präreflexiven Selbstbewusstseins. Es ist nichtinferenziell, weil man sich normalerweise nicht vergangene Situationen oder Informationen über die eigenen Geburt und Vergangenheit ins Gedächtnis rufen muss, um daraus abzuleiten, dass man auch zu einem früheren Zeitpunkt bereits existiert hat. Vielmehr *erlebt* man sich als über die Zeit hinweg existierendes Individuum.

Entsprechend stehen hier qualitative Eigenschaften im Vordergrund, die sich, so wurde argumentiert, in zweierlei Hinsichten präzisieren lassen – zum einen im Rückgriff auf die Kontinuität des Erlebens (z. B. Bayne 2012; Dainton/Bayne 2005). Denn das Bewusstsein, als numerisch identisches Erfahrungssubjekt über die Zeit hinweg zu existieren, hängt mit einer wichtigen Eigenschaft des Mentalen zusammen: Psychische Zustände und Episoden treten nicht punktuell, augenblicklich und isoliert voneinander auf, sondern in Form eines erlebten zeitlichen Kontinuums. Erfahrungen sind phänomenal miteinander verbunden. Zudem werden sie vom Erfahrungssubjekt als ihm zugehörig erlebt, wie dies anhand der phänomenalen Eigenschaft der „Meinigkeit" des Selbstbewusstseins deutlich gemacht wurde. Insofern erlebt man sich durch den kontinuierlichen Erlebnisstrom als über die Zeit hinweg existierend. Allerdings, so wurde argumentiert, kann dies nur für die Zeit des Wachzustandes (oder allenfalls Phasen des leichten Schlafes) aufgezeigt werden, weil Erlebnisströme typischerweise spätestens im Zustand des Tiefschlafs enden. Wie erklärt sich aber die faktisch größere zeitliche Erstreckung des qualitativen Identitätsbewusstseins? Gemeint ist die Tatsache, dass wir uns in der Regel bewusst sind, auch vor Tagen, Wochen, Monaten und Jahren bereits existiert haben. Gezeigt wurde, dass hierbei qualitative Eigenschaften von impliziten autobiographischen Erinnerungen relevant sind. So belegen empirische Studien, dass diese Eigenschaften für den Erlebnischarakter des Vergangenen in Verbindung mit erlebter Selbstbezüglichkeit verantwortlich sind und insofern eine wichtige Informationsquelle für das transtemporale Identitätsbewusstsein sind (Tulving 1985; 2005).

In Bezug auf das Zielphänomen hat das numerische transtemporale Identitätsbewusstsein mehrere Funktionen. Zunächst ist die durch den Erlebnisstrom vermittelte primäre Unterscheidung zwischen den Zeitphasen „vorher" – „jetzt" – „nachher" (Husserl 1985; 2000) die Bedingung dafür, dass man die Repräsentation von Lebensepisoden den Zeitindizes „Vergangenheit" – „Gegenwart" – „Zukunft" zuordnen kann (s. auch Bieri 1986). Darüber hinaus ist das transtemporale Identitätsbewusstsein die Bedingung dafür, dass man sich – im Rückgriff auf die interpretierte Lebensgeschichte – wechselnde Eigenschaften zuschreiben kann. Denn wer sich aus der Gegenwart heraus zu früheren Zeitpunkten als Person mit anderen Charaktereigenschaften beschreibt, muss sich selbst als numerisch identisches Subjekt voraussetzen. Negativ ausgedrückt: Wer sich nicht als *einheitliches* numerisch identisches Subjekt wahrnimmt, kann sich rückblickend – zu verschiedenen Zeitpunkten – auch keine *unterschiedlichen* Eigenschaften zuschreiben.

Wie erwähnt, handelt es sich hierbei dem Modus nach um ein nichtinferenzielles präreflexives Bewusstsein. Eine davon verschiedene Form, die in wiederum anderer Weise mit biographischen Selbstzuschreibungen zusammenhängt, ist das reflektierte propositionale Bewusstsein transtemporaler Identität, das sich in Aussagen widerspiegelt, wie: „Ich bin diejenige, die in der Grundschule neben dir saß." Ein Teil des Gehalts solcher Urteile, so wurde gezeigt, leitet sich von biographischen Zuschreibungen ab, und diese Zuschreibungen können auch von außen erfolgen. Wenn mir eine ehemalige Schulkameradin etwa mitteilt, in der Grundschule oftmals für Ärger gesorgt zu haben, dann kann ich mir das darin implizierte Urteil transtemporaler numerischer Identität vergegenwärtigen: „Ich bin also diejenige (dieselbe), die etc.". Selbstreferenzielle Urteile über die eigene Lebensgeschichte informieren demnach propositionales numerisches Identitätsbewusstsein *inhaltlich*. Insofern ist es zutreffend zu sagen, dass dessen spezifischer *Gehalt* von biographischen Repräsentationen abhängt. Dieser Zusammenhang wird allerdings erst erkennbar, wenn man zuvor Formen der Selbstbezugnahmen und Identitätsurteile (Urteile transtemporaler numerischer Identität wie „Ich bin diejenige/dieselbe, die in der Grundschule damals oftmals für Ärger gesorgt hat" und Urteile biographischer Identität wie „Ich war schon zu Schulzeiten aufmüpfig") voneinander unterscheidet, wie dies in der Untersuchung geschehen ist.

Die Analyse des transtemporalen numerischen Identitätsbewusstseins liefert einen weiteren Baustein zur Erklärung des biographischen Selbstverständnisses, weil es die Bedingung für Selbstzuschreibungen in einer diachronen Perspektive ist. Darüber hinaus können im Rückgriff auf die obigen Analysen des Selbstbewusstseins sowohl die Form als auch verschiedene Modi von Selbstbezüglichkeit (implizite und explizite) des transtemporalen numerischen Identitätsbewusstseins aufgezeigt werden. Zu beachten ist, dass es sich dabei – ebenso wie bei der Selbstreferenzialität – um einen formalen Aspekt des Zielphänomens handelt. Um die inhaltliche Dimension des biographischen Selbstverständnisses zu erhellen, so wurde argumentiert, müssen weitere Strukturbedingungen in den Blick genommen werden. Die Grundannahme lautete hier, dass das biographische Selbstverständnis zudem wesentlich durch narrative Eigenschaften charakterisiert ist. Dies macht die Untersuchung von Konstruktionsprinzipien so genannter Selbst-Narrationen erforderlich. Dabei handelt es sich um ein Theoriefeld, das typischerweise unter dem Stichwort „narrative Identität" diskutiert wird. Allerdings werden in diesen Diskussionen die oben explizierten Strukturbedingungen (Selbstbewusstsein, transtemporales numerisches Identitätsbewusstsein) außer Acht gelassen, was zur Folge hat, dass wichtige Eigenschaften des Zielphänomens nicht erklärt werden können.

3 Strukturelle Komponenten des Zielphänomens: Eigenschaften von biographischen Selbst-Narrationen

Dass Personen sich Teile ihrer Lebensgeschichte vergegenwärtigen, um Selbstzuschreibungen von Charaktereigenschaften zu rechtfertigen, wurde als erklärungsbedürftiges Phänomen eingeführt. Zunächst ist hieran bemerkenswert, dass autobiographische Episoden typischerweise nicht primär an überprüfbaren Fakten entlang reproduziert werden; die Vergegenwärtigung vollzieht sich vielmehr als ein Konstruktionsprozess, der oftmals mit inhaltlichen Anpassungen und Umdeutungen einhergeht und einem bestimmten strukturellen Muster folgt (Bruner 1990; 2002, Schechtman 1996). Dieser Aspekt des biographischen Selbstverständnisses, als „Selbst-Narrativität" bezeichnet, wurde im dritten Teil dieses Buchs in Form einer Analyse der allgemeinen Struktur von Selbst-Narrationen untersucht.

Zunächst ist zu beachten, dass mit dem Begriff der Selbst-Narration unterschiedliche Relationen von „Selbst" und „Narration" zum Ausdruck gebracht werden. „Selbst" verweist zum einen auf das Objekt, zum anderen auf das Subjekt der Narration: Die Geschichte „handelt" (primär) von der Person, die sie „erzählt" (repräsentiert) (z.B. MacIntyre 1981, 202). Darüber hinaus charakterisiert der Begriff der Selbst-Narration die *Art* der Beziehung zur eigenen Geschichte. Die Relation unterscheidet sich von vielen anderen Formen der Repräsentation, wie etwa dem Gedanken an Schokoladentorte, der Erinnerung an den zu reparierenden Wasserhahn oder der Überzeugung, dass es morgen regnen wird. Denn im Unterschied zu diesen Fällen repräsentiert man Lebensepisoden typischerweise im Modus der Aneignung: Man identifiziert sich mit ihnen, d.h. man macht sie sich zu eigen. Dies geschieht nicht nur dann, wenn man eine inhaltliche Kontinuität im Leben feststellt (was sich in Aussagen widerspiegelt wie „Ich habe mich als Kind schon für X interessiert"); man tut dies paradoxerweise auch dann, wenn man sich von bestimmten früheren Lebensepisoden distanziert. Wer behauptet, zu einem bestimmten Zeitpunkt seines Lebens ein „neuer Mensch" geworden zu sein, macht sich „Wendepunkte" zu eigen, die aber als solche auch Teil der Geschichte sind.

Dass die Vergegenwärtigung der eigenen Geschichte mit Feststellungen von Kontinuität und Diskontinuität einhergeht, lässt sich im Rückgriff auf weitere narrative Konstruktionsprinzipien erklären: Zum einen stellt man zu früheren Lebensepisoden, Erfahrungen und Handlungen einen explanatorischen Zusammenhang her, was die Annahme voraussetzt, dass Episoden temporal und kausal miteinander verknüpft sind. Zum anderen orientiert sich der Prozess der Selbst-Narrativität oft an dem Prinzip der explanatorischen Einheit und Kohärenz (z. B. Bieri 1986, 276; Wolf 2002, 47; Henning 2009; 198). Dieses Prinzip erklärt, dass man zumeist nur bestimmte Ereignisse und Episoden in die Lebensgeschichte aufnimmt, andere dagegen herauslässt. Man ist bestrebt, eine Stimmigkeit zwischen verschiedenen Ereignissen und Ereignisfolgen herzustellen und aufzuzeigen, die eventuell in Wirklichkeit (also losgelöst von der narrativen Bezugnahme) nicht gegeben war. Dass der Möglichkeit inhaltlicher Anpassungen und Verzerrungen jedoch Grenzen gesetzt sind, ist u. a. auf die soziale Einbettung von Selbst-Narrationen zurückzuführen: Denn man selbst ist immer Teil der Geschichten anderer – und umgekehrt. Dies geht mit der korrektiven Funktion einher, dass die Geschichten von Individuen, die in einem sozialen Kontakt zueinander stehen, inhaltlich „abgeglichen" werden. Streng genommen ist man also niemals alleiniger „Autor" der eigenen Geschichte. Diese Art von Korrektiv garantiert allerdings nicht zwingend, dass die Repräsentation früherer Lebensepisoden und entsprechende Selbstzuschreibungen objektiv ausfallen. Möglich sind auch soziale Konfabulierungen, die durch bestimmte Interessen geleitet sind, z. B. als Familie – kollektiv – gut dazustehen.

Die Frage nach einer adäquaten Beschreibung des Phänomens der Selbst-Narrativität führte ferner zu einer handlungstheoretischen Analyse, die von folgender allgemeiner Beobachtung geleitet war: Charaktereigenschaften einer Person manifestieren sich vor allem in wichtigen Entscheidungen und Handlungen (z. B. Frankfurt 1971; 1982; Korsgaard 2009). Wofür oder wogegen sich eine Person entscheidet, was sie tut und getan hat, ist besonders aussagekräftig dafür, was für eine Person sie ist, ob sie also beispielsweise eher vorsichtig, neugierig oder besonnen ist. Neben einschneidenden Ereignissen, die einer Person zustoßen, sind Handlungen der Stoff, aus dem Selbst-Narrationen gestrickt sind: Frühere Handlungen und entsprechende praktische Gründe machen einen wesentlichen Teil des Gehalts von Selbst-Narrationen aus, weshalb es zutreffend ist zu sagen, dass Handlungen eine Voraussetzung von Selbst-Narrationen sind.

Allerdings ist dies eine einseitige Beschreibung. Denn zu bedenken ist, dass in Selbst-Narrationen solche Handlungsgründe besonderes Gewicht haben, die nicht nur für einzelne Entscheidungen, sondern für mehrere, zeitlich auseinander liegende Handlungen maßgeblich sind.

Was das genau heißt, wurde im Rückgriff auf die diachrone Struktur von Volitionen höherer Stufe sowie das Phänomen des Sich-Sorgens gezeigt. Bei wichtigen Entscheidungen (z. B. für oder gegen einen Berufswechsel, für oder gegen einen Umzug in ein anderes Land) orientiert sich die Auswahl eines handlungsleitenden Wunsches oftmals an längerfristigen Vorlieben und Überzeugungen, also daran, was einer Person unbedingt wichtig ist oder am Herzen liegt. Argumentiert wurde, dass dies wiederum Selbst-Narrativität voraussetzt: Denn will man sich vor Augen führen oder bewusst machen, was eine längerfristige praktische Bedeutung für das eigene Leben hat, ruft man sich typischerweise frühere Entscheidungen ins Gedächtnis. Man betrachtet sie in einem explanatorischen Sinnzusammenhang, was heißt, dass man sie im Modus einer Selbst-Narration beschreibt. So gesehen ist es zutreffend zu sagen, dass Handlungen und Entscheidungen eines bestimmten Typs, so genannte Lebensentscheidungen, eine Selbst-Narration voraussetzen. Dennoch stellen solche Handlungen den Gehalt von Selbst-Narrationen bereit, weshalb sie zugleich als Bedingung für Selbst-Narrationen anzusehen sind. Denn es sind gerade diese, mit denen sich eine Person langfristig identifiziert und die für ihr Selbstverständnis relevant sind. Dem biographischen Selbstverständnis liegt also ein dynamisches Wechselverhältnis von praktischer Selbstevaluation, Entscheidungen und Selbst-Narration zugrunde.

Grundlage des biographischen Selbstverständnisses ist also – allgemein – die Fähigkeit zu graduellen Selbstbezugnahmen, die durch epistemische, semantische und phänomenale Eigenschaften gekennzeichnet ist. In Hinsicht auf die zeitliche Dimension kommt eine weitere Bedingungen hinzu, und zwar das implizite Bewusstsein, über die Zeit hinweg als numerisch identisches Wesen zu existieren. Die komplexere, kognitiv höherstufige Ebene des Wechselverhältnisses von Selbstzuschreibungen und Selbst-Narrationen setzt schließlich episodisch-autobiographische Erinnerungen, Konstruktionsprinzipien sowie die Fähigkeit zu praktischen Selbstevaluationen voraus.

Im Ergebnis liefern die Analysen dieser drei Bereiche und ihres Bezugs zueinander eine strukturelle Beschreibung und Erklärung des biographischen Selbstverständnisses als einer zentralen Lebens- und Verständigungsweise von Personen. Gegen bislang dominierende Auffassungen in der entsprechenden

Forschung wurde geltend gemacht, dass sich das Selbstverständnis von Personen nicht auf Selbst-Narrativität und narrative Strukturen reduzieren lässt. Vielmehr wurde gezeigt, dass es sowohl durch invariante mentale Bedingungen als auch durch phänomenale Aspekte gekennzeichnet ist. Da sich Fragen hiernach im Rahmen narrativistischer Ansätze nicht stellen lassen, wurde ein integrativer Ansatz gewählt, der analytische, phänomenologische und empirische Erkenntnisse miteinander verbindet, um das Zielphänomen im Zusammenhang zu explizieren. An vielen Stellen der Untersuchung konnten Aspekte des Zielphänomens lediglich skizziert oder angedeutet werden. Dies entspricht dem Anspruch der vorliegenden Untersuchung: Sie stellt eine empirisch informierte Grundlage für weiter gehende philosophische und interdisziplinäre Auseinandersetzungen mit spezifischen Aspekten des Selbstverständnisses von Personen bereit.

Literaturverzeichnis

Abels, Heinz (2006): Identität. Wiesbaden: Verlag für Sozialwissenschaften.
Anscombe, Gertrude Elizabeth Margaret (1975): The first person. In: Samuel Guttenplan (Hrsg.): Mind and Language (Wolfson College Lectures 1974). Oxford: Clarendon Press, 45–64.
Aristoteles (2004): Topik, übersetzt u. kommentiert v. Tim Wagner u. Christoph Rapp. Stuttgart: Reclam.
Asendorpf, Jens/Neyer, Franz (2012): Psychologie der Persönlichkeit, 5. Aufl.. Berlin/Heidelberg: Springer.
Augustinus, Aurelius (1998): Bekenntnisse (hrsg. v. Kurt Flasch/Burkhard Mojsisch). Stuttgart: Reclam.
Bahrick, Lorraine E./Watson, John S. (1985): Detection of Intermodal Proprioceptive-Visual Contingency As a Potential Basis of Self-Perception in Infancy. In: Developmental Psychology 21, 663–673.
Baker, Lynne R. (2000): Persons and Bodies. New York: Cambridge University Press.
Baker, Lynne R. (2007): Naturalism and the First-Person Perspective. In: Georg Gasser (Hrsg.): How Successful is Naturalism? Frankfurt/Main: Ontos, 203–226.
Baker, Lynne R. (2012): From Consciousness to Self-Consciousness. In: Katja Crone/Kristina Musholt/Anna Strasser (Hrsg.): Facets of Self-Consciousness, Grazer Philosophische Studien 84, 19–38.
Baldwin, Dare A./Baird, Jodie A. (2001): Action Analysis: A Gateway to Intentional Inference. In: Philippe Rochat (Hrsg.): Early Social Cognition. Hillsdale: Lawrence Erlbaum Associates, 215–240.
Baron-Cohen, Simon/Lelsie, Alan M./Frith, Uta (1985): Does the autistic child have a 'theory of mind'? In: Cognition 21, 37–46.
Baudrillard, Jean (1983): Les stratégies fatales. Paris: Grasset.
Bayne, Tim (2004a): Self-Consciousness and the Unity of Consciousness. In: The Monist, 87/2: 224–241.
Bayne, Tim (2004b): Closing the Gap? Some Questions for Neurophenomenology. In: Phenomenology and the Cognitive Sciences 3 (4), 349–364.
Bayne, Tim (2010): The Unity of Consciousness. Oxford/New York: Oxford University Press.
Bermúdez, José L. (1995): Nonconceptual Content: From Perceptual Experience to Subpersonal Computational States. In: Mind and Language 10, 333–369.
Bermúdez, José L. (1998): The Paradox of Self-Consciousness. Cambridge, Mass.: MIT Press.
Bermúdez, José L. (2001): Nonconceptual Self-Consciousness and Cognitive Science. In: Synthese 129, 129–149.
Bermúdez, José L. (2012): Memory Judgements and Immunity to Error Through Misidentification. In: K. Crone/K. Musholt/A. Strasser (Hrsg.): Facets of Self-Consciousness, Grazer Philosophische Studien 84, 123–141.
Bieri, Peter (1972): Zeit und Zeiterfahrung. Exposition eines Problembereichs. Frankfurt/Main: Suhrkamp.
Bieri, Peter (1986): Zeiterfahrung und Personalität. In: H. Burger (Hrsg.): Zeit, Natur und Mensch. Berlin: Verlag A. Spitz, 261–281.
Bieri, Peter (2003): Das Handwerk der Freiheit. Frankfurt/Main: Fischer.
Bruner, Jerome (1990): Acts of Meaning. Cambridge, Mass.: Harvard University Press.

Bruner, Jerome (1994): The „Remembered" Self. In: R. Fivush/U. Neisser (1994): The Remembering Self. Construction and Accuracy in the Self-Narrative. New York: Cambridge University Press, 41–54.
Bruner, Jerome (2002): Making Stories. Cambridge, Mass./London: Harvard University Press.
Butler, Joseph (1736): Analogy of Religion, Natural and Revealed to the Constitution and Nature. London: Knapton.
Byrne, Alex (2005): Introspection. In: Philosophical Topics 33 (1), 79–104.
Call, Josep/Tomasello, Michael (2008): Does the chimpanzee have a theory of mind? 30 years later. In: Trends in Cognitive Science 12, 187–192.
Carr, David (1991): Time, Narrative, and History. Bloominton: Indiana University Press.
Carruthers, Peter (1996): Language, thought and consciousness. An essay in philosophical psychology. Cambridge: Cambridge University Press.
Cassam, Quassim (1997): Self and World. Oxford: Oxford University Press.
Castañeda, Hector-Néri (1966): 'He': A Study in the Logic of Self-Consciousness. In: Ratio 8, 130–157.
Castañeda, Hector-Néri (1967): Indicators and Quasi-Indicators. In: American Philosophical Quarterly 4, 85–100.
Chalmers, David (1995): Facing Up to the Problem of Consciousness. In: Journal of Consciousness Studies 2 (3), 200–219.
Chalmers, David (1996): The Conscious Mind: In Search of a Fundamental Theory. New York/Oxford: Oxford University Press.
Chalmers, David (2004): How Can We Construct a Science of Consciousness? In: M. Gazzaniga (Hg.): The Cognitive Neurosciences III. Cambridge, Mass.: MIT Press, 1111–1120.
Chisholm, Roderick (1969): The loose and Popular and the Strict and philosophical Senses of Identity. In: Norman S. Care/Robert H. Grimm (Hrsg.) Perception and Personal Identity. Cleveland: Case Western Reserve University, 82–10.
Chisholm, Roderick (1976): Person and Object: A Metaphysical Study. La Salle, IL: Open Court.
Choi, Sungho/Fera, Michael (2012): Dispositions. In: Edward N. Zalta (Hrsg.): The Stanford Encyclopedia of Philosophy.
Churchland, Paul M. (1984): Matter and Consciousness. Cambridge, Mass.: MIT Press.
Cole, Jonathan/Paillard, Jacques (1995): Living without Touch and Peripheral Information about Body Position and Movement: Studies with Deafferented Subjects. In: José L. Bermúdez/Anthony J. Marcel/Naomi Eilan (Hrsg.): The Body and the Self. Cambridge, Mass.: MIT Press, 245–265.
Craver, Carl F./Bechtel, William (2006): Mechanism. In: Sahotra Sarkar/Jessica Pfeifer (Hrsg.): Philosophy of Science: An Encyclopedia. New York: Routledge, 469–478.
Crone, Katja (2005): Fichtes Theorie konkreter Subjektivität. Untersuchungen zur „Wissenschaftslehre nova methodo". Göttingen: Vandenhoek & Ruprecht.
Crone, Katja/Heilinger, Jan–Christoph (2008): Bewusstsein als funktionales Element der natürlichen Welt. In: Detlef Ganten/Volker Gerhardt/Julian Nida-Rümelin (Hrsg.): Funktionen des Bewusstseins. Berlin/New York: de Gruyter, 3–20.
Crone, Katja (2008): Personale Identität als Orientierung bei Eingriffen ins Gehirn. In: Jens Clausen/Oliver Müller/Giovanni Maio (Hrsg.): Die 'Natur des Menschen' in Neurowissenschaft und Neuroethik. Würzburg: Königshausen & Neumann, 123–136.
Crone, Katja (2009): Selbstbewusstsein und Identität – die Funktion der qualitativen Erlebnisperspektive. In: Jan-Christoph Heilinger/Matthias Jung (Hrsg.): Funktionen des

Erlebens – Neue Perspektiven des qualitativen Bewusstseins. Berlin/New York: de Gruyter, 337–363.
Crone, Katja (2012): Phenomenal Self-Identity Over Time. In: Grazer Philosophische Studien 84, 213–228.
Crone, Katja (2015). Personale Identität und die Rolle des subjektiven Erlebens. In: Jan Heilinger/Julian Nida-Rümelin (Hrsg.): Anthropologie und Ethik. Berlin/New York: de Gruyter, 135–149.
Dainton, Barry (2000): Stream of Consciousness. Unity and Continuity in Conscious Experience. London/New York: Routledge.
Dainton, Barry (2004): The Self and the Phenomenal. In: Ratio 17 (4), 365–389.
Dainton, Barry/Bayne, Tim (2005): Consciousness as a Guide to Personal Persistence. In: Australasian Journal of Philosophy 83 (4), 459–571.
Dainton, Barry (2008): The Experience of Time and Change. In: Philosophy Compass 3 (4), 619–638.
Damasio, Antonio (1999): The Feeling of What Happens. Body and Emotion in the Making of Consciousness. San Diego/New York/London: Harcourt.
Damasio, Antonio (2000): A Neurobiology for Consciousness. In: Thomas Metzinger (Hrsg.): Neural Correlates of Consciousness. MIT Press, 111–120.
Davidson, Donald (1963): Actions, Reasons, and Causes. In: Journal of Philosophy 60 (23), 685–700.
Davidson, Donald (1984): First Person Authority. In: Dialectica 38, 101–112.
Dennett, Daniel C. (1987): The Intentional Stance. Cambridge, Mass.: MIT Press.
Dennett, Daniel C. (1988): Quining Qualia. In: Anthony J. Marcel/Edoardo Bisiach (Hrsg.): Consciousness in Modern Science. Oxford: Oxford University Press, 42–77.
Dennett, Daniel C. (1991): Consciousness Explained. London: Penguin.
Deutsch, Harry (1998): Identity and General Similarity. In: Philosophical Perspectives 12 (S12), 177–199.
de Vignemont, Frédérique (2009): Drawing the Boundary Between Low-Level and High-Level Mindreading. In: Philosophical Studies 144 (3), 1–10.
Eder, Jens (2000): Dramaturgie des populären Films. Drehbuchpraxis und Filmtheorie. Hamburg: LIT.
Engel, Andreas K./Singer, Wolf (2001): Temporal Binding and the Neural Correlates of Sensory Awareness. In: Trends in Cognitive Science 5 (1), 15–25.
Erikson, Erik H. (1973): Identität und Lebenszyklus. Frankfurt/Main: Suhrkamp.
Evans, Gareth (1982): The Varieties of Reference. Oxford: Oxford University Press.
Fichte, Johann Gottlieb (1797/98): Versuch einer neuen Darstellung der Wissenschaftslehre, Sämtliche Werke Bd. 1.
Fireman, Gary D./McVay, Ted D./Flanagan, Owen J. (Hrsg.) (2003): Narrative and Consciousness. Oxford/New York: Oxford University Press.
Flanagan, Owen (1992): Consciousness Reconsidered. Cambridge, Mass.: MIT Press.
Flanagan, Owen (2009): Varieties of Moral Personality. Ethics and Psychological Realism. Cambridge, Mass.: Harvard University Press.
Frank, Manfred (1991): Selbstbewusstsein und Selbsterkenntnis. Essays zur analytischen Philosophie der Subjektivität. Stuttgart: Reclam.
Frank, Manfred (2002): Selbstgefühl. Frankfurt/Main: Suhrkamp.
Frank, Manfred (2006): Gibt es eine 'innere Wahrnehmung'? In: Philosophie der Psychologie, 1–10.

Frankfurt, Harry (1971): Freedom of the Will and the Concept of a Person. In: Journal of Philosophy 28 (1), 5–20.
Frankfurt, Harry (1982): The Importance of What We Care About. In: Synthese 53, 257–272.
Frege, Gottlob (1990): Der Gedanke. Kleine Schriften, Hildesheim: G. Olms.
Frith, Uta/Happé, Francesca (1999): Theory of Mind and Self-Consciousness: What Is It Like to Be Autistic? In: Mind and Language 14 (1), 1–22.
Fuchs, Thomas (2002): The Challenge of Neuroscience: Psychiatry and Phenomenology today. In: Psychopathology 35, 319–326.
Fuchs, Thomas/De Jaegher, Hanne (2009): Enactive Intersubjectivity: Participatory Sense-Making and Mutual Incorporation. In: Phenomenology and the Cognitive Sciences 8, 465–486.
Fuchs, Thomas (2013): Leiblichkeit und personale Identität. In: Inga Römer/Matthias Wunsch (Hrsg.): Person. Anthropologische, phänomenologische und analytische Perspektiven. Münster: Mentis, 171–188.
Gallagher, Shaun (2000): Philosophical Conceptions of the Self: Implications for Cognitive Science. In: Trends in Cognitive Science 4 (1), 14–21.
Gallagher, Shaun (2006): How the Body Shapes the Mind. New York: Oxford University Press.
Gallagher, Shaun (2007): The Natural Philosophy of Agency. In: Philosophy Compass 2 (2), 347–357.
Gallagher, Shaun (2008): Direct Perception in the Intersubjective Context. In: Consciousness and Cognition (17), 535–543.
Gallagher, Shaun/Zahavi, Dan (2008): The Phenomenological Mind. London: Routledge.
Gallese, Vittorio/Fadiga, Luciano/Fogassi, Leonardo/Rizzolati, Giacomo (1996): Action Recognition in the Premotor Cortex. In: Brain 119, 593–609.
Gallese, Vittorio (2005): Embodied Simulation: From Neurons to Phenomenal Experience. In: Phenomenology and the Cognitive Sciences 4, 23–48.
Geach, Peter (1967): Identity. In: Review of Metaphysics, XXI, 3–12.
Gibson, John (2011): Thick Narratives. In: Noël Carroll/John Gibson (Hrsg.): Narrative, Emotion, and Insight. University Park: Pennsylvania University Press, 69–91.
Goldie, Peter (2004): On Personality. London/New York: Routledge.
Goldie, Peter (2012): The Mess Inside: Narrative, Emotion, and the Mind. Oxford/New York: Oxford University Press.
Goldman, Alvin I. (1989): Interpretation Psychologized. In: Mind and Language 4, 161–185.
Goldman Alvin I. (2006): Simulating minds. The Philosophy, Psychology, and Neuroscience of Mindreading. Oxford: Oxford University Press.
Gopnik, Alison (1993): How We Know Our Minds: the Illusion of First-Person Knowledge of Intentionality. In: Behavioral Brain Sciences 16,1–14.
Gopnik, Alison/Metzloff, Andrew (1997): Words, Thoughts, and Theories. Cambridge, Mass.: Bradford MIT Press.
Gunnarsson, Logi (2010): Philosophy of Personal Identity and Multiple Personality. New York/London: Routledge.
Gunther, York H. (2003): Essays on Nonconceptual Content. Cambridge, Mass.: MIT Press.
Gustafsson, Johan G. (2011): Phenomenal Continuity and the Bridge Problem. In: Philosophia 39 (2), 289–296.
Habermas, Tilmann/Bluck, Susan (2000): Getting a Life: The Emergence of the Life Story in Adolescence. In: Psychological Bulletin 126 (5), 748–769.

Habermas, Tilmann (2012): Identity, Emotion and the Social Matrix of Autobiographical Memory: a Psychoanalytic Narrative View. In: Dorthe Berntsen/David C. Rubin (Hrsg.): Understanding Autobiographical Memory: Theories and Approaches. Cambridge: Cambridge University Press, 33–53.
Happé, Francesca (2003): Theory of Mind and the Self. In: Annals of the New York Academy of Sciences, Vol. 1001, 134–144.
Haugeland, John (1985): Artificial Intelligence: The Very Idea. Cambridge, Mass.: MIT Press.
Heilinger, Jan-Christoph/Nida-Rümelin, Julian (Hrsg.) (2015): Anthropologie und Ethik, Berlin/New York: de Gruyter.
Henning, Tim (2009): Person sein und Geschichten erzählen. Eine Studie über personale Autonomie und narrative Gründe. Berlin/New York: de Gruyter.
Henrich, Dieter (1966): Fichtes ursprüngliche Einsicht. In: Dieter Henrich/Hans Wagner (Hrsg.): Subjektivität und Metaphysik, Frankfurt/Main: Klostermann, 188–233.
Henrich, Dieter (1982): Selbstverhältnisse. Gedanken und Auslegungen zu den Grundlagen der klassischen deutschen Philosophie. Stuttgart: Reclam.
Herman, David/Jahn, Manfred/Ryan, Marie-Laure (Hrsg.) (2008): Routledge Encyclopedia of Narrative Theory. London/New York: Routledge.
Hobbes, Thomas (1655): De Corpore, 2, Ch. 11 (Of identity and difference), EA 1655.
Husserl, Edmund (1985): Texte zur Phänomenologie des inneren Zeitbewußtseins. Hamburg: Meiner.
Husserl, Edmund (2000): Vorlesungen zur Phänomenologie des inneren Zeitbewußtseins. Tübingen: Niemeyer (Unveränderter Nachdruck der 2. Auflage).
Hutto, Dan (2007a): Narrative and Understanding Persons. In: Daniel Hutto (Hrsg.): Narrative and Understanding Persons. Cambridge: Cambridge University Press, 1–15.
Hutto, Dan (2007b): The Narrative Practice Hypothesis: Origins and Applications of Folk Psychology. In: Royal Institute of Philosophy Supplement 60, 43–68.
Hutto, Dan (2009): Folk Psychology as Narrative Practice. In: Journal of Consciousness Studies 16, 9–39.
James, William (1981): The Principles of Psychology, 3 Vols.. Cambridge, Mass.: Harvard University Press.
Kellmann, Philip J./Spelke, Elizabeth S. (1983): Perception of Partly Occluded Objects in Infancy. In: Cognitive Psychology 15, 483–524.
Keupp, Heiner (1997): Diskursarena Identität: Lernprozesse in der Identitätsforschung. In: Heiner Keupp/Renate Höfer (Hrsg.): Identitätsarbeit heute. Klassische und aktuelle Perspektiven der Identitätsforschung. Frankfurt/Main: Suhrkamp, 11–39.
Kim, Jaegwon (1999): Making Sense of Emergence. In: Philosophical Studies 95 (1–2), 3–36.
Kolak, Daniel (1993): The Metaphysics and Metapsychology of Personal Identity: Why Thought Experiments Matter in Deciding Who We Are. In: American Philosophical Quarterly 30 (1), 39–50.
Korsgaard, Christine M. (1996): The Sources of Normativity. Cambridge: Cambridge University Press.
Korsgaard, Christine M. (2009): Self-Constitution. Agency, Identity, and Integrity. Oxford: Oxford University Press.
Kriegel, Uriah (2004): Consciousness and Self-Consciousness. In: The Monist 87, 182–205.
Kripke, Saul A. (1981): Naming and Necessity. Cambridge, Mass.: Harvard University Press.
Laney, Cara/Loftus, Elizabeth F. (2013): Recent Advances in False Memory Research. In: South African Journal of Psychology 34 (2), 137–146.

Lang, Birgit/Perner, Josef (2002): Understanding of Intention and False Belief and the Development of Self-Control. In: British Journal of Developmental Psychology 20 (1), 67–76.

Levine, Joseph (1983): Materialism and Qualia: The Explanatory Gap. In: Pacific Philosophical Quarterly 64, 354–361.

Levine, Joseph (2001): Purple Haze: The Puzzle of Consciousness. Oxford: Oxford University Press.

Lewis, David (1976): Survival and Identity. In: Amélie Rorty (Hrsg.): The Identities of Persons, Berkeley: University of California Press.

Locke, John (1689) An Essay Concerning Human Understanding, ed. by Peter H. Nidditch. Oxford 1975: Oxford University Press.

MacIntyre, Alasdair (1981): After Virtue. London: Duckworth.

Mackie, David (1999): Personal Identity and Dead People. In: Philosophical Studies 95, 219–242.

Markowitsch, Hans J. (2002): Dem Gedächtnis auf der Spur. Vom Erinnern und Vergessen. Darmstadt: Primus.

Markowitsch, Hans J./Welzer, Harald (2005): Das autobiographische Gedächtnis. Stuttgart: Klett-Cotta.

Martin, Charles Burton/Deutscher, Max (1966): Remembering. In: Philosophical Review (75), 161–196.

Metzinger, Thomas (1993): Subjekt und Selbstmodell. Die Perspektivität phänomenalen Bewusstseins vor dem Hintergrund einer naturalistischen Theorie mentaler Repräsentation. Paderborn: Mentis.

Metzinger, Thomas (2000a): Philosophische Perspektiven auf das Selbstbewusstsein. Die Selbstmodell-Theorie der Subjektivität. In: Werner Greve (Hrsg.): Psychologie des Selbst. Weinheim: Beltz Psychologie Verlags Union, 317–336.

Metzinger, Thomas (2000b): The Subjectivity of Experience: A Representationalist Analysis of the First-Person Perspective. In: Thomas Metzinger (Hrsg.): Neural Correlates of Consciousness: Empirical and Conceptual Questions, Cambridge, Mass.: MIT Press, 285–305.

Metzinger, Thomas (2004): The Subjectivity of Subjective Experience: A Representationalist Analysis of the First-Person Perspective. In: Networks 3–4, 33–64.

Moore, George Edward (1899): The Nature of Judgment. In: Mind 8, 176–93. Reprinted in: George Edward Moore: Selected Writings, 1–19.

Moran, Richard (2001): Authority and Estrangement: An Essay in Self-Knowledge. Princeton: Princeton University Press.

Moran, Richard (2012): Self-Knowledge, 'Transparency', and the Forms of Activity. In: Declan Smithies/Daniel Stoljar (Hrsg.): Introspection and Consciousness. Oxford: Oxford University Press, 211–236.

Mummendey, Hans D. (1994): Differentielle Psychologie der Selbstdarstellung. Bielefelder Arbeiten zur Sozialpsychologie Nr. 172. Bielefeld: Universität Bielefeld, Fakultät für Soziologie.

Murray, Lynne/Trevarthen, Colwyn (1985): Emotional Regulation of Interactions Between Two-Month-Olds and Their Mothers. In: Tiffany M. Field/Nathan A. Fox (Hrsg.): Social Perception in Infants. Norwood, NJ: Ablex, 177–197.

Musholt, Kristina (2012): Self-Consciousness and Intersubjectivity. In: Katja Crone/Kristina Musholt/Anna Strasser (Hrsg.): Facets of Self-Consciousness. Special Issue of Grazer Philosophische Studien 84, 63–89.

Nagel, Thomas (1974): What Is It Like to Be a Bat? In: Philosophical Review, ILXXXIII, 4 (October), 435–450.
Nagel, Thomas (1986): The View From Nowhere. New York/Oxford: Oxford University Press.
Neisser, Ulric (1994): Self-Narratives: True and False. In: R. Fivush/U. Neisser (Hrsg.): The Remembering Self. Construction and Accuracy in the Self-Narrative. New York: Cambridge University Press, 1–18.
Nelson, Katherine (2003): Narrative and Self, Myth and Memory: Emergence of the Cultural Self. In: Robyn Fivush & Catherine A. Haden (Hrsg.): Autobiographical Memory and the Construction of a Narrative Self. Developmental and Cultural Perspectives. Mahwah, NJ: Erlbaum, 3–28.
Newen, Albert/Vogeley, Kai (Hrsg.) (2000): Selbst und Gehirn. Menschliches Selbstbewusstsein und seine neurobiologischen Grundlagen. Paderborn: Mentis.
Newen, Albert/Vogeley, Kai (2007): Menschliches Selbstbewusstsein und die Fähigkeit zur Zuschreibung von Einstellungen. In: H. Förstl (Hrsg.): Theory of Mind. Heidelberg: Springer, 99–116.
Newen, Albert/Schlicht, Tobias (2009): Understanding Other Minds: A Criticism of Goldman's Simulation Theory and an Outline of the Person Model Theory. In: Grazer Philosophische Studien 79 (1), 209–242.
Newen, Albert (2015): Understanding Others – The Person Model Theory. In: Thomas Metzinger/Jennifer M. Windt (Hrsg.): Open MIND: 26 (T). Frankfurt am Main: Mind Group.
Nida-Rümelin, Martine (2006): Der Blick von innen. Zur transtemporalen Identität bewusstseinsfähiger Wesen. Frankfurt/Main: Suhrkamp.
Noonan, Harold W. (1989): Personal Identity. London: Routledge.
Noonan, Harold W. (2006): Identity and Sameness: Philosophical Aspects. In: K. Brown (Hrsg.): Concise Encyclopedia of Language and Linguistics (Philosophy and Language volume). Oxford: Elsevier Science, 302–304.
Nozick, Robert (1981): Philosophical Explanations. Cambridge: Harvard University Press.
O'Regan, Kevin/Noë, Alva (2001): A Sensorimotor Account of Vision and Visual Consciousness. In: Behavioral and Brain Sciences 24, 939–1031.
O'Regan, Kevin (2009): Sensorimotor approach to (phenomenal) consciousness. In: Tim Bayne/Axel Cleeremans/Patrick Wilken (Hrsg.): The Oxford Companion to Consciousness. Oxford: Oxford University Press, 588–593.
Papineau, David (1998): Mind the Gap. In: Noûs 32 (S12), 373–388.
Parfit, Derek (1971): Personal Identity. In: Philosophical Review 80, 3–27.
Parfit, Derek (1982): Personal Identity and Rationality. In: Synthese 53 (2), 227–241.
Parfit, Derek (1984): Reasons and Persons. Oxford: Clarendon Press.
Pauen, Michael (2000): Painless Pain: Property Dualism and the Causal Role of Phenomenal Consciousness. In: American Philosophical Quarterly 37 (1), 51–64.
Pauen, Michael (2006): Feeling Causes. In: Journal of Consciousness Studies 13 (1–2), 129–152.
Pauen, Michael (2010): How Privileged Is First-Person Privileged Access? In: American Philosophical Quarterly, Vol. 47 (1), 1–15.
Pauen, Sabina (2000): Wie werden Kinder Selbst-Bewußt? Frühkindliche Entwicklung von Vorstellungen über die eigene Person. In: Albert Newen/Kai Vogeley (Hrsg.): Selbst und Gehirn. Menschliches Selbstbewusstsein und seine neurobiologischen Grundlagen. Paderborn: Mentis, 291–312.

Premack, David/Woodruff, Guy (1978): Does the chimpanzee have a theory of mind? In: Behavioral and Brain Sciences 1 (4), 515–526.
Perry, John (Hrsg.) (1975): Personal Identity. Berkeley: University of California Press.
Perry, John (1979): The Problem of the Essential Indexical. In: Noûs 13 (1), 3–21.
Proust, Joëlle (2007): Metacognition and metarepresentation: is self-directed theory of mind a precondition for metacognition?. In: Synthese 159, 271–295.
Pryor, James (1999): Immunity to error through misidentification. In: Philosophical Topics 26 (1–2), 271–304.
Quante, Michael (1999): Personale Identität. Paderborn [u. a.]: Schöningh UTB.
Quante, Michael (2002): Personales Leben und menschlicher Tod. Frankfurt/Main: Suhrkamp.
Quante, Michael (2007): Person. Berlin/New York: de Gruyter.
Ratcliffe, Matthew (2006): Rethinking Commonsense Psychology. Basingstoke: Palgrave Macmillan.
Ratcliffe, Matthew (2008): Feelings of Being. Phenomenology, Psychiatry and the Sense of Reality. Oxford: Oxford University Press.
Reid, Thomas (1785): Essays on the Intellectual Powers of Men, Essay 3, Ch. 4: Of Identity. Dublin.
Richardson, Brian (2000): Recent Concepts of Narrative and the Narratives of Narrative Theory. In: Style 34.2 (Special Issue: Concepts of Narrative), 168–75.
Ricoeur, Paul (1996): Soi-même come un autre. Paris: Editions du Seuil.
Riesenhuber, Maximilian/Poggio, Tomaso (1999): Are Cortical Models Really Bound by the 'Binding Problem'? In: Neuron 24, 87–93.
Rizzolati, Giacomo/Fadiga, Luciano/Gallese, Vittorio/Fogassi, Leonardo (1996): Premotor Cortex and the Recognition of Motor Actions. In: Cognitive Brain Research 3, 131–141.
Rosefeldt, Tobias (2000): Sich Setzen, oder Was ist eigentlich das Besondere an Selbstbewusstsein? John Perry hilft, eine Debatte zwischen Henrich und Tugendhat zu klären. In: Zeitschrift für philosophische Forschung 54 (3), 425–444.
Rosenthal, David (1997): A Theory of Consciousness. In: Ned Block/Owen Flanagan/Guven Güzeldere (Hrsg.): The Nature of Consciousness. Cambridge, Mass.: MIT Press, 729–754.
Roskies, Adina L. (1999): The Binding Problem. In: Neuron 24, 7–9.
Roy, Jean-Michel/Petitot, Jean/Pachoud/Bernard/Varela, Francisco. (1999): Beyond the Gap: An Introduction to Naturalizing Phenomenology. In: Jean Petitot/Francisco Varela, Bernard Pachoud/Jean-Michel Roy (Hrsg.): Naturalizing Phenomenology. Issues in Contemporary Phenomenology and Cognitive Science. Stanford: Stanford University Press, 1–80.
Russell, Betrand (1984): Human Knowledge: Its Scope and Limits. London: George Allen & Unwin.
Ryle, Gilbert (1949, repr. 2000): The Concept of Mind, London: Penguin.
Schacter, Daniel L. (2001): The Seven Sins of Memory. How the Mind Forgets and Remembers. Boston/New York: Houghton Mifflin Company.
Schechtman, Marya (1996): The Constitution of Selves. Ithaca: Cornell University Press.
Schechtman, Marya (2007): Stories, Lives, and Basic Survival: A Refinement and Defense of the Narrative View. In: Daniel Hutto (Hrsg.): Narrative and Understanding Persons. Cambridge: Cambridge University Press, 155–178.
Searle, John R. (1992): The Rediscovery of the Mind. Cambridge, Mass.: MIT Press.
Searle, John R. (2002): Consciousness and Language. Cambridge, Mass.: Cambridge University Press.
Searle, John R. (2004): Mind. A Brief Introduction. Oxford: Oxford University Press.

Shoemaker, Sydney (1959): Personal Identity and Memory. In: Journal of Philosophy 56 (22), 868–882.
Shoemaker, Sydney (1963): Self-Knowledge and Self-Identity. Ithaca: Cornell University Press.
Shoemaker, Sydney (1968): Self-Reference and Self-Awareness. In: Journal of Philosophy 65 (19), 555–567.
Shoemaker, Sydney (1970): Persons and Their Pasts. In: American Philosophical Quarterly 7 (4), 269–285.
Shoemaker, Sydney (1984): Personal Identity: A Materialist's Account. In: Sydney Shoemaker/Richard Swinburne (Hrsg.): Personal Identity. Oxford: Blackwell, 67–132.
Spaulding, Shannon (forthcoming): On Whether We Can See Intentions. In: Pacific Philosophical Quarterly
Stephan, Achim (2004): Sind Tiere 'schwer von Begriff'? In: DZPhil 52 (4), 569–583.
Stern, Daniel N. (1998): Das narrative Selbst. In: Peter Buchheim/Manfred Cierpka/Theodor Seifert (Hrsg.): Das Narrativ – aus dem Leben Erzähltes. Berlin/Heidelberg: Springer, 1–13.
Strawson, Galen (1997): The Self. In: Journal of Consciousness Studies 4 (5/6), 405–428.
Strawson, Galen (2004): Against Narrativity. In: Ratio 17, 428–452.
Strawson, Galen (2009): Selves. Oxford: Clarendon.
Strawson, Peter (1959): Individuals. An Essay in Descriptive Metaphysics. London: Methuen.
Strawson, Peter (1992): Analysis and Metaphysics. An Introduction to Philosophy. Oxford: Oxford University Press.
Sturma, Dieter (1997): Philosophie der Person. Die Selbstverhältnisse von Subjektivität und Moralität. Paderborn: Schöningh.
Sturma, Dieter (Hrsg.) (2001): Person. Philosophiegeschichte – Theoretische Philosophie – Praktische Philosophie. Paderborn: mentis.
Sturma, Dieter (2008): Selbstreferenz, Zeit und Identität. In: Deutsche Zeitschrift für Philosophie 56 (4), 569–583.
Swinburne, Richard (1974) Personal Identity. In: Proceedings of the Aristotelian Society 74, 231–247.
Swinburne, Richard (1984): Personal Identity: The Dualist Theory. In: Sydney Shoemaker/Richard Swinburne (Hrsg.): Personal Identity. Oxford: Blackwell, 1–66.
Synofzik, Matthis/Vosgerau, Gottfried/Newen, Albert (2008): I move, therefore I am. A New Theoretical Framework to Investigate Agency and Ownership. In: Consciousness and Cognition 17 (2), 411–424.
Tayor, Charles (1976): Responsibility for Self. In: Amélie O. Rorty (Hrsg.): The Identities of Persons. Berkeley/Los Angeles/London: University of California Press, 281–299.
Taylor, Charles (1985): The Person. In: Michael Carrithers/Steven Collins/Steven Lukes (Hrsg.): The Category of the Person. Cambridge: Cambridge University Press, 257–281.
Taylor, Charles (1994): Sources of the Self. The Making of Modern Identity. Cambridge: Cambridge University Press.
Thompson, Evan (2007): Mind and Life: Biology, Phenomenology, and the Sciences of Mind. Cambridge, MA: Harvard University Press.
Tomasello, Michael (1993): Infants' Knowledge of Self, Other, and Relationship. In: Ulric Neisser (Hrsg.): The Perceived Self, Cambridge: Cambridge University Press, 174–184.
Tugendhat, Ernst (1979): Selbstbewußtsein und Selbstbestimmung. Sprachanalytische Interpretationen. Frankfurt/Main: Suhrkamp.
Tulving, Endel (1985): Memory and Consciousness. In: Canadian Psychology 26 (1), 1–12.

Tulving, Endel/Craik, Fergus I.M. (Hrsg.) (2000): The Oxford Handbook of Memory. Oxford: Oxford University Press.
Tulving, Endel (2005): Episodic Memory and Autonoesis: Uniquely Human? In: Herbert Terrace/Janet Metcalfe (Hrsg.): The Missing Link in Cognition: Evolution of Self-Knowing and Consciousness. New York: Oxford University Press, 3–56.
Tye, Michael (2000): Conciousness, Color and Content. Cambridge, Mass.: MIT Press.
Varela, Francisco/ Thompson, Evan/Rosch, Eleanor (1991): The Embodied Mind: Cognitive Science and Human Experience. Cambridge, Mass.: MIT Press.
Varela, Francisco (1996): Neurophenomenology: A Methodological Remedy to the Hard Problem. In: Journal of Consciousness Studies 3, 330–350.
Velleman, J. David (2003): Narrative Explanation. In: The Philosophical Review 112 (1), 1–25.
Watson, Gary (1975): Free Agency. In: Journal of Philosophy 72 (8), 205–220.
Wilkes, Katheen V. (1988): Real People. Personal Identity Without Thought Experiments. Oxford: Oxford University Press.
Williams, Bernard (1970): The Self and the Future. In: The Philosophical Review 79 (2), 161–180.
Wimmer, Heinz/Perner, Werner (1983): Beliefs about beliefs: Representation and constraining function of wrong beliefs in young children's understanding of deception. In: Cognition 13 (1), 103–128.
Wittgenstein, Ludwig (1984a): Philosophische Untersuchungen, Werkausgabe Bd. 1. Frankfurt/Main: Suhrkamp.
Wittgenstein, Ludwig (1984b): Das Blaue Buch, Werkausgabe Bd. 5. Frankfurt/Main: Suhrkamp.
Wolf, Susan (1990): Freedom within Reason. Oxford: Oxford University Press.
Wolf, Werner (2002): Das Problem der Narrativität in Literatur, bildender Kunst und Musik: Ein Beitrag zu einer intermedialen Erzähltheorie. In: Vera Nünning/Ansgar Nünning (Hrsg.): Erzähltheorie – transgenerisch, intermedial, interdisziplinär. Trier: Wissenschaftlicher Verlag Trier, 23–104.
Zahavi, Dan/Parnas, Josef (1998): Phenomenal Consciousness and Self-Awareness: A Phenomenological Critique of Representational Theory. In: Journal of Consciousness Studies (5), 687–705.
Zahavi, Dan (2003): Inner Time Consciousness and Prereflective Self-Awareness. In: D. Welton (Hrsg.): The New Husserl. A Critical Reader. Indiana University Press, 157–180.
Zahavi, Dan (2004): Phenomenology and the Project of Naturalization. In: Phenomenology and the Cognitive Sciences 3/4, 331–347.
Zahavi, Dan (2005): Subjectivity and Selfhood: Investigating the First-Person Perspective. Cambridge, Mass.: MIT Press.
Zahavi, Dan (2007a): Perception of Duration Presupposes Duration of Perception – or Does it? Husserl and Dainton on Time. In: International Journal of Philosophical Studies 15 (3), 453–471.
Zahavi, Dan (2007b): Self and Other: The Limits of Narrative Understanding. In: Daniel Hutto (Hrsg.): Narrative and Understanding Persons. Cambridge: Cambridge University Press, 179–201.
Zimbardo, Philip G./Gerrig, Richard (1996): Psychologie, 7. Aufl. Berlin/Heidelberg/New York: Springer.

Personenregister

Abels, Heinz 168fn
Anscombe, Gertrude Elizabeth Margaret 26fn
Aristoteles 90fn
Asendorpf, Jens 189
Augustinus 127fn
Bahrick, Lorraine E. 72, 195
Baird, Jodie A. 73
Baker, Lynne R. 5, 22, 22fn, 23, 42, 50, 69, 94, 179
Baldwin, Dare A. 73
Baron-Cohen, Simon 77
Baudrillard, Jean 168fn
Bayne, Tim 60, 115, 117–123, 125, 125fn, 126–133, 133fn, 134–137, 142, 197
Bechtel, William 59
Bermúdez, José L. 5, 25fn, 37f, 41, 69, 83fn, 141, 192, 194
Bieri, Peter 95, 104, 171fn, 174, 198, 200
Bluck, Susan 160fn
Bruner, Jerome 4, 7, 155, 160fn, 164, 167, 177, 182f, 192, 199
Butler, Joseph 108, 108fn, 113
Byrne, Alex 31fn, 32fn
Call, Josep 76
Carr, David 4, 7, 8fn, 149fn, 191
Carruthers, Peter 51
Cassam, Quassim 25fn
Castañeda, Hector-Néri 5, 19fn, 21, 50
Chalmers, David 53–58
Chisholm, Roderick 93, 113
Choi, Sungho 132
Churchland, Paul M. 56
Cole, Jonathan 39fn
Craik, Fergus I.M. 139
Craver, Carl F. 59
Crone, Katja 37fn, 38, 46, 54fn, 125fn
Dainton, Barry 116, 123–125, 125fn, 126–133, 133fn, 134–137, 142, 197
Damasio, Antonio 6, 49, 54, 62–64, 64fn, 65f, 68, 194
Davidson, Donald 5, 26, 28, 32f, 171, 192
De Jaegher, Hanne 79, 79fn
de Vignemont, Frédérique 79

Dennett, Daniel C. 8fn, 56fn, 149fn, 150fn, 155, 166, 179, 188, 191
Deutsch, Harry 92fn
Deutscher, Max 108fn
Eder, Jens 160
Engel, Andreas K. 116fn
Erikson, Erik H. 166
Evans, Gareth 25fn, 31fn, 32
Fera, Michael 132
Fichte, Johann Gottlieb 37, 37fn
Fireman, Gary D. 188, 192
Flanagan, Owen J. 3fn, 42, 118fn
Frank, Manfred 38, 38fn, 41, 45, 194
Frankfurt, Harry 170, 174, 200
Frege, Gottlob 21fn
Frith, Uta 82
Fuchs, Thomas 59, 79, 79fn, 138fn
Gallagher, Shaun 6, 25fn, 38, 41fn, 42, 45f, 79, 122
Gallese, Vittorio 61fn, 77
Geach, Peter 93, 95fn
Gibson, John 159
Goldie, Peter 7, 158, 159fn, 160fn, 169
Goldman, Alvin I. 78
Gopnik, Alison 74, 77
Gunnarsson, Logi 8fn
Gunther, York H. 40fn
Gustafsson, Johan G. 131
Habermas, Tilmann 160fn
Happé, Francesca 82
Haugeland, John 118
Heilinger, Jan-Christoph 54fn, 125fn
Henning, Tim 7, 154, 155fn, 157, 158fn, 159fn, 160fn, 170, 191, 200
Henrich, Dieter 37, 37fn
Herman, David 160fn, 162fn
Hobbes, Thomas 92fn
Husserl, Edmund 38, 42–44, 59, 127, 198
Hutto, Dan 80, 159, 159fn, 160fn
James, William 127fn
Kellmann, Philip J. 72, 195
Keupp, Heiner 168
Kim, Jaegwon 60
Kolak, Daniel 91fn, 103fn

Korsgaard, Christine 155, 157, 170, 173, 179, 200
Kriegel, Uriah 42
Kripke, Saul A. 90, 90fn, 91fn, 92
Laney, Cara 181fn
Lang, Birgit 6
Levine, Joseph 53, 55–57
Lewis, David 105
Locke, John 89, 93, 93fn, 94, 107, 107fn, 108, 125, 134 f, 150fn
Loftus, Elizabeth F. 181fn
MacIntyre, Alasdair 150fn, 154, 156 f, 163, 165 f, 169 f, 184 f, 188, 191, 199
Mackie, David 104
Markowitsch, Hans J. 158, 165fn, 177 f
Martin, Charles Burton 108fn
Metzinger, Thomas 6, 38, 41, 47, 49, 60, 62, 64fn, 194
Metzloff, Andrew 78
Moran, Richard 5, 31fn, 32, 32fn
Mummendey, Hans D. 168, 177, 182
Murray, Lynne 73
Musholt, Kristina 70
Nagel, Thomas 26, 40, 49 f, 61fn
Neisser, Ulric 177, 181 f
Nelson, Katherine 183fn
Newen, Albert 6, 17, 38fn, 47, 48fn, 62, 69, 79, 81, 194
Neyer, Franz 189
Nida-Rümelin, Julian 125fn
Nida-Rümelin, Martine 8fn, 30, 94fn, 96, 100fn, 103fn, 113 f
Noë, Alva 60
Noonan, Harold W. 87fn, 91, 91fn, 96 f, 97fn, 98, 98fn, 100fn, 103fn, 105
O'Regan, Kevin 59 f
Paillard, Jacques 39fn
Papineau, David 56fn
Parfit, Derek 97, 97fn, 100, 104 f, 108fn, 110fn, 125, 150fn, 185
Parnas, Josef 6, 39fn, 46, 48
Pauen, Michael 5, 28, 29fn, 56fn, 58, 58fn
Pauen, Sabina 71f, 74, 195
Perner, Josef 6, 76 f, 82
Perry, John 5, 19, 19fn, 20 f, 21fn, 22, 36, 108fn, 192
Plutarch 92fn

Poggio, Tomaso 116fn
Premack, David 76
Proust, Joëlle 82, 83, 83fn
Pryor, James 25fn
Quante, Michael 8fn, 103fn, 104, 106fn, 110fn, 174
Ratcliffe, Matthew 79, 118
Reid, Thomas 30, 108, 108fn, 113
Richardson, Brian 159
Ricoeur, Paul 154
Riesenhuber, Maximilian 116fn
Rizzolati, Giacomo 78
Rosefeldt, Tobias 36
Rosenthal, David 38fn, 39fn, 51
Roskies, Adina L. 116fn
Roy, Jean-Michel 60
Russell, Bertrand 140
Ryle, Gilbert 29
Schacter, Daniel L. 165fn
Schechtman, Marya 4, 7, 8fn, 149fn, 150fn, 154, 156, 165, 170, 173, 175, 191 f, 199
Schlicht, Tobias 79
Searle, John R. 54, 83fn, 118fn
Shakespeare, William 91fn
Shoemaker, Sydney 5, 25 f, 26fn, 27, 46, 51, 93, 98, 104, 106, 106fn, 108, 108fn, 125, 141, 192
Singer, Wolf 116fn
Spaulding, Shaun 80fn
Spelke, Elizabeth S. 72, 195
Stephan, Achim 83fn
Stern, Daniel N. 156fn
Strawson, Galen 130, 155
Strawson, Peter F. 113fn
Sturma, Dieter 37fn, 38, 125fn
Swinburne, Richard 30, 94fn, 106, 113
Synofzik, Matthis 48fn, 122
Taylor, Charles 154, 156, 165 f, 169 f, 188, 191
Thompson, Evan 60
Tomasello, Michael 73 f, 76, 195
Trevarthen, Colwyn 72
Tugendhat, Ernst 21fn
Tulving, Endel 7, 139 f, 177–181, 183, 187, 197
Tye, Michael 83fn, 118
Varela, Francisco 60
Velleman, David J. 163fn
Vogeley, Kai 6, 17, 38fn, 47, 62, 69, 194

Vosgerau, Gottfried 48fn
Watson, Gary 72, 174, 195
Welzer, Harald 158, 165fn, 177
Wilkes, Kathleen 103fn
Williams, Bernard 104
Wimmer, Heinz 6, 76f

Wittgenstein, Ludwig 5, 23f, 24fn, 26, 26fn, 27fn, 37fn, 40fn, 46, 51, 71, 141, 181, 192
Wolf, Susan 159, 164fn, 174, 200
Woodruff, Guy 76
Zahavi, Dan 6, 38, 38fn, 39fn, 41, 45–48, 60, 65, 148fn, 149fn, 165, 194

Sachregister

Alltagserfahrung 28, 40, 42, 79, 120, 123, 128f, 139, 155, 157
alltagspsychologisch 78, 80f, 88f
Amnesie 110, 129, 139, 187
Asymmetrie 29–31
– erlebnishafte 29, 31
autonoetisches Bewusstsein 139
Autor 185, 200
Autorität der ersten Person 5, 18f, 26, 31–34, 48, 51, 193f, 196
Bewusstseinsstrom 120, 125, 128–131, 135–137, 142, 187
bewusstseinsfähig 49f, 88, 95f, 99–101, 110, 115f
binding problem 116, 116fn
biographisch
– Episode 142f, 162, 196
– Repräsentation 143, 153, 162, 186f
– Veränderung 164
Brückenproblem 124, 129–133, 135, 137
caring 175
Charakter
– -eigenschaft 1–3, 3fn, 7f, 10f, 17f, 21, 23, 34, 36, 51, 82, 87, 102, 106, 142f, 147, 151, 153f, 158, 163, 168, 170, 172, 178f, 181f, 189, 194–196, 198–200
Disposition 4, 132, 153, 156
Dualismus
– Eigenschafts- 56, 56fn, 57
dualistisch (Ansätze transtemporaler Identität) 100fn, 101, 114, 179
Eindeutigkeitspostulat 101, 112
Einheit
– diachrone 114, 127
– explanatorische 162, 169, 176
– phänomenale 118–121, 123, 127
– repräsentationale 118f, 121
– Subjekt- 118f
– synchrone 114–116
eliminativistisch/nichteliminativistisch 56, 56fn, 68
Entscheidung 61, 83, 96, 98, 110, 153, 160, 166f, 170–175, 200f
– Lebens- 167, 170, 172, 201

Entwicklungspsychologie 4, 6, 68, 73, 75
Episode/episodisch 3f, 7, 10f, 17, 36, 47f, 56fn, 66, 87, 102, 118, 127fn, 137, 139, 141–143, 151, 153f, 158f, 160, 162, 165, 165fn, 167, 169, 176–183, 183fn, 194, 196f, 199–201
Erinnerung (s. Gedächtnis)
– Quasi- 108
Erleben, subjektives 54–56, 56fn, 59f, 62, 68, 125
Erlebnisqualität 58, 64fn, 139–141, 187
Erlebnisstrom 123f, 128–131, 134f, 187, 197f
Erlebniszustand 26, 30, 36, 40, 53, 57–59, 121, 126, 131, 141, 168, 193
Erklärungslücke 53, 55, 58, 58fn
False-Belief-Test 76f, 80
Folk Psychology (s. Alltagspsychologie) 74
Funktion 3, 5, 9f, 13, 20f, 23, 25, 33, 39fn, 44, 51, 55, 65f, 69f, 75, 80f, 91fn, 102f, 109, 111, 118, 123, 126, 130, 133f, 137–139, 142f, 155, 158f, 161f, 164f, 167, 172f, 176, 178–180, 182f, 189f, 194f, 198, 200
funktional 28, 54, 55, 58f, 61, 61fn, 118, 136–138, 142, 148, 155, 165, 176, 179
Funktionalismus 56, 106fn
funktionalistisch 59–61, 68
Gedächtnis 81, 197, 201
– episodisch-autobiographisches 10, 139, 158f, 177–179, 182f, 182fn
– prozedurales 138fn, 178
– semantisches 139, 187
Gedächtnisforschung 4, 7, 147, 158, 176–179, 191
Gedankenexperiment 55, 58fn, 91fn, 100fn, 103, 103fn, 109, 111, 113
Gegenwart 9, 65, 110fn, 127, 127fn, 128, 163, 181, 185, 187, 198
Geteilte Aufmerksamkeit (joint/shared attention) 74, 77, 84
Handlung 48, 57, 61fn, 73f, 76, 80, 107fn, 153, 159, 160f, 170–175, 200f
Handlungsbewusstsein (sense of agency) 32fn, 173, 176

Handlungsmotiv 162, 170, 172, 174, 176
hard problem of consciousness 54f
Ich-Gedanke 20, 37f, 46, 51, 70, 174, 187
Identifikation 24–26, 46, 114, 153, 162, 172, 174, 176, 181
Identität
- biographische 3f, 8, 12, 66, 148–153, 184, 186, 193, 198
- numerische 3, 8, 8fn, 9f, 13, 30, 66, 89–91, 91fn, 102, 109, 123, 135f, 142f, 148–150, 150fn, 151f, 177, 184–188, 190f, 196–199
- narrative 3f, 7, 150fn, 156, 159, 177, 184f, 188f, 196, 199
- personale 3, 84, 87, 89, 101–105, 107, 107fn, 108–110, 110fn, 111–113, 115, 122–126, 129f, 132, 134–136, 142, 159
- qualitative 90, 197
- transtemporale/diachrone 3, 13, 30, 44, 87–89, 92, 92fn, 93–95, 99f, 100fn, 101–107, 110fn, 111–115, 117, 119, 122–126, 128, 130–140, 142f, 147–153, 163, 169, 176f, 179, 184–187, 196–198
Identitätsaussage 17, 30, 93, 93fn, 94fn, 97, 106, 110, 185
Identitätsbewusstsein 3, 9, 12, 99, 115–117, 119, 131, 136–140, 142f, 147f, 150, 153, 163, 169, 176f, 179, 184–187, 190f, 196–199
Identitätsurteil 8, 30, 87, 94f, 100, 115, 198
Imitation 73f, 84, 195
Inferenz/inferenziell 44, 76, 123, 125, 128, 136, 165
Intentionalität/intentional 41fn, 42, 44f, 50, 56, 60, 68f, 82, 118, 121f, 142, 193
Interaktion 41, 66, 69, 73, 79fn, 80f, 84, 115, 195
Interaktionstheorie 76fn, 79, 79fn
Intersubjektivität 68, 167, 176
- primäre 73f
- sekundäre 73
Irrtumsimmunität 23–26, 34, 46f, 51, 141
Jetztbewusstsein 43
joint attention (s. geteilte Aufmerksamkeit) 74, 77

Kausalität/kausal 7, 28, 54–58, 58fn, 59–61, 66, 68, 95, 97, 103–106, 108fn, 109, 134, 158–160, 163fn, 164, 200
Kausalrelation 103–106, 106fn, 107, 109, 112, 124, 134
ko-bewusst 120, 127f, 131, 136
Körperwahrnehmung 39fn, 69, 71f
Kohärenz/kohärent 2, 6, 10, 78, 80, 82, 102f, 111, 113, 148, 157f, 162–164, 164fn, 165f, 169, 172, 176f, 182f, 185, 200
Kontinuität 42, 44, 48, 66, 87, 99, 102f, 106, 109, 110fn, 111, 123, 126f, 200
- phänomenale 44, 64fn, 116, 124–137, 142, 197
- psychische 87f, 101–105, 107f, 108fn, 109, 111f, 124–126, 185
- physische 87f, 101–105, 107, 109, 112, 124, 126, 135
Konstruktion 11, 157, 159, 162, 170, 176, 183
Konstruktionsprinzip 7, 10f, 152, 162f, 165, 176, 188, 199–201
kriterienlos 18, 23, 25, 46, 193f, 196
Kriterium 27fn, 104, 107–109, 134f, 185
- Erinnerungs- 107f, 150fn
- Körper- 104, 135
Leben 2, 6, 8, 10, 87, 129, 139, 143, 148, 151, 153–157, 160, 162–164, 166, 169f, 175f, 185f, 195f, 200f
- gelingendes 156
- Lebensentwurf 10, 158
Lebensgeschichte 1f, 6f, 10f, 17, 65, 69, 148, 150f, 154f, 159–167, 171f, 180, 185f, 188f, 191, 195f, 198–200
Meinigkeit (sense of ownership) 6, 38, 47–49, 51, 61, 63, 70, 119, 122, 194, 197
Metakognition 66, 68, 81–83, 120
Metarepräsentation 67, 74, 81–83, 83fn
Narration 158fn, 159, 159fn, 160, 163fn, 169, 199
- Selbst- (s. Selbst-Narration)
Narrativität 1, 7, 147f, 156fn, 157, 158fn, 159, 172, 182
- Selbst- (s. Selbst-Narrativität)
narrativ 7, 80f, 148, 149fn, 155–159, 162f, 169, 177, 179f, 183–186, 188–191, 199f, 202

narrativistisch 147, 148fn, 154, 159, 162, 170, 172, 176, 185, 188, 190f, 196, 202
narrative Praxis, Hypothese der 80f
Narratologie 10, 147, 158f, 160fn, 160, 164, 164fn
Naturalismus/naturalistisch 6, 52, 54, 56, 60
Persistenz 3, 30, 88, 105, 127, 152
Personenmodell 81
– -theorie 81
Persönlichkeit 2, 3fn, 4, 6–8, 81, 119, 121, 147, 147fn, 148–151, 165fn, 170, 170fn, 178, 182, 184, 189, 191, 196
Perspektive
– Beobachter- 27f, 54, 56, 87, 105
– der ersten Person/erstpersonale – 4f, 7, 9, 11f, 22, 22fn, 23, 26, 31–33, 44f, 49f, 58f, 87f, 101, 105, 107, 109, 111, 115, 122f, 135, 138, 142, 147f, 151, 169, 171, 188, 193
– der dritten Person/drittpersonale – 29–31, 54–56, 58f, 87, 99, 105, 124, 193
– Erlebnis- 44, 52, 59, 63–66, 68, 130
– subjektive – 28, 49, 55, 61, 88, 101, 105, 125, 168, 174
Perspektivität 6, 38, 49
phänomenal 6f, 28, 38, 40, 40fn, 41, 44, 46, 48, 53–56, 56fn, 57f, 58fn, 59f, 64fn, 84, 116–118, 118fn, 119–133, 133fn, 134–137, 139f, 142, 147f, 154, 180, 187, 190, 196f, 201f
phänomenologisch 10–13, 35, 37f, 41–44, 46f, 50f, 53, 59–63, 65, 68f, 71, 102, 119, 122, 131, 140, 192–194, 202
Physikalismus/physikalistisch 55–57
Privileg 30f, 34
– epistemisches 19, 28f, 29fn, 32f, 168
privilegierter Zugang 5, 18, 26, 33, 48, 168, 193
Propriozeption 71
Protention 43
Psychoanalyse 160fn
Qualität/qualitativ 29, 31, 38, 40f, 45, 47f, 56fn, 57, 66, 90f, 93, 93fn, 117, 121–126, 130, 138–140, 142, 148, 179, 186f, 191, 193, 197
Rationalität 161, 169, 170, 175
Reduktionismus/reduktionistisch 101–104, 106, 109–114, 122, 126

Retention 43
Selbst
– autobiographisches- 6fn, 31, 63, 65, 167fn
– -Evaluation 173f
– Kern- 63–65, 68
– -Narration 4, 7, 13, 143, 149, 152, 154–163, 165–173, 175–178, 180, 183–185, 190–192, 199–201
– -Narrativität 7, 8fn, 10, 149, 150fn, 153–155, 157, 162, 165–167, 167fn, 172f, 176, 178, 183fn, 184, 191, 193, 199–202
– Proto- 63f
Selbstbewusstsein 1, 3f, 6, 12, 17f, 22fn, 34, 36–38, 38fn, 41f, 45f, 50–53, 56, 59, 62f, 66–71, 73, 75, 81, 84, 87, 116, 122f, 125, 125fn, 127, 154, 169, 174, 177, 190–192, 195–199
– präreflexives/implizites 38f, 39fn, 41–44, 46, 48–53, 63–66, 68f, 114, 148, 190f, 194, 196–198
– reflektiertes/explizites 38, 39, 39fn, 47, 51, 54, 66f, 69f, 74f, 84, 194f
Selbstbezugnahme 1–6, 11f, 17–22, 36, 53, 82, 84, 142, 148, 150f, 184, 187, 189f, 192, 198, 201
– indirekte – 22, 50
Selbstbild 17, 153, 155, 167f, 172, 182f, 192
Selbstgewahrsein 36, 38, 44, 47, 64–66, 70, 191
Selbstkonzept 9, 168, 182f
Selbstreferenz 5, 19, 22, 25, 66, 181, 181fn, 199
– kriterienlose – 25, 46, 193f, 196
Selbstverständnis 1, 3f, 7, 9–11, 13, 18, 23, 26, 31, 36, 44, 66f, 84, 101f, 110fn, 147, 154f, 155fn, 156f, 165f, 168f, 175–180, 182f, 188, 190–192, 195
– biographisches 4–7, 11–13, 20–22, 30f, 34, 36, 66, 69, 74, 82, 84, 87, 89, 110fn, 136, 143, 147f, 151, 154, 157–159, 167, 167fn, 169, 170fn, 176f, 179f, 182–184, 189–192, 195f, 198f, 201
– personales 12, 33f, 38f, 54, 78, 87, 102, 125, 142f, 148–150, 153f, 158f, 162, 183, 196, 201f
Selbstvertrautheit, präreflexive 6, 38, 44–47, 51, 194

Selbstzuschreibung 3–6, 8f, 12f, 17, 21–23, 25fn, 27–34, 38, 46–48, 51, 63, 66, 71, 78, 80, 84, 114, 151–153, 159, 165, 168f, 177–179, 182–185, 188–192, 194–201
selektiv 163, 181–183
sense of agency (s. Handlungsbewusstsein)
sense of ownership (s. Meinigkeit)
Simulationstheorie 78, 80
social referencing 74
sozial 6fn, 10, 47, 66, 69f, 79fn, 80f, 84, 114, 147, 155, 165fn, 167, 167fn, 168–170, 172, 176, 188, 195
soziale Einbettung 162, 167, 169, 200
soziale Kognition 76fn, 80
specious present 127, 127fn, 128
Subjekt 3, 5, 9, 11, 13, 20, 26, 29, 32, 37, 39f, 44f, 47, 58, 69–73, 83f, 87, 117–119, 121–123, 129, 133, 136f, 141f, 148, 150–153, 160, 165–169, 176, 180f, 184, 186–188, 195, 198f
Subjektivität 37, 168fn, 169, 183, 190f
Substanz 121, 133fn, 179

Transparenz 31, 31fn, 32f
Theory of Mind 69f, 74f, 75fn, 76–80, 82, 195
Theorie-Theorie 75fn, 78–81
Unkorrigierbarkeit 28
Veränderung 2, 27, 41, 49, 63f, 66f, 68, 72, 89, 91, 91fn, 95–97, 104, 127, 152, 164, 192, 196
Vergangenheit 9, 30, 43, 65, 110fn, 125, 127, 136–139, 153, 163f, 178, 181fn, 183, 187, 197f
Verifikationsprinzip 103fn
Verifizierbarkeit 103, 106
Volition 162
– höherer Ordnung 174, 201
Wendepunkt 6, 160, 164, 196, 200
Zeitbewusstsein 1, 42f, 127, 196
Zentriertheit 49, 51, 194
Zielvorstellung 156, 170, 172–174
Zirkel, zirkulär 37, 37fn, 45, 108, 109, 134,180
Zombie 55, 58, 58fn
Zukunft 9, 65, 110fn, 127, 178, 183, 185, 198

www.ingramcontent.com/pod-product-compliance
Lightning Source LLC
Chambersburg PA
CBHW021757230426
43669CB00006B/104